開発教育

持続可能な世界のために

田中治彦 ［編著］
（特活）開発教育協会 ［企画協力］

学文社

［執 筆 者］

田中 治彦	［第 1 章，第13章］	
石川 一喜	［第 2 章］	
湯本 浩之	［第 3 章］	
重田 康博	［第 4 章］	
小貫 仁	［第 5 章］	
岩﨑 裕保	［第 6 章］	
上條 直美	［第 7 章］	
山中 信幸	［第 8 章］	
甲斐田 万智子	［第 9 章］	
三輪 敦子	［第10章］	
藤原 孝章	［第11章］	
山西 優二	［第12章］	

（執筆順）

はじめに

　最近，大学や専門学校などにおいて国際協力，多文化共生，地球市民などの名称で新たに講義やコースが開設されるようになってきた。このような分野は開発教育と呼ばれて，過去に30年近く学校や地域で学習活動が行われてきた。従来は中学校や高校あるいは地域の国際交流協会やNGOでその実践が行われてきたこともあって，大学生や専門学校生向けの本格的なテキストがなかった。本書は，開発教育やそこで扱うテーマを簡潔にまとめた日本で最初の大学生向けテキストである。

　本書は大きく3部に分れている。第1部が「開発教育の理念と歴史」であり，開発問題と開発教育の歴史と現状，開発教育の内容・方法・カリキュラム，ヨーロッパとアジアの開発教育の3章からなる。開発教育の歴史と現状，諸外国での開発教育などがまとめられているので，開発教育の全体像を把握するのによいであろう。

　第2部「地球的課題と開発教育」では，ミレニアム開発目標，貧困，環境，食と農，人の移動，子ども，ジェンダーといった，現在地球社会がかかえる主要な課題が，章ごとに一つずつ解説されている。各章では，これらの地球的な課題の原因と現状が解説され，その問題解決に向けてどのように取り組んでいるのか，が述べられている。また，人ごととしてではなく，私たち自身がどのように考えて行動したらよいのか，について考えさせる内容となっている。

　第3部「これからの開発教育の展開」では，今後開発教育が主に実践されるであろう学校，地域，国際協力の3分野を想定して，これからの開発教育の課題と実践への展望が述べられている。ここでは今後の開発教育の進むべき方向と可能性がわかりやすく示されている。

　各章の執筆者は開発教育への造詣が深く，(特活)開発教育協会（DEAR）の

はじめに

会員として長年活躍してきた者である。各執筆者がどのようにしてこの分野に足を踏みいれたのか，あるいはそれぞれにテーマとどのようにかかわったのかが，各章の冒頭に「エピソード」として紹介されている。また，章末には「学習を深めるための課題」があり，その章の内容を振り返った質問事項があげられている。これはそのまま，学習後のレポートの課題・小テストの設問としても使うことができる。

開発教育では，学習者の主体的な学びを促すために，参加型学習やワークショップと呼ばれる手法が活用されてきた。各章の最後には，それぞれのテーマに関連した参加型学習の教材が紹介されている。講義とともにこれらのワークショップを授業に組み入れることで，より効果的にそれぞれのテーマを追求することができよう。

最近の地球環境問題の深刻化など，この地球上には解決すべきさまざまな課題がある。人生選択の時期にある若い方々にこれらの問題について関心をもってもらい，「持続可能な世界」がいかにしたら可能となるかを考えてもらいたいと切に願う次第である。

2008年6月

筆者を代表して

田 中 治 彦

目 次

はじめに

第1部 開発教育の理念と歴史

第1章 開発問題と開発教育の歴史と現状　*2*
1. 開発教育のはじまり　*3*
2. 1990年代の開発教育　*6*
3. 地球的課題と開発教育　*8*
4. 総合学習と開発教育　*10*
5. 持続可能な開発のための教育（ESD）　*13*
6. 開発教育の課題　*15*

第2章 開発教育の内容・方法・カリキュラム　*19*
1. 開発教育の内容——変遷する「開発教育のあり方」をとらえる　*21*
2. 開発教育の方法——方法はメッセージをもつ　*24*
3. 開発教育のカリキュラム——未来を志向する「自分」発のカリキュラム　*28*

教材紹介　アイスブレイク「部屋の四隅」　*34*

第3章 ヨーロッパとアジアにおける開発教育　*36*
1. 開発教育のはじまり——「南」と出会った「北」の若者たち　*38*
2. ヨーロッパにおける開発教育の成立とその後の展開　*39*
3. イギリスの開発教育と日本の開発教育　*44*
4. 近年のヨーロッパの開発教育　*47*
5. 「北」の開発教育と「南」の参加型開発　*49*

教材紹介　貿易ゲーム　*55*

第2部 地球的課題と開発教育

第4章 ミレニアム開発目標　*58*
1. 国連ミレニアム宣言　*60*
2. 国連ミレニアム開発目標（MDGs）　*61*
3. NGOの取組み，G-CAPの活動，ほっとけないキャンペーン　*69*
4. 2008年G8サミット日本の開催に向けたNGOの展開　*73*
5. 今後の課題と展開——開発教育でミレニアム開発目標にどのように取り組むのか　*74*

教材紹介　世界がもし100人の村だったら　*76*

目　次

第5章　貧　困　*78*
1. 世界の貧困問題　*80*
2. 貧困の再検討　*84*
3. 日本の貧困問題　*87*
4. 貧困の克服へ向けて　*91*

教材紹介　貧困と開発　*96*

第6章　環　境　*98*
1. 根本的課題としての人間　*99*
2. 水・土・空気，ヒトはどれもつくれない　*100*
3. 単純な事実の確認　*101*
4. 木でつながりを意識する　*104*
5. 社会のあり様に目を配る　*106*
6. 根本的に考える　*109*

コラム　新しい開発教育のすすめ方　*112*

第7章　食と農　*114*
1. 日本の農業——江戸時代から食料・農業・農村基本法まで　*116*
2. 食料自給率からみえること　*118*
3. 世界はなぜ飢えるのか？　*120*
4. 私たちの食べものと生活　*123*
5. 食と農にかかわるオルタナティブな取組み　*125*

教材紹介　コーヒーカップの向こう側　貿易が貧困を作る?!　*132*

第8章　人の移動　*133*
1. 国際的な人の移動の歴史的概要　*135*
2. 人が国際的な移動を決意する動機　*137*
3. 日本にみる国際的な移動　*139*
4. 日本における多文化共生社会の実現に向けて　*149*

教材紹介　多文化共生を考えるワークショップ「ピンくんに何が起きたのか？」　*152*

第9章　子ども　*155*
1. 子どもの権利条約と子どものおかれている状況　*157*
2. 生きる権利を奪われている子どもたち　*159*
3. 発達する権利を奪われている子どもたち　*163*
4. 保護される権利を奪われている子どもたち　*165*
5. 参加する権利を行使している子どもたち　*169*

教材紹介　感じよう—子どもの気持ち　子どもの権利から見る子ども買春　*175*

第10章　ジェンダー　*177*
1. ジェンダーとは　*179*
2. ジェンダーに配慮した開発とは　*183*

目 次

　　3 見えない女性たち──女性の状況を把握し，貢献を正当に評価する　*186*
　　4 女性の声を聞く　*187*
　　5 21世紀の「ジェンダーと開発」　*190*
　　　教材紹介　ネバーランド，ミハマ地区飲料水供給・衛生設備普及プロジェクト　*198*

第3部　これからの開発教育の展開

第11章　学校での開発教育　*200*
　　1 なぜ，学校で開発教育なのか　*202*
　　2 開発教育で何を学ぶのか　*203*
　　3 開発教育は学校に浸透しているか　*205*
　　4 開発教育の教え方，学び方　*207*
　　5 開発教育の進め方・教材　*209*
　　おわりに──開発教育の実践者たち　*212*
　　　教材紹介　ひょうたん島問題　*217*

第12章　地域からの開発教育　*218*
　　1 なぜ地域なのか　*220*
　　2 地域の意味とその機能　*222*
　　3 地域からの事例に学ぶ　*227*

第13章　国際協力と開発教育　*233*
　　1 国際協力の歴史　*234*
　　2 開発プロジェクトの変遷　*236*
　　3 参加型開発と開発教育　*241*
　　　教材紹介　「援助」する前に考えよう　参加型開発とPLAがわかる本　*247*

国際協力・開発教育年表　*249*
さくいん　*253*

第 1 部
開発教育の理念と歴史

　第1部では開発教育の理念と歴史を扱う。1960年代に欧米で始まった開発教育が日本に導入され，発展する経緯や，開発教育の内容・方法・カリキュラムについて概観する。また，これからの開発教育の展望として，近年アジア各地で実践されている参加型開発との関係についても述べる。

第1章
開発問題と開発教育の歴史と現状

　日本の開発教育の推進母体として開発教育協会が発足したのは1982年のことであった。当時，私は（財）日本国際交流センターで民間の国際協力の仕事にたずさわっていた。仕事の半分は日本国内で個人の募金を集めたり財団などの助成金を探すことであり，そしてあとの半分はアジア各地にあるNGOの助成先を探すことであった。エキサイティングであったのはもちろん後者の仕事であり，毎年1カ月程度アジア各地を回ることができた。フィリピン，タイ，インドネシア，バングラデシュ，ネパールなどの国々の，それも観光客などまず行くことのない僻地の村や都市のスラムを訪れることは，まさに驚きと感動の連続であった。

　マニラで保健活動をしているAKAP（隣人健康支援運動）というNGOを訪問したときのことである。AKAPはマニラ最大のスラムのスモーキー・マウンテンで住民のために診療所を開設していた。AKAPの事務所からジープニー（小型の乗り合いバス）を3回乗り継いでスモーキー・マウンテンに向かう。スラムの診療所では，子どものための予防注射が予定されていた。私は，その日の食べ物にも困っているスラムの住民が，はたして子どもの予防注射など受けさせるのだろうか，と疑問に思っていた。

　スモーキー・マウンテンはゴミの山のなかにあるスラムなので，近づく

と鼻をつく匂いがする。ジープニーを降りて診療所に向かう。すると人々が長い列をつくっていた。その列の横を歩いていると，ある婦人が私のシャツをひっぱって自分の子どもの頭を指差してしきりに何かを訴えている。よく見ると子どもの頭には赤い発疹があちこちにできている。私はできるだけ質素な格好で訪問したのだが，それでも私を医者と勘違いしたのであろう。言葉が通じないし医者でもないので，私は申しわけなく思いながらも手を横に降りながらその場を離れざるをえなかった。

　スラムの人々は次々と子どもに予防注射を受けさせていた。長い列であったので最後尾の人はおそらく1時間以上もしんぼう強く待つことであろう。私自身日本に1歳の子どもがいたころでもあり，子どもを思う親の気持ちはどこでも変わりないのだな，と今思えばごく当然のことを感じるとともに，言いようのない恥ずかしさと感動を覚えた。恥ずかしさは，貧しい人々は無知であって衛生や健康に関心をもつことなどないだろうという勝手な思い込みに対してであり，感動は，スラムの人々に予防注射の大切さを伝えてきたAKAPの長年の努力に対してである。

　今でこそスタディツアーがさかんに行われていて，お金と意志があれば誰でも気軽にアジアのスラムや農村を訪れることができる。しかし，当時はそのようなことができる人間は限られていた。私はこうした数々の現場を見てしまった者として，その想いを日本の多くの人々に伝えねばならない，と考えた。これが私の開発教育の原点となっている。

---

1 開発教育のはじまり

　開発教育がテーマとしている「開発」や国際協力の歴史はそれほど長いことではない。開発という多義的な用語が，世界規模の経済社会的な格差を是正するための国際間の営みとして広く使用されるようになるのは第二次世界大戦後

のことである。とくに，国連総会が 1960 年代を「国連開発の 10 年（United Nations Development Decade）」とするように提唱したことから開発の用語が国際的に広く使用されるようになった。

　国連開発の 10 年の目的は，開発途上国の経済発展を早めることで貧困を解消することであった。そのために技術と資金を先進国から途上国に移転すること，すなわち国際協力によってこれを実現しようとした[1]。しかしながら，国連開発の 10 年が終わってみると，一部の国には経済発展が促されたものの，先進国と途上国の間の経済格差はむしろ拡大し，しかも途上国内部の貧富の格差も増大するという結果を残した。1960 年代の国連開発の 10 年の不成功の原因には，「経済成長イコール開発」という考え方にあった。そこで開発とは経済的側面だけでなく，社会的，政治的，文化的側面を含むものとしてとらえなければならない，という開発観の見直しが行われた。また，開発途上国に顕在する貧困の責任は，途上国やその民衆の側のみにあるのではなく，先進国とその国民の側にもある，という認識が広まった。すなわち，多国籍企業の経済活動が途上国の健全な発展をゆがめたり，先進国の人々の生活様式が途上国の資源を枯渇させる，などの事例は広く認められるところである。

　こうした開発観の見直しが開発教育の考え方を導くこととなった。すなわち，先進国側の国民の理解と行動の変容がなければ，途上国の生活向上や発展の展望が描けないということが広く認識されるようになった。開発教育（Development Education）は，もともとは 1960 年代に欧米諸国の国際協力NGO の間から提唱された。当初は国際協力 NGO がその支援者に対して第三世界の現実を知らせたり，国際協力を行うための募金キャンペーンの一環として展開されていた。その後 1970 年代には，開発教育はユネスコやユニセフなどの国連機関においても採用されることとなり，一過性の学習活動ではなく，南北問題や開発問題の体系的な理解を促す教育活動として発展する（第 3 章参照）[2]。

　日本では，1970 年代後半に中央青少年団体連絡協議会や青年海外協力隊事

1 開発教育のはじまり

務局がその機関誌などで欧米の開発教育を紹介してきた。当時はベトナム戦争の終結とその後のカンボジア内戦に伴って、大量の難民がインドシナ3国から近隣諸国に出ていた。これに伴い、日本でも多くの国際協力NGOが誕生した。それらのNGOは難民救援にとどまらず、農村開発、教育、保健、住居などとくにアジア地域の農村やスラムがかかえる貧困問題にかかわっていた。

　日本で初めて開発教育の催しが開かれたのは、インドシナ難民問題が最も深刻な状況となっていた1979年であった。この年の暮れに国連広報センター、国連大学およびユニセフ駐日代表事務所の共催により東京の朝日講堂で「開発教育シンポジウム」が開催された。このシンポジウムの企画に加わったり、これをきっかけに関心をもった関係者は、定期的に開発教育研究会を開いた。そこには、青年海外協力隊のOB、OGや発足間もないNGOの関係者に加えて、YMCAなどの青少年団体それに日本ユニセフ協会などの国連機関の関係者が出席していた。教育団体としては学校教育の関係者が少なかったのが特徴である。シンポジウムはその後、大阪、横浜、名古屋でも開かれ、1982年にはこれらの人々を中心として開発教育協会（DEAR、当時は開発教育協議会）が結成された。

　開発教育協会では発足当時、その「入会案内」で開発教育を次のように説明していた。「開発教育は、これから21世紀にかけて早急に克服を必要としている人類社会に共通な課題、つまり低開発についてその様相と原因を理解し、地球社会構成国の相互依存性についての認識を深め、開発をすすめていこうとする多くの努力や試みを知り、そして開発のために積極的に参加しようという態度を養うことをねらいとする学校内外の学習・教育活動である。」

　このころの開発教育は、アジアやアフリカの現実を見てきた人々が、自分たちの体験をビデオやスライドとともに語る、というような活動であった。開発教育協会では毎年夏に全国研究集会を開催して、その時々の重要なテーマを学習するとともに、経験交流を重ねた。当初、開発教育が日本の学校に採用されることについては関係者の間でも悲観的であったように思う。というのは、

第 1 章　開発問題と開発教育の歴史と現状

初期の開発教育教材『たみちゃんシリーズ』（明石書店）

1980 年代の文部省（現文部科学省）の学習指導要領はその内容が非常に過密であり，開発教育のような新しい教育内容が入り込む余地などないように感じられた。開発教育にはしばしば答えが複数あり，しかも場合によってはそれが現在ではなく「未来」に存在する。「受験戦争」の最盛期でもあり，〇×に慣れた学校教育が，開発教育のような答えが一義的に決まらない教育活動に関心を向けるとは到底考えられなかったし，関心を向ける教員がいたとしてもどうやって学校教育に取り入れてよいのかとまどうことが多かった。

　このような認識は開発教育協会の多くの会員に共通していたように思うが，DEAR が催す全国研究集会やセミナーの雰囲気は明るく，楽天的といってもよかった。開発教育が世界の民衆の貧困からの脱出というきわめて重い課題を背負っていて，それゆえに非常にやりがいのある「現代のフロンティア」であったし，多くの人はアジアの農村やスラムの人々と直接間接にかかわっていて，そのリアリティがまわりの冷淡なまなざしを跳ね返していた。また，アジアの草の根の人々の「明るさ」や「暖かさ」をもらっていたともいえよう。

2 1990 年代の開発教育

　アジアや第三世界と直接間接につながっている人々や団体によって細々とはじめられた開発教育ではあったが，1990 年代に入って急速に開発教育が注目されるところとなった。それにはいくつかの社会的背景があるが，主に以下の

三つの出来事が大きかった。

　まずは，1989年にベルリンの壁が崩壊し東西ドイツが統一され，東欧諸国が社会主義から自由主義へと転換して，それまで最大の地球的課題であった「東西問題」が消滅のきざしを見せた。代わって「南北問題」がクローズアップされたのである。日本のODA（政府開発援助）の額がこの年には90億ドルに達して，アメリカを抜いて世界一の額となった。マスコミはさかんに国際協力の様子をニュースや特集番組で取り上げて一種の「援助ブーム」を演出した。それまであまり世間から注目されることもなかったNGOによる国際協力活動も頻繁に紹介されて，一般の人々からも注目されるようになった。

　第2に，同じ年に文部省より新しい学習指導要領が告示されたことである。1992年から実施されることになる学習指導要領には，臨時教育審議会の答申などを受けて「国際理解」「国際的視野」「国際人」ということが強調されていた。日本の国際理解教育は，戦後の一時期こそさかんに実践されていたものの，1960年代以来，カリキュラムの過密化や東西冷戦によるナショナリズムの強調という事情もあり，長いこと「冬の時代」にあった。しかし，1970年代以来の日本の経済の急速な国際化という事情もあり，ようやく国際理解教育にも光が当てられたのであった。新しいカリキュラムにはまだ国際理解をまとめて実施する教科や領域は存在しなかったが，教材レベルで国際関係の記述が増え，また特別活動などでも開発教育に関連する活動が展開されるようになる。たとえば，中学の社会科や英語の教科書にシャプラニールなどのNGOが登場したり（第13章参照），青年海外協力隊員を呼んで行う全校の講演会などが以前に増して行われるようになった。

　第3の社会的要因は「内なる国際化」の急速な進展である。1980年代後半から日本社会は，有史以来の大量の「外国人労働者」を迎え入れた。バブルと呼ばれる空前の好景気による労働者不足と急速な円高に支えられて，一時期は推定50万人以上ともいわれる外国人が日本に職を求めて入国した。彼らは大都市に限らず，中小企業が存在する各地に点在した。それまでの外国人と違っ

て，地域の隅々に住居を求めたために，各地の住民とのあつれきも生じた。もはやアジアや開発問題は「遠い南の国」のことではなく，「隣に住む見知らぬ人」との間の問題になったのである。

この問題は各県各都市でオープンしつつあった地域の国際交流協会や国際交流センターにとっても大きな課題であった。国際交流協会では，それまでとくに欧米の留学生や旅行者を対象にホームステイを斡旋したり，パーティなどを開いて市民との交流を促していた。また，日本の若者や市民を姉妹都市であるアメリカを中心に派遣していた。国際理解のセミナーや講座も，欧米先進国の文化や生活を紹介し理解するプログラムが中心であった。

1990年代になると，地域の外国人住民のほとんどがアジア系か南米系となった。各地の大学などで受け入れる留学生も中国，台湾，韓国，タイなどアジアの国の学生が多くなっていた。また，姉妹都市交流も中国や韓国などの近隣のアジアの諸都市が増加した。こうした状況のなかで，国際交流協会のプログラムも，欧米中心からアジアへ，先進国から途上国へ，外国の理解から「足元の国際問題」へ，「理解」から「共生」へ，とシフトすることが求められることとなり，開発教育への期待が高まったのである。

③ 地球的課題と開発教育

途上国の貧困問題と国際協力にはじまった開発教育ではあったが，1990年代を通して開発問題とそのほかの地球的課題とが密接に関連づけられるようになり，そのため開発教育の内容領域が大きく広がることとなった。1992年にはブラジルのリオデジャネイロで国連環境開発会議（地球サミット）が開催された。ここでは，「持続可能な開発」の理念が国際的に合意されて，具体的な行動計画として「アジェンダ21」が採択された。1990年代には，世界人権会議（1993年，ウィーン），国連人口開発会議（1994年，カイロ），世界社会開発会議（1995年，コペンハーゲン），第4回世界女性会議（1996年，北京），国連人

③ 地球的課題と開発教育

間居住会議(1996年,イスタンブール)といった国際会議が開かれた。これらを通じて,環境,人口,貧困,ジェンダー,人権などの課題が国境を越えた地球規模の問題であるだけでなく,それらは相互に深く関連していること,そしてその解決には国を超えた国際協力とともに参加型市民社会が不可欠であることが明確にされた。このため,開発教育も環境教育,人権教育,ジェンダー教育,多文化教育などとの間に大きな接点をもつことになった。これらの教育がいずれも市民参加を重要なテーマとしていることもあって,開発教育が採用してきた参加型学習は人権教育やジェンダー教育などの分野でも採用されて,応用されるようになった(3)。

とくに1995年の世界社会開発会議は貧困の根絶をメインテーマとしていて,開発教育との関連性が深かった。ここでは従来の経済成長中心の開発観に代わって,人間そのものと社会の開発に光が当てられ,「人間開発」と「社会開発」の考え方が提唱された。UNDP(国連開発計画)は1990年に『人間開発報告書』を公表し,人間開発を1990年代の開発戦略の中心に位置づけることを提言した(4)。社会開発の考え方は人間開発が可能となるような社会条件を整備することに主眼がおかれたものである。社会開発の理論の基礎となるのは,人間優先の開発分野の重視であり,栄養,飲料水,識字,教育,保健医療,雇用,環境などの分野に重きをおく。そして,性差,民族などによる差別をなくし,社会的弱者に権利の擁護とエンパワーメント(能力,権限の獲得)の促進をめざす。社会開発会議では「コペンハーゲン宣言・行動計画」が採択されて,1996年からの10年間を「貧困根絶の10年」とし,各国政府は公共支出のうち少なくともその20%を社会開発に向け,またODAの20%を社会セクターに向けるべきという「20:20協定」が合意された。

こうした状況を受けて,開発教育協会では発足当初の開発教育の定義を再考することとなった。その作業は足掛け5年に及んだが,1997年には開発教育協会は,「開発教育は,私たちひとりひとりが,開発をめぐるさまざまな問題を理解し,望ましい開発のあり方を考え,共に生きることのできる公正な地球

社会づくりに参加することをねらいとしている」と説明するようになった[5]。そのうえで具体的な教育目標として以下の5項目をあげている。

(1) 開発を考えるうえで，人間の尊厳性と尊重を前提とし，世界の文化の多様性を理解すること。
(2) 地球社会の各地に見られる貧困や南北格差の現状を知り，その原因を理解すること。
(3) 開発をめぐる問題と環境破壊などの地球的諸課題との密接な関連を理解すること
(4) 世界のつながりの構造を理解し，開発をめぐる問題と私たち自身との深い関わりに気づくこと。
(5) 開発をめぐる問題を克服するための努力や試みを知り，参加できる能力と態度を養うこと。

発足当初の説明では(2)(4)(5)が中心であったが，(1)で文化の多様性の理解を明確に位置づけたこと，そして(3)で地球的課題の関連性を明確にしたことが特徴である。また，開発教育がめざす社会像を「共生（共に生きる）」と「公正」を実現する社会とし，そのための「参加」が開発教育のねらいであるとしている。

4 総合学習と開発教育

　文部省に設置された中央教育審議会は1996年の答申で，学校週五日制を完全実施するとともに，各教科の時間数を大幅に減らし，代わりに「総合的な学習の時間（総合学習）」を設けることを提言した。総合学習は従来型の授業とは違っていて，そのカリキュラムの作成を学校や現場の教師に委ねるものであった。内容は一応の例示があって，「国際理解，情報，環境，福祉・健康」の4分野と「学校や地域の特色に応じた課題」を扱うことが示された。時間数は小学校（3年生以上）においては週平均3時間，中学校においては平均2～3時

間が割り当てられた。

　総合的な学習の時間の新設は、開発教育にとって二つ大きな意味をもっていた。開発教育はこれまで、それに対応する教科や領域がなく、実践するうえでの最大のネックとなっていた。例示とはいえ「国際理解」が総合学習の内容として示されたことにより、開発教育がめざす内容が学校教育の正規のカリキュラムのなかに位置づく可能性が広がったのである。もう一つの意義は総合学習の指導方法にあった。学習指導要領の文書によれば、「自然体験やボランティア活動などの社会体験、観察・実験、見学や調査、発表や討論、ものづくりや生産活動など体験的な学習、問題解決的な学習を積極的に取り入れること」とあり、参加型で体験型の学習が奨励されていたのである[6]。

『ワークショップ版－世界がもし100人の村だったら』（開発教育協会）

　開発教育は、1990年代よりイギリスなどの教材に学びながら、さまざまな参加型学習の教材やワークショップを開発してきた。当初は海外の教材の翻訳であったが、2000年代に入ると日本のオリジナルの開発教育教材も増えてきた。それらのなかには、『パーム油のはなし―「地球にやさしい」ってなんだろう？』『ワークショップ版―世界がもし100人の村だったら』『コーヒーカップの向こう側―貿易が貧困をつくる?!』などがあり、本書の各章末の「教材紹介」でも紹介されている。

　総合的な学習の時間においては、カリキュラムの編成が現場の学校や教師に委ねられている。自らカリキュラムの作成した経験がほとんどない現場の教師にとっては、経験不足ということもさることながら、上意下達ではなく現場でつくるカリキュラムという「発想の転換」を行うだけでも大変なことである。

また総合学習の内容に示された国際理解の領域については，ほかの環境や福祉の分野に比べても現場での経験が浅く，また参加体験型の学習方法にも多くの教師は慣れていなかった。

そこで開発教育協会（DEAR）は，総合学習の導入に焦点を合わせて，1998年に開発教育のカリキュラム，参加型学習，学校・地域・NGOの連携に関する三つの研究会を立ち上げた。これらの成果は『参加型学習で世界を感じる』と『つながれ開発教育―学校と地域のパートナーシップ事例集』として刊行された[7]。とくに前著は開発教育協会のベスト・セラーとなり，そこに所収されている教材やワークショップは現場でよく利用された。

総合学習が実際に始まってみると，開発教育協会のみならず地域の国際交流協会や国際協力NGOに対して学校からの問合せが飛躍的に増えた。学校からの依頼で一番多いのは教材や資料の問合せであるが，次に多いのは国際交流協会やNGOへの講師派遣の依頼である。また，中学生高校生によるNGOなどの事務所訪問である。これは修学旅行の一貫として行われることもあり，国際協力をテーマにした学習グループによる訪問や「職場体験」の一つとして実施されることもあった。さらには，DEARの会員を中心にして，教員とNGOとが協働して教材やカリキュラムを作成するというかたちの連携もみられる。

それまではNGO側から学校に働きかけても色好い返事をもらえないことが多かっただけに，この変化にはNGOや開発教育関係者も当初はとまどいを覚えた。実際には，学校側がNGOや国際協力の現実をあまり知らないこともあって，授業の一部をNGOに「丸投げ」したり，丸投げされたNGO側も学校や生徒の実情を知らないので，何をどう教えてよいのか困惑する，というような現象が見られた。総合学習の導入から数年経った現在では，お互いの組織や活動内容にも理解が進み，一部では有効な連携が徐々に生まれつつあるといってよいであろう。

それでは学校は具体的に何をNGOに期待しているのであろうか，あるいはすべきであろうか。単に開発途上国や国際協力についての知識を子どもたちに

教えるのであれば，何も NGO に来てもらわなくても教員自身で十分カバーすることができる。学校が NGO に期待するのは，単なる知識や説明を超えたところにある「リアリティ」であるといえよう。実際に国際協力をしてきた人の口から，その実情を語ってもらうことには，大きな教育効果がある。さらにはその人の生きかたや考え方から子どもたちはなんらかのインパクトを受けることができる。この「現場のリアリティ」を学校にもち込むことこそが，総合学習の本来のねらいでもあり，学校と NGO との連携の基本的な課題であるということができよう。

5 持続可能な開発のための教育（ESD）

　1992 年の地球サミット（国連環境開発会議）の提言と行動計画「アジェンダ 21」を検証するための国際会議が 2002 年に南アフリカ共和国のヨハネスブルグで開かれた。この会議の正式名称は「持続可能な開発に関する世界首脳会議」といい，ヨハネスブルグ・サミットと呼ばれている。この会議はこれまでの地球環境をめぐる国際会議同様，先進工業国間の対立（とくにアメリカ対 EU），そして南北間の対立が前面に出て，会議の成果については不満を残すものとなった。そのなかで今後に期待をもたせる提言として「持続可能な開発のための教育（Education for Sustainable Development, 略称 ESD）」の提唱がある。これは，2005 年からの 10 年間を「国連・持続可能な開発のための教育の 10 年」とし，世界レベルで持続可能な開発に関する教育活動を展開しようというものであった[8]。

　ESD の起源は「持続可能な開発」がキーワードとなった地球サミットに求めることができる。持続可能な開発には，「世代間の公正」と「世代内の公正」の二つの内容が含まれていた。世代間の公正とは，現在の世代が資源やエネルギーを使い果たしてしまい，われわれの子孫には資源の枯渇した地球とゴミを残すような事態を避けようと考え方である。いっぽう，世代内の構成とはいわ

第1章 開発問題と開発教育の歴史と現状

ば「南北間の公正」であり，この地球上に存在する「貧富の格差」こそ地球環境を脅かす問題であると指摘された。地球サミットの行動計画「アジェンダ21」を受けてユネスコは1997年に，ギリシャのテサロニキにおいて「環境と社会に関する国際会議——持続可能性のための教育と世論の喚起」をテーマに会議を開催した[9]。その最終文書である「テサロニキ宣言」では，「環境教育を『環境と持続可能性のための教育』と表現してもかまわない」（第11節）と表現されている。そして，「持続可能性という概念は，環境だけではなく，貧困，人口，健康，食糧の確保，民主主義，人権，平和をも含むものである。最終的には，持続可能性は道徳的・倫理的規範であり，そこには尊重すべき文化的多様性や伝統的知識が内在している」（第10節）と述べられている。

すなわち，ESDのなかには従来の環境教育に加えて，貧困，人口，健康，食料などをメインテーマとしてきた開発教育が含まれている。さらにESDは人権教育や平和教育をも含む幅広い概念である。そのために，ヨハネスブルグ・サミットによるESDの提唱は日本の環境教育と開発教育の双方に大きな影響を与えることとなった[10]。

ESDの日本での展開を考えたときに，開発教育にとっては以下の三つの点が課題となる。その第1は，開発教育が「地域」により深くかかわることである。開発教育が扱ってきたテーマは地球大の広がりをもっているだけに，たとえば一般の人から見れば「遠い世界のこと」であったり「関係ないこと」であったりする。彼らがこれらの問題を「自分のこと」としてとらえなければ学習活動の効果は持続していかない。開発教育がより深く地域の課題とかかわることにより，これまで開発教育の発想に距離をおいてきた人々に対しても世界の課題を感じてもらうことができるであろうし，また開発教育自体が地域の人々や課題から示唆を得ることでより豊かな実践が可能となるであろう（第12章参照）。

第2は，経済のグローバリゼーションのなかで最も被害を被り，取り残された人々の声に耳を傾け，こうした現実を日本のなかにフィードバックすること

である。とりわけ，貧困や人権の抑圧といった課題に取り組んでいる国際協力NGOと開発教育関係者とが協働することで可能となる。日本のおかれている位置からいって，とくにアジア・太平洋における ESD のネットワークをつくっていくことが一つの課題である（開発教育と参加型学習を通した国際協力の可能性については第3章5節および第13章3節を参照）。

第3に，日本の学校教育のなかに ESD が根づくように開発教育関係者が働きかけることである。開発教育が日本で開始された四半世紀前と比較すれば，学校教育のなかにも随分グローバルな課題が入るようになってきた。しかしながら，総合学習や国際教育の位置づけもまだ不安定である。2011 年ごろに予定されている次の学習指導要領の改訂に向けて，ESD の内容や方法がすべての教科・領域のなかに位置づくように努力する必要がある（第2章および第11章参照）。

6 開発教育の課題

日本における国際協力も開発教育もその本格的な導入から数えておよそ 30 年を経ることとなった。1980 年代当初，国際協力 NGO は主にアジアの「途上国」の貧困の問題を解決すべく現地で援助活動を行い，開発教育はそれらの情

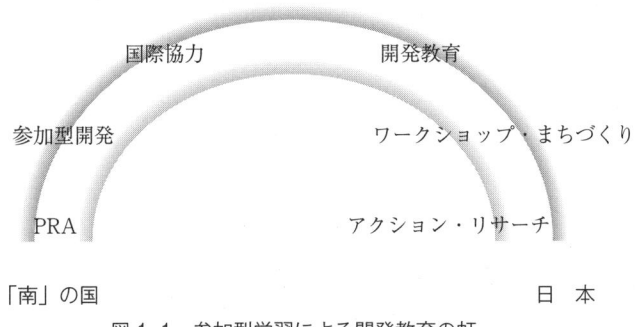

図 1-1　参加型学習による開発教育の虹

報や経験をもとに日本の子どもや一般の人々に「南」の世界の現実を知らせ，国際協力の必要性を訴えてきた。国際協力NGOと開発教育とは車の両輪にように手をたずさえて，国外と国内の活動を担ってきたといってもよいであろう。

　そして，1990年代からは国際協力の現場では住民参加型の開発がめざされるようになり，PRA（参加型農村調査法）を使って住民のエンパワーメントのための参加型学習が行われていった（参加型開発とPRAについては第13章参照のこと）。いっぽう，日本の開発教育の現場では，総合学習の導入によりとくに「国際理解」の分野で開発教育の参加型学習教材が広く活用されるようになり，また「まちづくり」「地域づくり」の視点からESDが実践されることとなった。こうして図1-1のような開発教育と参加型学習をめぐる「虹」が完成する。すなわち一つの学習の形態は，虹の右下の日本の地域の課題から発して，それを世界とつなげ，「南」の地域へと下りていく方向性がある。たとえば，地域の外国人労働者の問題を考えるなかで，地球規模の「ひとの移動」を学び，さらに相手国の貧困の問題の理解やその解決のための努力を知る，というような学習である。いっぽう，虹の左下の「南」の地域から発して，日本の地域にいたるような学習経路もある。タイやバングラデシュの村の実情や援助のあり方を考えるなかで，次第に日本に住む自分の身の回りの問題に関心をもち，それらのつながりを意識しながら学習を進めたり，地元で行動を起こしたり，というようなベクトルである。

　今後の開発教育の課題は，自分の地域を掘り下げて学習しながら，世界の課題や途上国の地域とつながっていくような学習を広範に創りあげることであろう。

〔田中　治彦〕

> **学習を深めるための課題**
>
> 1. 1980年代と1990年代の開発教育の定義の比較して，その違いを述べなさい。その違いをもたらした国際的要因にも注目すること。
> 2. 「総合的な学習の時間」の趣旨と開発教育のねらい，内容，方法との関連性について考えなさい。
> 3. 「開発教育の虹（図1-1）」の意味について，図中の用語をすべて用いて説明しなさい。その際，具体的な事例もあげること。

注
(1) 先進工業国と開発途上国の明確な分類の基準があるわけではない。一般に人口1人当たりの所得水準が低く，産業構造が第一次産業に偏った国を開発途上国（または発展途上国）と呼んでいる。国連，世界銀行，OECDなどの国際機関ではそれぞれの機関で異なった定義を用いている。OECDの開発援助委員会では開発途上国の定義をせずにODAの対象となる国々をリストに掲載している（DACリストと呼ばれる）。「南」の国々というような通称が用いられることもある。
(2) 開発教育の歴史については以下を参照。田中治彦「開発教育—これまでの20年とこれからの課題」『開発教育』Vo.47, 2003年, 3-7頁。湯本浩之「日本における『開発教育』の展開」江原裕美編『内発的発展と教育』新評論, 2003年, 253-285頁。田中治彦『南北問題と開発教育—地球市民として生きるために』亜紀書房, 1994年, 107-117頁
(3) 田中治彦「地球的課題と生涯学習」倉内史郎・鈴木眞理編『生涯学習の基礎』学文社, 1998年, 184-193頁
(4) UNDP, *Human Development Report*, 1990 -. (国連開発計画『人間開発報告書』国際協力出版会)
(5) 開発教育協会『開発教育ってなあに？』2004年, 4頁
(6) 文部科学省『小学校学習指導要領』『中学校学習指導要領』（平成10年12月告示）「第1章　総則」
(7) 開発教育協会『参加型学習で世界を感じる—開発教育実践ハンドブック』2003年。開発教育協会『つながれ開発教育—学校と地域のパートナーシップ事例集』2001年
(8) ESDの概念と歴史，およびESDと開発教育の関係については以下の文献に詳しい。『持続可能な開発のための学び』別冊『開発教育』, 開発教育協会, 2003年
(9) Final Report, International Conference on Environment and Society : *Education and Public Awareness for Sustainability*, Thessaloniki, Greece, 8-12 December 1997.
(10) 田中治彦「これからの開発教育と「持続可能な開発のための教育」」山西優二他編著『地域から描くこれからの開発教育』新評論, 2008年, 17-36頁

第1章　開発問題と開発教育の歴史と現状

参考文献
田中治彦『南北問題と開発教育——地球市民として生きるために』亜紀書房，1994年
開発教育協会『開発教育ってなあに？』2004年
開発教育協会『参加型学習で世界を感じる——開発教育実践ハンドブック』2003年
山西優二他編著『地域から描くこれからの開発教育』新評論，2008年
田中治彦『国際協力と開発教育——「援助」の近未来を探る』明石書店，2008年
開発教育協会『いい貿易って何だろう——一杯のコーヒーから考える世界の貿易』1999年
開発教育協会『ワークショップ版——世界がもし100人の村だったら』2003年
開発教育協会『パーム油のはなし——「地球にやさしい」ってなんだろう？』2002年
開発教育協会・神奈川県国際交流協会編『新・貿易ゲーム——経済のグローバル化を考える』2001年

第2章
開発教育の内容・方法・カリキュラム

　大人になってからの学習は実に楽しい。学びたいと思うことが次から次へとあふれ出てくる。湧き出てくるその思いは，自分の職業柄と思われるかもしれないが，なにも私だけに限ったことではないだろう。社会に出れば，自分の未熟さを思い知らされることが多く，自ずと学ぶことの必要性を感じるのだから，大人全般にいえることだと思う。そんな思いがあるから，「なぜ，子どものころに本を読んでおかなかったのだろう，学生の時にもっと勉強しなかったのだろう」と後悔の念を強くしている。それにしても，どうして教室のなかの1時間はとてつもなく長く苦痛に思えたのだろう。それはひとえに"学ばされる"だったのか"学びたい"だったのか―つまり自発性のある学びであったか―どうかの違いが決定的にあるのだと思う。

　小学生のころ，担任が「大学の上にはもっと勉強したいと思う人がいく大学院というところがあるんですよ」という話をしてくれた。それを聞き，大学へ進学することさえ考えられないのに，さらにまだ勉強をしたいと思う人がいるとは気が知れないと子ども心に思ったものだった。自分は，宿題をまともにしない代わりに日が暮れるまで外で遊び，読書をしない代わりにテレビばかり観ているような，まったく勉強嫌いな子どもだっ

た。

　しかし，学生のころに受講した「地球市民アカデミア」が，学びに対する自分の思いを変化させた。「地球市民アカデミア」は，通年の国際協力・国際教育リーダー養成講座で，アジアやアフリカなど途上国で国際協力にたずさわる人材や国際教育を日本の教育現場で実践する人材の育成を目的としている。受講生はいずれ社会に参画していく者であり，それゆえ，講座のなかでも積極的な「参加」が前提とされていた。受動的ではいられない学びのスタイルは，これまで私が受けてきた教育とはまるで違い，常に自分の意見を求められ，喧々囂々の議論が受講生同士を刺激した。

　とりわけ，夏合宿のインパクトは強烈だった。一泊二日のスケジュールはすべてワークショップ形式で進められ，講師は「ファシリテーター」と呼ばれていた。ファシリテーターの問いかけ一つひとつが，私たち受講生の思いや考えを引き出していく。打打発止の多様な意見がいつしか編み合わさっていき，相乗効果で学びがどんどん深まっていくのが感じられた。心底，学ぶことが楽しいと思えたのは，その時が初めてだったかもしれない。

　その合宿での体験が私の開発教育の原点である。勉強嫌いの私が「学ぶことが楽しい」と思えるようになったのは，開発教育との僥倖に恵まれたからであり，その内容や方法に必然があったからだと今は感じている。

　本章では，開発教育を概観するため，内容と方法，カリキュラムについてふれよう。私が学ぶことを楽しいと思えた開発教育の内容や方法には，自発的な学びにつながるエッセンスが詰まっている。

① 開発教育の内容──変遷する「開発教育のあり方」をとらえる

　開発教育という名称から，それがどんな内容を扱う教育か想像することができるだろうか。一般的に「開発」という言葉から連想されるイメージは，経済開発，自然開発，駅前開発，技術開発などであろうか。これらの言葉の印象から，ややもすると開発を促進する，あるいは礼賛するような教育との印象をもたれてしまう。もちろん「開発」にまつわる教育活動で間違いはないのだが，正確には，開発そのものを扱うというよりは，開発によって生じる問題群に軸足を置いているといったほうがいい。つまり，開発問題を切り口として，そこから見えてくる社会の構造を読み解き，より公正な社会づくりに向けた行動や思考へつなげていくことが開発教育の主眼である。

　特定非営利活動法人・開発教育協会（DEAR）は，開発教育の定義を「私たちひとりひとりが，開発をめぐるさまざまな問題を理解し，望ましい開発のあり方を考え，共に生きることのできる公正な地球社会づくりに参加することをねらいとした教育活動」としている。藤原孝章はその定義から，開発教育の教育内容を引き出すことを試みている。

　「開発をめぐる諸問題」に関する知識理解と「共生可能で公正な地球社会づくりへの参加」という態度形成・行動という二つからなっている。さらに，知識・理解は，文化的多様性，開発問題の認識，地球的諸課題の連関，世界との相互依存という四つの内容領域に分けられ，態度形成・行動は，問題解決のための参加態度の育成が重視されている」[1]（第11章の表11-1参照）

この藤原の見解に照らし合わせれば，開発教育が取り扱う内容は非常に多岐にわたる。「文化の多様性」「開発問題の認識」「地球的諸課題の連関」「世界との相互依存」と四つの内容領域に分けられる"「開発をめぐる諸問題」に関する知識理解"の範疇は，グローバルイシューと呼ばれる問題群とほぼ符合し，具体的にあげようとすれば枚挙にいとまがない。事実，『開発教育教材カタロ

第2章　開発教育の内容・方法・カリキュラム

表2-1　『開発教育教材カタログ2003』で分類する22のカテゴリー

南北問題・貿易，平和，環境，貧困，人権，ジェンダー，人口，食糧，エネルギー，教育，子ども，識字，民族，難民，移住労働者，労働，異文化理解，多文化共生，開発，援助・協力，メディア・リテラシー，その他

表2-2　『開発教育教材カタログ95』に記載されたテーマ

文化，環境，人権，教育，民族，食料，女性，農村開発，保健医療，識字，居住，飢餓，貧困，職業訓練，農村，地域開発，都市開発，南北格差，援助，宗教，平和，ストリートチルドレン，貿易，食べ物，難民，生活，水，資源，観光開発，家族，衣食住，子ども，子どもの権利，在日外国人，未来，人口，人間形成，国際交流，スラム，農業，外国人労働者，家庭とは，学校，国際協力，豊かさ，イメージ，仕事，伝統芸能，都市，対立，歴史，相互依存，エイズ，産業社会，自然，暮らし，政治，近代化・都市化，働く子ども，日本企業，先住民，開発，ボランティア，民俗，家族計画，働く人々，援助活動，動物，交流，コミュニケーション，カースト，バナナ，多国籍企業，マイノリティ，死刑制度，エネルギー，森林，社会正義，自己表現，仲間づくり，グループづくり，人間関係，性差，言葉，アグリビジネス，開発教育，社会文化，家庭，変化，国，ルーツと旅，人，スラム，外国人との共生

グ2003』では，開発教育の教材としてあげた170の教材の内容を次の22ものカテゴリーに分類している[2]（表2-1）。

　また，テーマの分類をあえて厳密に整理せず，微細な表記となっている『開発教育カタログ95』を見ると，そのテーマ項目数は95にものぼる[3]（表2-2）。

　こうしてみると開発教育が扱う内容は非常に雑多な印象を与えるかもしれない。しかし，歴史的背景を反映した変遷がそこにはみてとれる。1995年と2003年に掲げられていたテーマ・内容を比較してみると，「援助・協力」「農村開発」「保健医療」といった途上国における国際協力に関するテーマが減少し，教材としては「途上国の現状・問題」を直接の切り口としなくなった傾向がある。より身近に感じられる事象から入り，学習者の生活する社会とのつながりを扱って問題構造をとらえていく教材が増えている[4]。「カレー」「コーヒー」「携帯電話」などをテーマとした教材[5]が最近になって発行されているのはその証である。

　開発教育の黎明期の学習内容は，途上国における貧困と低開発に焦点を当

1 開発教育の内容——変遷する「開発教育のあり方」をとらえる

て，経済的欠乏の状況を解決するための国際協力のあり方を考える南北問題学習であった。その後，環境教育や人権教育など隣接領域を含んだ内容が構成されるようになる。開発援助自体が環境を破壊する遠因になったり，多国籍企業による悪条件下で労働の搾取が行われたりしたことへの問題意識の高まりが背景にある。途上国の貧困の一因が先進国側にもあり，間接的に自分たちの生活とリンクしていることが認識されていった。さらに，1990年代に入るとリオデジャネイロでの地球サミットに代表されるような地球的規模の課題をテーマにした国際会議が次々と開催され[6]，地球に住まう人々共通の"私たちの課題"としてグローバルイシューが学習課題に含まれるようになった[7]。

　開発教育の実践者たちは，時代の要請に応じながら，あるいは学習を展開し，学習者のフィードバックをそのつど学習内容に反映させながら，開発教育の問い直しをはかってきた。その過程で「他者 (someone)」の問題としていたものを「自分 (I)」の問題とし，そして「私たち (we)」の問題へと学習内容のフォーカスを転じていったのである。主体をシフトしていくことで，途上国だけでなく，先進国だけでもない，同時代に生きる者の地球全体の問題として意識し，浅薄な気づきに留まらず，問題の本質へアプローチしていった。開発教育が身近な切り口から問題の構造全体をとらえていく学習プロセスを多くとるようになったのは，地球を大きな一つのシステムや共同体として考える必要が出てきたからであり，「私たち (we)」という立脚点に立つことで当事者意識をもたせ，問題と自分との隔たりを埋めることができたからである。

　そういう意味において，2002年の「持続可能な開発に関する世界会議」（通称：ヨハネスブルグ・サミット）で「持続可能な開発のための教育」（Education for Sustainable Development : ESD）[8] の必要性が叫ばれたのは時宜にかなっていた。「持続可能な開発」という概念の現出は，現在の地球社会が"持続不可能な社会"にあるということへのアンチテーゼである。持続可能な社会の実現には，経済開発のみに傾倒していた反省から，社会開発や人間開発といった点にも力点をおく必要があった。それら「開発」概念の再考プロセスの延長線上

で「持続可能な開発」という言葉にいたり，ホリスティックなアプローチが求められたのである。

　このように「開発」のあり方を自問自答してきたプロセスは，開発教育で何を課題とするか試行錯誤してきたこととイコールであり，つまり開発教育の内容論そのものである。何を切り口に，何をテーマとするかは，時代時代で若干の相違があるものの，どのような「開発」が私たちにとって望ましいか思考し続けてきた点で軸にぶれはない。そう考えると，「開発教育が何を学ぶのか」を論じながらも，じつは「何が問題となるのか」を見きわめ，「今，何をしたらいいのか」を論じ合うことが肝要だともいえる。冒頭の言葉に戻るが，開発教育が「開発をめぐる諸問題」に関する知識理解に留まらず，「共に生きる公正な地球社会づくりへの参加」という態度形成・行動をも"内容"としている意味はここにある。つまり，開発教育においては，基礎的な知識・情報を得ることはもちろん必要だが，今，社会にある課題を見きわめる力が要される。そのため，声なき声に耳を傾け，見えていなかったものへ目を向けるような姿勢こそが求められているのであり，複眼的な考察ができる「社会的リテラシー」をつけることがむしろ重要視される。それは，開発教育の特徴が方法論にあるといわれることと少なからず関係している。

2　開発教育の方法 ──方法はメッセージをもつ

　"The medium is the message（メディアはメッセージである）"とはカナダの英文学者でありメディア・文明批評家であるマーシャル・マクルーハンの言葉である。テレビや新聞は，その内容が影響力をもつのではなく，メディアという形式や手段それ自体が影響を与えているということを論じた言葉である。それと同様に，開発教育もその方法にメッセージが込められている。

　開発教育では参加型の手法が用いられることが多い。社会へ積極的にコミットしていく姿勢を育むことが開発教育の目標の一つであるため，学び方も参加

2 開発教育の方法——方法はメッセージをもつ

型で行うことが前提となる。たとえば，人権の学習において学習者の人権に配慮した進め方でなければ矛盾を感じ困惑するだろうし，民主主義について学ぶ際，民主的な方法で授業が運営されなければ，実践者からの言葉は学習者の胸には響いていかない（図2-1）。学習の目標，内容，そして方法を常に整合させることで，学習者はその意味をはじめて体感できる。

図2-1　実践者からの言葉…
（出所：D.セルビー，G.パイク著『子どもの権利教育マニュアル—グローバルな活動事例と日本の実践報告』）

　開発教育でよく使われる参加型学習の手法として表2-3のものがあげられる。これらの手法を活用して学習プログラムは構成される。社会参加を前提としているがゆえ，実際にあるテーマや問題についてグループでディスカッションし，互いの考えや価値観を共有して問題解決のアイデアを出していくプロセスをふむことが多い。それは開発教育のモットーとしてあげられる「知り・考え・行動する」という流れと合致するもので，まさに学習プログラム自体が模擬的な社会実践を想定しているともいえる。

　知識注入の教授スタイルではこのような学習プログラムを展開していくことはできない。開発教育のような問題提起型の学習においては，教師（teacher）でもなく，インストラクター（instructor）でもない，ファシリテーター（facilitator）と呼ばれる人が実践を担っている。ファシリテーターに的確な日本語をあてることは難しいのだが，時に「伴走者」や「旅の同行者」と例えられる。私たちが実社会で問題に直面した時に必要とするのは，ただ答えを与え

第2章　開発教育の内容・方法・カリキュラム

表2-3　開発教育の代表的な参加型手法

手法	解説	効果や留意点
ブレイン・ストーミング	あるテーマや質問に対して、思いつく限りのアイデア、意見を出していく。発想法の一つ。「質より量」「自由奔放」「批判厳禁」「便乗歓迎」がルール。	学習者の意見や考えを発散させる時に用いる。自由な雰囲気をつくることが前提で、プログラムの前半に実施されることが多い。
ウェビング	黒板や模造紙の中心にあるテーマを書き、そこからそれに関連するもの、連想されるものを線でつないでクモの巣（WEB）のように広げていく。	テーマに関してアイデアを広げたり、深めたりするのに有効。全体を俯瞰するとテーマと問題群との関連性をみることができる。
フォトランゲージ	写真（photo）や絵から読み取れる情報を言葉（language）として抽出していく手法。思いついたことを自由に言えるので、アイスブレイクとしても活用できる。	自分でも気づかない偏見や固定観念をもっていたことに気づく。そのため、多様な視点で物事を見られるようになり、複眼的思考が身につく。
ロールプレイ	ある役割（role）を演じ（play）、自分と違う立場や境遇にある人になったつもりで、そこにある問題について考えたり、感じたりする。	本などで得た情報よりも体感を伴うのでより深い気づきが得られる。当事者や他者を共感、受容する姿勢が生まれる。
ランキング	ある問いに対する選択肢をある基準（重要だと思う順、好きなものなど）で順位づけする。ダイアモンドランキング、ピラミッドランキングが有名。	自分の価値観や考えが整理される。他者と比較することで多様なとらえ方があることに気づく。順位づけだけでなく、その根拠も共有することが重要。
ディベート	あるテーマで恣意的に「賛成派」「反対派」に分かれ、ルールに則って論争を展開する。どちらの論に妥当性があったか、審査員がジャッジし、勝敗を決める。	知識や情報を論理的に組み立て、プレゼンテーションするスキル・能力が要される。自分の考えと違う立場から発信することに意義がある。
ゲーム	グループメンバーとコミュニケーションを図って、一定のルールに従ってプレイする。いかにして勝つことができるのか戦略を練って、勝敗を競い合う。	遊び感覚で取り組める。ただし、その過程で何が起こったか、全体でふりかえることが重要。「競争」に疑問を投げかける視点があってもよい。
プランニング	文字どおり計画（plan）を立てること。問題の把握、分析を重ね、どのようにしたら問題解決が図れるのか、その道筋を検討する。未来志向の学習方法。	机上の空論にならないよう十分な情報提供・収集が必要。現実感をもつように、議論を思いだけでなく、多角的な検証をしながら進める。
シミュレーション	ある事象を単純化し、疑似体験すること。体験によって、自分に見えていなかった事象や問題を可視化させ、気づきをえることをねらいとしている。	複雑な問題の構造を体感できるので、理解を促す働きがある。ただ、単純化することによって省かれる部分もあることを念頭においておく必要がある。
アクション・リサーチ	「問題の特定」「問題の分析」「計画」「評価と反省」「行動」「プロジェクトの成功による終了または計画の練り直し・新しい問題の特定」のプロセスで行われる。	身の回りや地域がフィールドとなるので、問題が自分にとって非常に身近で具体的にイメージでき、達成感をもって取り組むことができる。

② 開発教育の方法——方法はメッセージをもつ

てくれる人よりも，ともに課題に向き合い，一緒に考えようとしてくれる人ではないだろうか。現代社会がかかえる問題が複雑多様にグローバル化するなか，もし頼る人に解がなければ路頭に迷ってしまう一方で，自分たちがもつ潜在性を最大限に引き出し，勇気づけてくれるパートナーがいれば新たな可能性を見いだしていくことができる。

　動詞の facilitate は「～を容易にする，～を促進する，～の手助けをする」との意味だと辞書にある（ちなみに接頭語 facil はラテン語で easy を意味する）。文字どおり，ファシリテーターは，学習者が容易に意見を出しあえる場をつくり，考え・思いを拡散または深化していく過程を促し，問題解決の手助けをする。これまでの教育が一つの正しい答えに導いていくものだったとすれば，ファシリテーターが望むのは多様な意見が溢れ出てくることであり，想定以上の気づきに学習者がいたることである。前者は答えの暗記に注力するため十分な思考を必要としない恐れがあるが，後者は学習者相互の刺激があり，学びの大きな化学反応が期待できる。

　ファシリテーターはそうしたねらいを達成するため，次のことに配慮して，プログラムを構成し，場づくりを行っている。

① グループダイナミックスを活かすワークショップ形式での進行
② 「つかみ（導入）」「本体（アクティビティ実践）」「ふりかえり（まとめ）」の基本構成
③ 多様な学習スタイルの採用（多様な手法，多様なグループサイズ）

　ワークショップ形式で進め，グループワークを重視するのは，「グループが協力して導き出す結論は，各人が考える方法の平均値を上回る。最も優れた個別のアイデアと比べても，はるかに優れた結果になることが多い。」[9]という社会心理学者ジェイ・ホールの言葉に言い表される。複雑多様化する地球社会の現実を鑑みれば，衆人の知を集めることはなおのこと必要である。

　学習プログラムの流れとしては，「つかみ」でその時の学習内容に興味をもってもらえるようなしかけで学習意欲を引き出したり，学習者同士の関係を和

らげるためアイスブレイク（章末「教材紹介」参照）を行ったりし，安心して参加できる学びの場づくりをしていく。「本体」では，学習内容に関連するいくつかのアクティビティを組み込み，テーマを掘り下げ，考え・思いを深めていく。最後に「ふりかえり」として，学習プログラムの過程で何を感じ，自分の何が変化し，何を獲得したのかを省察する。開発教育では，学びや気づきを定着させるために，各学習においての意味を自分なりに見いだす「ふりかえり」の時間を最も重視している。

　さらに多様な学びを保証するため，多様な学習スタイルをとっていくように留意しなければならない。開発教育ではどうしても参加型学習が強調されがちである。しかし，学習者にはそれぞれに合った学習スタイルがあり，直感や感性を大事にして学ぶ者もいれば，読んだり聞いたりして学ぶのを好む者もいる。また，学習のねらいにそって適切なグループサイズにしていかなければならないし，場のセッティングも臨機応変に対応していく必要がある。

　デイヴィッド・コルブは学習スタイルを四つに大別し，「生徒のだれもが平等な機会を与えられ，積極的な自己イメージを築くためには，自分に合ったスタイルで学習し，"だれもがいつでも輝くことのできるチャンスを25％与えられている"必要があるのです」と述べている[10]。これは，多様な学習スタイルをとることの重要性を確認すると同時に，その先に学習者がほかの学習スタイルにもいずれ適応していき，豊かな学び方ができるようになるとの示唆を込めてもいる。そのことは多様な社会に生き，めまぐるしい変化に対応していくうえで必須であり，開発教育がはぐくもうとしている力でもある。

3 開発教育のカリキュラム──　未来を志向する「自分」発のカリキュラム

　カリキュラムは，時間割に代表されるような教育課程と認識される場合があるが，それは狭義の定義にすぎない。本来カリキュラムとは，目標，内容，方法，教材，学習活動などすべてを含む広範なもので，実践者と学習者双方の学

3 開発教育のカリキュラム——未来を志向する「自分」発のカリキュラム

びの経験総体ということができる。ここではそれを前提に，開発教育の実践上の姿勢や方向性をまとめとして論じたい。

かつて1980年代前半に，国立教育研究所内の開発教育カリキュラム研究会が，開発教育の全体像の整理を試みたことがあった。その成果として，開発問題学習カリキュラムの構造を「南北問題」「国際協力」などの9つの領域とし，その展開を【ねらい→目標→内容】とした。しかし，知識目標の体系化は，問題解決のための参加態度の育成をも含む開発教育の体質と相容れなかった[11]。

転機となったのは2002年からの「総合的な学習の時間」の導入である。各学校で創意工夫をして横断的・総合的な学習が可能になったうえ，学習活動の具体例として「国際理解」があげられたことが開発教育にとって追い風になると思われた。かつ，そのねらいが「主体的に判断し，よりよく問題を解決する資質や能力を育てること」や「学び方やものの考え方を身に付け，自己の生き方を考えることができるようにすること」であって，開発教育のめざすところと共通していた。新たに構想されたカリキュラムの展開は【主題→探求→共有】となり，プロセスを重視した子ども主体の課題学習となった[12]。また，宇土泰寛はこれまでのカリキュラム実践モデルが，研究者のカリキュラムに基づいて教師が学習者に教授していく「研究開発普及モデル」であったが，これから求められるものは，学習者が主体となって，教師および研究者やNGO/NPOなど地域の人々とともに地球的課題に取り組む「協働的実践創出モデル」であると述べている[13]。

この時期に明示された視点を整理すると，①子ども（学習者）主体の学び，②地域（NGO/NPOなど）との連携，③身の回りから世界とつながる学びの展開，の三つがあげられる[14]。これらの視点は，学びのスタイルの変化を表している。学習指導要領や教師の知識の枠内に規定していたものを学習者の学びに寄り添って無限大に広げ，さらに学校や教室内に留まっていた学びのインセンティブを地域に広げ，自分たちの足元を再度見つめ直してみようという変化である。

第2章　開発教育の内容・方法・カリキュラム

　そこに「持続可能な開発」という概念が加わり，今，「持続可能な開発のための教育（ESD）」の実践が進められようとしている。ESD を進めていくうえでは，問題を「自分ごと」にするための心の揺さぶりが欠かせない[15]。最終的に問題解決にコミットしていくうえで，当事者意識がなければその場かぎりの感傷的な取組みで終わってしまう。ゆえに，唐突に「世界の貧困を撲滅するには何をすべきか？」といった大きな投げかけをするのではなく，問題意識，当事者意識を最初にもてるようなカリキュラムデザインをしていかなければならない。身近な地域のなかに取り組む課題を見つけ，「自分ごと」として認識しやすくし，そこから構造的な理解を促していく必要がある。

　これまでは，途上国の現状をとらえたうえで，自分たちの足元を見直すという「グローバルからローカルへ」というアプローチをとることが多かったが，ESD の視点を入れた開発教育では，今いる自分の立ち位置を起点に問題を掘り下げていき，そこからグローバルイシューを見ていくという「ローカルからグローバルへ」というアプローチが試みられている。この大同小異と見えるアプローチの変化に込められた意味はなんであろうか。

　ESD 開発教育カリキュラム研究会[16]のメンバーである山西優二は，開発教育のカリキュラム作成に求められる視点として，次の三つのアプローチを提示している。

　○　文化理解アプローチ：「人間と文化の関係理解」「文化の動的状況の検討」「文化的参加」
　○　問題解決アプローチ：「問題状況の理解」「問題原因・解決方策の検討」「解決への参加・行動」
　○　未来づくりアプローチ：「時間的つながりへの理解」「未来の価値・システムの検討」「未来社会の想像・創造」

　それぞれのアプローチには，開発教育の目標構造である「知り・考え・行動する」に関連づけられた要素が含まれている。「共に生きる公正な地球社会づくりへの参加」という態度形成・行動をねらいの一つとする開発教育では，

3 開発教育のカリキュラム——未来を志向する「自分」発のカリキュラム

「参加」をイメージしてカリキュラムデザインしていくことは不可避である。この時の「参加」とはローカル（地域）から掘り下げていくことにほかならない。これまでの「グローバルからローカルへ」という視点では、やはり問題の直接的な当事者は途上国の人々であるという色合いが濃い。先進国に生きる人々はあくまで遠因となっているという把握にすぎず、問題へのかかわりが間接的、抽象的になっている。いっぽう、「ローカルからグローバルへ」という視点でとらえることは、私たちのものとして課題を自らかかえることからスタートし、そこからの連関で問題の世界共通性あるいは同時性を感じることであり、当事者としてそのシステムの再構築を担っていくことである。つまり、「グローバルからローカルへ」では、現代世界に起こっている問題をより正確にとらえることができない限界性をはらんでいる。いうまでもなく、地球温暖化の問題は、先進国と途上国の両者が責任をもって取り組んでいかなければならないものであるし、貧困の問題は現れ方の違いこそあれ、グローバリゼーションのもと、途上国でも先進国でも同じように深刻化している。食糧の安全の問題、労働者の人権の問題、安全保障の問題などを見ても「南」とか「北」とか明確に区別して扱う性格のものではもはやなく、すべてがつながりをもって具現している。そうした構造でとらえれば、ローカル（地域）、つまり「私」こそが課題解決の場となりうるのであって、グローバリゼーションへの対抗軸として機能しはじめていくことになる（第12章参照）。

　同時代に生きる者として、互いに文化を見つめ、問題を見つめていく。そして私たちが当事者としてよりよいと思う文化を想像・創造し、問題の解決策を探っていく。そのような文化理解・問題解決・未来創造の三つのアプローチが相互に連関しあうカリキュラムが一つのモデルとして提示できる。そのなかで自分と他者のつながり、地域の問題と世界の問題のつながり、また歴史をふまえた過去と今と未来のつながりが意識されなければならない。そうしたさまざまな時間的空間的連なりをイメージし、未来志向で社会を形成していこうとすることが持続可能性なのであって、未来を志向する「自分」発のカリキュラム

第2章 開発教育の内容・方法・カリキュラム

がいま開発教育の志すところなのだと思う。ただし，決して忘れてはならないのは「南」の視点である。開発教育の原点である「南」の視点を常に意識してこそ，持続可能な未来は創造される。

［石川　一喜］

学習を深めるための課題

1. 開発教育が扱ってきた内容が変化してきた経緯を時代背景と関連させながら述べなさい。
2. 開発教育でよく活用される代表的な手法をあげ，長所と実践上の留意点をふまえたうえで，その説明をしなさい。
3. 開発教育を実践する際，どのようなカリキュラムが可能か，自分の見解を示しながら述べなさい。

注
(1) 藤原孝章「開発教育における教材開発」『開発教育』Vol.53, 開発教育協会, 2006年, 9頁
(2) 「その他」のカテゴリーに入るものとしては，アクティビティ集のような一つに分類しきれないもの，対立解決の方法などスキルが掲載されているもの，地域通貨のように比較的新しいテーマなどが入っている。
(3) 近藤牧子「開発教育教材の様相」『開発教育』Vol.53, 開発教育協会, 2006年, 43頁
(4) 同上書, 43〜45頁
(5) 開発教育教材として『たずねてみよう！ カレーの世界〜スパイスと食文化の多様性〜改訂版』(2003),『コーヒーカップの向こう側―貿易が貧困をつくる!?』(2005),『ケータイの一生―ケータイを通して知る 私と世界のつながり』(2007) が開発教育協会より作成・出版されている。
(6) ほかに，1993年に「人権に関する世界会議」(ウィーン)，95年に「社会開発のための世界サミット」(コペンハーゲン) と「第4回女性に関する世界会議」(北京)，96年に「第2回国連人間居住会議」(イスタンブール) と「世界食糧サミット」(ローマ) が開催された。
(7) 小貫仁「開発教育（内容・方法）」『開発教育キーワード51』開発教育協会, 2002年, 70頁
(8) 「持続可能な開発のための教育」については，特定非営利活動法人「持続可能な開発のための教育の10年」推進会議（ESD-J）のホームページ（http://www.esd-j.org/）

を参照されたい。
(9) マイケル・ドイル，デイヴィッド・ストラウス著，斉藤聖美訳『会議が絶対うまくいく法』日本経済新聞社，2003年，78頁
(10) グラハム・パイク，デイヴィッド・セルビー著，中川喜代子監修，阿久沢麻理子訳『地球市民を育む学習— Global Teacher, Global Learner —』明石書店，1997年，114頁
(11) 小貫仁「テーマの構造化の試み―教育実践のための覚え書き」『開発教育』Vol.44，開発教育協会，2001年，56～57頁
(12) 同上書，57頁
(13) 小貫仁報告「課題別分科会2　開発教育のカリキュラム」『開発教育』Vol.43，開発教育協会，2001年，41頁
(14) 前掲11，56頁
(15) NPO法人持続可能な開発のための教育の10年推進会議『わかる！ESDテキストブック シリーズ1基本編　未来をつくる『人』を育てよう』2006年，27頁
(16) 特定非営利活動法人・開発教育協会内にある研究部会。開発教育としてどのようなESDカリキュラム構築ができるのか検討することを研究活動の目的としている。地球環境基金の助成を得て，2006～2008年度の3年間の活動予定。

参考文献
開発教育協会『開発教育ってなあに？ 開発教育Q&A集（改訂版）』2004年
開発教育協会『参加型学習で世界を感じる 開発教育実践ハンドブック』2003年
開発教育協会『開発教育』Vol.53（特集：開発教育と教材）明石書店，2006年
開発教育協会『開発教育』Vol.54（特集：参加型開発と参加型学習）明石書店，2007年
田中治彦『南北問題と開発教育―地球市民として生きるために』亜紀書房，1994年
開発教育推進セミナー編『新しい開発教育のすすめ方―地球市民を育てる現場から 増補版』古今書院，1996年
西岡尚也『子どもたちへの開発教育―世界のリアルをどう教えるか―』ナカニシヤ出版，2007年
グラハム・パイク，デイヴィッド・セルビー著，中川喜代子監修，阿久澤麻理子訳『地球市民を育む学習— Global Teacher, Global Learner —』明石書店，1997年
デイヴィッド・セルビー，グラハム・パイク著，河内徳子，林量俶，喜多明人，岩川直樹訳『子どもの権利教育マニュアル―グローバルな活動事例と日本の実践報告』日本評論社，1995年
デイヴィッド・セルビー，グラハム・パイク著，小関一也監修・監訳『グローバル・クラスルーム 教室と地球をつなぐアクティビティ教材集』明石書店，2007年
デイヴィッド・ヒックス，ミリアム・スタイナー著，岩﨑裕保監訳『地球市民教育のすすめ方―ワールド・スタディーズワークブック』明石書店，1997年

第2章　開発教育の内容・方法・カリキュラム

教材紹介

アイスブレイク「部屋の四隅」

　ファシリテーターに最初に課されるのは"場づくり"である。最も効果的に学びが機能するための環境や雰囲気をつくり出していかなければならない。とくに単発のワークショップや初対面同士の参加者ばかりの場合，緊張を解きほぐし，できるだけ早く互いの関係性をつくっていく必要がある。そのためにつかみ（導入）の場面で行うワークを「アイスブレイク」という。文字どおり，氷（ICE）のように冷たく固まった心と頭と体を解凍（BREAK）して，場を和やかにしていくものである。アイスブレイクには次の効果が期待される。

・参加者が安心して発言できる肯定的な雰囲気をつくる。
・他者の意見や価値観を受け入れられる雰囲気をつくる。
・ともに学びあう者として協力的な雰囲気をつくる。
・学習の動機づけを行い，学習への期待・意欲を高める。

　開発教育では，賛否が分かれて議論になるテーマを扱うことが多いため，とりわけこうした雰囲気を醸成していくことが重要で，アイスブレイクのもつ意味合いは非常に大きい。

　アイスブレイクには，互いを知り合う目的で行う「自己紹介系」，簡単なゲームを行ったり体を動かすアクティビティなどの「ほぐし系」，グループの士気を高めたり協力的な雰囲気をつくっていく「協力ゲーム系」などがある。

　ここでは，開発教育のワークショップでよく用いられる最も基本的な「部屋の四隅」というアクティビティを紹介しよう。このアクティビティは，会場全体を使うので自然と動きが伴うし，参加者の属性や考え方がわかるので"顔が見える"関係をつくっていきやすい。

＜進め方＞

① 四つの選択肢を想定した質問のどれに自分が該当するか考えてもらう。
　例：Q.「あなたの好きな季節は？」
　　　A.「春」「夏」「秋」「冬」
　　　Q.「今の気分は？」
　　　A.「とても良い」「良い」「あまり良くない」「悪い」
　　　Q.「開発教育の認知度は？」
　　　A.「よく知っている」「どちらかといえば知っているほう」「どちらかといえば知らないほう」「知らない」

② 会場の四隅にそれぞれ四つの選択肢を割りふり，自分が該当する場所へ移動してもらう。

③ 非常に多くの人が集まったコーナーやほとんど集まらなかったコーナーを中心に，どうしてそのコーナーへ来たのか理由を述べてもらう。

④ 同じように何度か質問を繰り返す（時間や人数，参加者の雰囲気にもよるが，2～3回程度にするのが適当で，それ以上だと逆に間延びする恐れがある）。

　最初は，あまり考えなくともよい答えやすい質問にし，徐々に難しくしていくといい。その際，単に難易度を上げるのではなく，ワークショップのねらいや学

習のテーマに沿ったものに近づけていくと次の展開に入っていきやすくなる。
　同じコーナーにいても理由を聞くと微妙に考え方が違っていたり，違うコーナーにいても根本的には同じことを言っていたりするので，問いかけ次第で深まりや面白さが出てくる。また，さまざまな参加者の意見を耳にすることで，多様な視点が今いる場にあること，あっていいことに最初に気づくことができるので，その後のワークで気兼ねなく自分の意見を言える雰囲気ができてくる。最後の質問を工夫すると，グループ分けにも活用することができる。

第3章
ヨーロッパとアジアにおける開発教育

　今から23年前の1985年3月25日。その日は大学の卒業式当日だったが，私は中央アフリカ共和国の首都バンギの空港に降り立っていた。機内からタラップを降りると，古びたコロニアル風の空港ターミナルまで警備兵が等間隔に立ち並んでいた。彼らが肩から提げたライフル銃が熱帯の太陽に黒光りするなかを私は足早に歩き去った。

　その日から2年間，私は現地の日本大使館で在外公館派遣員という嘱託職員として在勤することになっていた。熱帯アフリカという過酷な自然環境，"最貧国"という深刻な社会環境，そして，大使館という特殊な職場環境のなかで，私の社会人としての1年目は始まった。その2年間の生活や業務の詳細を紹介することは紙幅の関係でできないが，それは不安や失敗，驚嘆や発見が交錯する毎日だった。しかし，今ふりかえれば「南」[1]の世界の一端にふれることのできた貴重な機会でもあった。そして，そのことが帰国後にNGO活動や開発教育に私を向かわせる原体験や原動力になったのである。

　その原体験とは「貧困」や「格差」という問題に生まれて初めて直面したということだ。その一端を紹介すれば，たとえば，ある日の私は書記官に同行して当時唯一の国立病院を訪ねる機会を得た。病棟を視察する書記

官のあとをついて行くと，各病室の床はおろか，廊下にまでも患者が横たわり，さまざまな異臭が立ちこめていた。手で口を覆いながら，横たわる患者をまたいでいくと，命を落とした患者が運び出されていった。一国の首都とはいえ，一般の世帯に電気や水道はなく，市内の一角には大きなスラム街が広がっていた。しかし，空港までの幹線道路は外灯で煌々と照らされ，その下で若者が本を立ち読みする姿をしばしば見かけた。高度経済成長という右肩上がりの時代に育ち，これといった不便や不自由を感じることもなく生きてきた。そんな私に中央アフリカは容赦なく苛酷な現実を突きつけてきた。その現実をどう理解し，どう受け止めればよいのか。私は矛盾や葛藤を覚え，激しく動揺し混乱した。

　もう一つの原動力とは，「知ったことを伝えなければ」という衝動に駆られたということだ。中央アフリカと出会い，世界には不条理や不公正というものが実在することを知った当初，私は言葉を失った。やがて「こんな重大なことをなぜ今まで知らなかったのか」「日本のマスコミはアフリカの現実や苦悩をちゃんと伝えているのか」という不満や疑問が募った。私はその矛先を日本の教育や報道に向けるようにもなった。そして，そうした不満や疑問を解消するかのように，バンギでの日々の心情や見聞を綴っては，日本の友人や知人に宛てて送りつけていた。今思えば，未熟な正義感や稚拙な使命感に囚われていただけだったのだが，「自分が知ったことは自分で伝えなければ」という思いだけは強くなっていった。

　大学卒業後は教員を志望していた私だが，2年間の任期満了に伴い日本に帰国するころには，それはすでに消え失せていた。その代わりに，「南」の国々がかかえる問題を解決したり，「南」の実情を日本に伝えたりするような仕事ができないだろうかと考えるようになっていた。そこで，学生時代にかかわっていたある青少年団体の関係者を頼りに，いろいろな人物を訪ね，行事に参加していくうちに，NGO活動や開発教育と出会うことになったのである。

第3章 ヨーロッパとアジアにおける開発教育

　以来20年余り，NGO活動や開発教育を日本で普及推進する仕事にたずさわってきた。日本のNGO活動や開発教育は，まだまだ多くの課題をかかえ，試行錯誤を続けている。しかし，20年前と比較すれば，その規模や内容，政府や学校との関係などの点で徐々に進展してきたといえよう。いっぽう，バンギを離れて20年余りが経つが，再訪の機会はこれまでにはない。私が在勤した大使館も，国境を接する隣国スーダン西部のダルフール紛争が緊迫の度を深めるなか，2005年の年頭に閉鎖されたという。これほどインターネットが発達しながらも，中央アフリカの今を伝える報道や情報は日本では限られている。私が過ごしたあのバンギの街並みや人々の生活は，この20年でどれほど変わったのだろう。ほとんど何も変わっていないのかも知れない。

　私があの時に感じた矛盾や葛藤，そして不満や疑問はまだ解消されてはいない。解消されないどころか，膨張し停滞し続けている。そのことが，私が開発教育にかかわり続けている理由なのだと思う。

---

1 開発教育のはじまり――「南」と出会った「北」の若者たち

　第1章で見たように，「開発の10年」とされた1960年代は，国連機関をはじめ，「北」の政府機関やNGOなどの民間組織が，「南」のアジアやアフリカなどの国々に「開発」を旗頭に押し寄せた時代であった。そして，数多くの若者たちも「北」から「南」へ専門家やボランティアとして派遣されることとなった[2]。しかし，任期を終えて帰国した若者たちのなかには，彼ら彼女らを暖かく迎えてくれた家族や友人，知人や同僚たちに，ある種の疑問や違和感を覚えた者も少なくなかった。その疑問や違和感とはなんであったのか。それは自分にとって身近な人々が抱いているアジアやアフリカに対する無知や偏見であり，海外援助やNGO活動に対する無関心や無理解であった。そして，「南」

と出会い,「開発」や「援助」の問題に苦悩してきた「北」の若者たちは,「問題は遠い海の向こうにあるだけでなく,自分のすぐ身の回りにもある」ことに気づいていくのである。こうして1960年代後半から1970年代にかけて,彼ら彼女らは「南」の人々の窮状や国際協力の必要性を訴える"辻説法"的な活動をコミュニティの集会や教会の行事などで始めていくこととなった。

その一方で,当時は,ベトナム反戦運動や反アパルトヘイト運動など,深刻な国際情勢に対する市民や若者たちからの異議申し立てが活発に行われた時代でもあった。こうした市民活動ともつながりながら,「『南』の子どもたちを救おう」という草の根の訴えは,徐々に組織的な広報活動や募金活動へと発展していった。たしかに,そうした広報や募金のための活動は,組織にとって必要ではあった。しかし,同時に広報や募金で人々の偏見や誤解を正すことができるのかという疑問も深まっていった。また,「南」の飢餓や貧困は国際政治や国際経済とも密接な関係にあり,善意や熱意からとはいえ,単に資金や物資を提供するだけでは根本的な解決にならないという反省や批判も生まれていた。

そうした試行錯誤のなかから,一般の成人を対象とした広報活動や募金活動よりも,これからの時代を担う子どもや若者たちが,「南」の現実を正しく理解し,問題を解決していく力を身につけていくことのほうが重要ではないかという考え方が広がっていった。こうして1970年代になると,欧米のNGOのなかには,教員や学校などとつながりながら,自国の教育現場でアジアやアフリカの問題を取り上げようとする展開が新たに見られるようになっていく。そして,こうした活動が徐々に開発教育と呼ばれるようになったのである。

2 ヨーロッパにおける開発教育の成立とその後の展開

ヨーロッパは今日でも開発教育の取組みがさかんな,いわば開発教育の先進地域である。本節では,そのヨーロッパで開発教育が成立した経緯や背景,その後の展開について,とくに日本の開発教育に対して多くの影響を与えてきた

第3章 ヨーロッパとアジアにおける開発教育

オランダとイギリスの2カ国に焦点をあてながら概観する。

(1) オランダの開発教育

「開発教育はいつどこで始まったのか」という質問がしばしば寄せられるが，オランダは最も早い時期に開発教育の取組みが始まった国の一つである。そのオランダの開発教育の特徴として，① 開発NGO，② 開発協力センター，③ 博物館教育の三つを紹介してみたい．

オランダで最も代表的なNGOに1956年に設立されたノビブ（NOVIB）[3] がある。このノビブが1963年に始めた「食卓にゲストを（Gast aan Tafel）」運動[4] は，初期の開発教育を象徴する活動であろう。オランダは，1953年にオランダ史上最大といわれる大洪水に見舞われ，世界各地から支援の手が差し伸べられた。ノビブは，そうした記憶をもつオランダの人々に，毎晩食卓を囲む時，飢餓に苦しむ世界の人々を各家庭に一人招待したと思って，一食分の食費を寄付しようと呼びかけ，小さな貯金箱を配布した。そして，その貯金箱は一杯になるとノビブに送り返され，海外援助活動に役立てられた。もちろんこれはよく工夫された募金活動ではあるが，一食分を寄付するという行為を通じて，「南」の苛酷な現実に思いを馳せ，その問題や解決策を話し合い，そして，自分でできることから行動に移していくという開発教育の原点をこの運動には垣間見ることができる。ノビブは，現在でも「貧困のない公正な社会」をめざして，毎年さまざまキャンペーン活動や学校での開発教育を展開している。

その学校での開発教育をノビブのようなNGOと連携して進めているのがオランダ各地に拠点をおき，コス（COS）[5] と呼ばれている開発協力センターである。オランダは12の州に分かれているが，各州に少なくとも一つのコスの地域組織があり，現在では15の地域コスと全国組織であるコス・ネーデルランドの16組織が活動している。その活動は多様で，開発問題や国際協力に関する情報や教材の提供にとどまらず，各NGOの活動紹介やフェアトレード，最近では，二酸化炭素の排出量削減をテーマとした「自転車で職場へ（Cycle to Work)」運動を企業などと連携して実施している。オランダはシティ・リンクス（City Links）と呼ばれるアジアやアフリカ，そして東欧諸国などとの自治体交流がさかんでもあり，単なる友好親善にとどまらない自治体間の教育プログラムなどにも各地のコスが協力している。また，学校教育のなかでの開発教育やグローバル教育を推進するためのアリス・オー（Alice-O）[6]と呼ばれる教育NGOがあり，教材作成やグローバルな視点を育てる教育プロジェクトの企画をはじめ，教員研修や学校に対する助言やコンサルティングなどを行っている。

　こうしたNGOによる開発教育や地域における開発教育を政府が資金的に支援する制度が整っていることもオランダの特徴である。オランダには，ノビブなどの開発NGOをはじめ[7]，労働組合，キリスト教団体，社会教育団体，環境保護団体などで構成されるNCDO[8]と呼ばれる連合体がある。この組織を通じて，開発教育支援のための政府資金が関係団体や各地の開発教育活動に配分されている。

　さらに，オランダは博物館教育がさかんであり，学校から出て博物館で学習するという学習形態が20世紀初頭に提唱された国でもある。そのための博物館が1908年に開設され，それが現在ハーグにあるミュゼオン（Museon）の前身である。オランダ語で「博物館と教育（museum en onderwijs）」を意味するミュゼオンの特徴は，学校教育と連携した学習プログラムの豊富さである。たとえば「アフリカ」や「熱帯林」をテーマとした学習プログラムは，開発教育や持続可能な開発のための教育（ESD, Education for Sustainable Development）のプログラムとして遜色がない。アムステルダムには「熱帯博物館」を意味するトロッペンミュージアム（Tropenmuseum）がある。ここは王立熱帯研究所が運営する民族学博物館であるが，アジアやアフリカなどの国々の生活や文化がリアルに再現され，参加型の手法で展示されている。時にはNGOによる特別展が催され，館内のレストランでは各国のエスニック料理も味わうことができる。また，小学生を対象とした「子ども博物館」も併設され，開発教育的な

第3章 ヨーロッパとアジアにおける開発教育

プログラムが提供されている。

(2) イギリスの開発教育

イギリスもオランダと並んで世界の開発教育を牽引してきた国である。そのイギリスでの開発教育の成立と展開に大きな影響を与えたものとして、①開発NGO、②ワールド・スタディーズ、③開発教育センターの三つを指摘してみたい。

多くの海外植民地を有したイギリスでは、「南北問題」が注目された1960年代に入ると、NGOや市民団体をはじめ、労働組合や教会組織などによる「飢餓救済キャンペーン（Freedom from Hunger Campaign）」が展開された。そうしたなかで政権に返り咲いた労働党政権は、1965年にNGOとの協議の場として「海外援助と開発問題に関する有志委員会（VOCAD）」を設置し、この委員会にオックスファム、クリスチャンエイド、セーブ・ザ・チルドレンなどの主要な開発NGOが参加した。翌1966年には、同委員会内に教育部が新設され、海外援助や開発問題に関するイギリス国民の意識喚起や理解促進、すなわち開発教育の普及推進が図られることとなった。いわば政府とNGOが協力して開発教育に取り組む仕組みができたことが、イギリスの開発教育にとっては大きな契機となったといえる[9]。その後、この教育部は国内キャンペーン活動や教材開発などを実施して、イギリスにおける初期の開発教育を担っていった[10]。

1970年代になると、イギリスの開発教育は大きく発展していくが、その「担い手」の一つが開発NGOであった。VOCADを構成したオックスファムやクリスチャンエイドなどの開発NGOでは、開発教育の担当部門や担当者をおくなどして、開発教育の推進に努めた。また、VOCADの教育部が実施していたキャンペーン活動は、1970年にワールド・ディベロップメント・ムーブメント（WDM, World Development Movement）というNGOとして独立し、現在でもその活動を続けている。ワン・ワールド・ウィーク（One World Week）という、今では全英各地で実施される全国キャンペーン活動が始まっ

42

たのも 70 年代後半の 1978 年である。

　こうした市民運動的な動向とは別に，ある教育プロジェクトが同じ時期に始動した。その名称は，ワールド・スタディーズ・プロジェクト（World Studies Project）である。ワールド・スタディーズという考え方は，19 世紀末から 20 世紀初頭にかけて欧米各地で見られた新教育運動の理念や，第一次世界大戦後に発足した国際連盟の理想を起点に生まれたものだという。こうした歴史的経緯のなかから，第二次世界大戦後に，国際協調を実現し世界市民を育成していくための新しい教育のあり方が求められ，それがワールド・スタディーズと呼ばれるようになった。そして，1972 年にそのカリキュラム研究のためのプロジェクトが発足したのである。このワールド・スタディーズ・プロジェクトからは，いくつもの指導書や報告書が出版され，イギリスの教育行政や学校教育にも少なからずの影響を与えることとなった。

　イギリスの開発教育を語るうえで，もう一つ忘れてはならないのが開発教育センター（DEC, Development Education Centre）の存在である。これは 1970 年代の半ばごろに，マンチェスターやバーミンガムなどの主要都市に誕生した開発教育の活動拠点である。そこには，NGO や市民団体の関係者，教員や行政関係者などが参集して，市民向けの講座や教員向けの研修をはじめ，教材の作成や貸し出しなどが行われるようになっていった。そして，こうした各地の DEC の活動を大手の開発 NGO やイギリス政府が資金的に支援したのである。

　こうしてイギリスの開発教育は 1970 年代に大きく花開くが，1979 年に誕生した保守党政権は，従来の労働党政権の政策を転換し，NGO や開発教育に関する予算を大幅に削減した。こうした政策転換に危機感を覚えた開発 NGO や各地の DEC などは，開発教育センター全国協会（NADEC, National Association of Development Education Centres）を発足させ，開発教育の普及推進に向けた関係団体間の連携協力を強化していった[11]。しかし，開発教育を支援してきた開発 NGO のなかには，開発教育部門の閉鎖や関連予算の縮小に追い込まれるところも少なくなかった。

第3章 ヨーロッパとアジアにおける開発教育

レディングにある開発教育センターの国際連帯センター（RISC）（筆者撮影）

このように1990年代半ばまで厳しい"冬の時代"を迎えたイギリスの開発教育だが，1997年に再び労働党が政権に返り咲いて以来，開発教育への支援も再開され，イギリスの開発教育活動も活気を取り戻してはいる。その一方で，これまで開発教育の「担い手」であった開発NGOは，成果の見えにくい開発教育よりも政策提言やキャンペーンに比重をおく傾向を強めており，開発NGOの国内事業における開発教育の位置づけは相対的に弱くなっている。また，公立学校の全国統一カリキュラム（National Carricalum）に新科目「シティズンシップ（citizenship）」が2002年から導入された。関係者はこれを学校教育のなかで開発教育を実践する好機ととらえたが，現状では課題も多く，試行錯誤が続けられている。

3 イギリスの開発教育と日本の開発教育

　前節では，オランダとイギリスにおける開発教育の歴史や動向を概観してきたが，本節ではそうしたヨーロッパの開発教育，とりわけイギリスの開発教育が日本の開発教育にもたらしてきた影響や開発教育をめぐるイギリスと日本のこれまでの交流を寸描してみることとする。

　第1章ですでに紹介されているとおり，日本での開発教育の取組みは1980年代に入ってから本格化した。しかし，当時の開発教育は，アジアやアフリカなどで「低開発」の実態を目のあたりにした国際協力活動の関係者らが，自ら

③ イギリスの開発教育と日本の開発教育

の体験に基づきながら、「南」の現実を伝えていこうとするものが多かった。その一方で、外務省は欧米各国に調査団を派遣し、(財)国際協力推進協会に調査研究を委託して、開発教育に関する先進事例や関連情報の収集に努めていた[12]。そうした一連の調査報告書は日本の開発教育関係者にとって、貴重な情報源となり、調査団にはNGO関係者らも同行して見聞を広めていった。こうして1980年代の日本の開発教育は、欧米の先進事例を貪欲に吸収しつつ、市民活動や学校教育の現場での試行錯誤を続けていたといえよう。

　そうしたいわば第1世代の開発教育を経て1990年代に入ると、日本の開発教育活動のなかで、教材化やプログラム化が進むこととなった。これに大きな影響を与えたのが、イギリスの開発教育である。たとえば、前節でふれたワールド・スタディーズ・プロジェクトの各種出版物のなかで、1991年に翻訳発行された『ワールド・スタディーズ——学びかた・教えかたハンドブック』は、それまで一部の研究者や実践者のなかでは知られていた参加型学習の理念や手法を広く紹介したという点で、日本の開発教育関係者にも大きな示唆や刺激を与えることとなった。また、開発NGOのクリスチャンエイドが1980年代に制作した教材「The Trading Game（貿易ゲーム）」の日本語版が1995年に発行されたが、おそらくこれは海外の開発教育教材のなかでは、日本で最も活用されてきた教材であろう[13]。そのほかにも、ワールド・スタディーズやその流れをくむグローバル教育関連の翻訳書の出版が1990年代には相次ぎ[14]、イギリスの開発NGOや開発教育センターが制作した各種教材などが1990年代には広く知られるようになった。

　こうした教材や図書のほかにも、イギリスの開発教育の研究者や実践者が日本に招聘され、また、イギリスの開発NGOや開発教育センターを訪問する個人やグループが急増したことも1990年代の特徴といえよう。2001年から2002年にかけてイギリスの開発教育協会（DEA）が行った調査事業「日英開発教育パートナーシップ」によると、調査当時までに「のべ100人以上の日本の開発教育実践者が学習や会議のために英国を訪れ」、「のべ10人以上の英国の実践

第3章　ヨーロッパとアジアにおける開発教育

ヨークでの開発教育セミナーの様子（筆者撮影）

者が会議やワークショップをするために日本を訪れ」，そして「約8冊以上の英国の本や教材が日本語に翻訳された」という[15]。この調査結果からもイギリスは日本の開発教育に大きな影響を与えてきたことがわかるが，その理由としては，欧米各国のなかでも開発教育に関する研究実践の蓄積が豊富であることや，言語が英語であり，日本人にとっては，調査研究や情報収集がしやすいことなどがあげられよう。

　イギリスの開発教育の経験や知見に多くを学ぶことの多かった1990年代を経て，開発教育をめぐるイギリスと日本の関係は，2000年代に入って，さらに一歩進展したといえよう。それは"イギリスが教え日本が学ぶ"という一方的な関係ではなく，互いの経験や課題を共有するという双方向の関係が生まれたということである。その契機は，当時の開発教育協議会（現在の（特活）開発教育協会）が1999年に実施したイギリスへの訪問調査事業であった。この事業では，イギリスの開発教育協会（DEA）をはじめ，オックスファムやクリスチャンエイドなどの開発NGO，そしてバーミンガムやレディングなどの開発教育センターを訪問し，イギリスの開発教育事情が調査された。また，イギリスのDEAと日本の開発教育協会（DEAR）[16]との間で協力関係の強化が確認された。

　その結果，2001年からは上述の調査事業「日英開発教育パートナーシップ」が実施されることとなった。そのほか，2002年の第20回開発教育全国研究集会には，イギリスのDEAやマンチェスターにある開発教育センターから関係者が，そして翌2003年9月には，ヨーロッパ評議会が主催する「地球社会の

ための学びロンドン会議」に，日本からは開発教育協会の関係者が招聘されるなど，日英間の人材交流が図られている。また，日本の開発教育協会では，2004年度と2005年度にイギリス・ヨーク市にあるグローバル教育センター（CGE, Centre for Global Education）の協力を得て，「開発教育スタディツアー」を実施したが，2006年度には日英の経験や課題を共有して学び合うことを目的に「開発教育セミナー」を実施するなど，日英間の新しい相互学習の場づくりが志向されるようになっている。

4 近年のヨーロッパの開発教育

ヨーロッパでは，本章で取り上げたオランダやイギリス以外にも，西ヨーロッパや北ヨーロッパの各国を中心に1960年代から1970年代にかけて開発教育の取組みが始まった[17]。本節では，近年のヨーロッパの開発教育の特徴の一つとして，1980年代後半から見られた全ヨーロッパ的な開発教育のネットワーク形成を概観していく。

各国でいわば自然発生的にその取組みが始まったヨーロッパの開発教育も1980年代後半になると，各国間のネットワークが模索されるようになった。その大きな契機となったのが，1988年に当時の欧州委員会（EC, European Commission）の開発NGO連絡調整委員会（NGDO-EC Liaison Committee）の総会だった。この総会では開発教育が議題となり，同委員会のなかに開発教育の作業グループが設置されることとなった。また，同じ時期にイギリスの開発教育センター全国協会（NADEC）でも，イギリスと大陸側各国間との連携について話し合われ，1992年にヨーロッパの開発教育実践者が参集する協議会がデンマークで開催された。その後の約10年間は，NGDO-ECとこの実践者協議会という二つの枠組みで開発教育に関する情報交換や経験交流が進められた。

しかし，2001年の財政危機からNGDO-EU[18]が解散を余儀なくされ，2003

第3章 ヨーロッパとアジアにおける開発教育

年にコンコード（救援と開発のための欧州NGO連盟，CONCORD）という組織が新たに発足[19]。その小委員会として，開発教育フォーラム（Development Education Forum）が設置され，実践者協議会もこれに合流するかたちとなった。現在，コンコードはヨーロッパ22カ国のNGOの国別連合体（National Platforms）と主にヨーロッパに拠点を置く18の国際NGOが加盟するヨーロッパ最大の開発NGOのネットワークとなっている。この開発教育フォーラムという協議体がヨーロッパの開発教育に関する連絡調整や合意形成を図る場となり，具体的な協働事業はディープ（欧州開発教育交流プロジェクト，DEEEP）[20]として実施されている。

なお，ポルトガルのリスボンに拠点をおく欧州評議会（Council of Europe）の南北センター（North-South Centre）[21]では，1999年以降，ヨーロッパ各国でグローバル教育週間（Global Education Week）を開催している。また，2002年にはオランダのマーストリヒトで欧州グローバル教育会議が開催され，政府，NGO，議会，自治体の関係者らが参集した。この会議では，国連ミレニアム開発目標の実現に向けて，持続可能な開発のための教育（ESD）が支持され，ヨーロッパでのグローバル教育の普及が確認された。こうした取組みの企画や実施には，ヨーロッパ各国のODA実施機関や開発教育団体が資金や情報やネットワークを提供してきた経緯があり，開発教育の知見や経験が活かされていることには注目してよいだろう。

このようにヨーロッパでは，EUや欧州評議会のような国際機関と各国政府，そして開発NGOや開発教育団体が互いに連携協力しながら，開発教育やグローバル教育の普及推進を図ろうとする構図が見えてくる。その背景には，旧ソ連崩壊後に急速に拡大するヨーロッパ世界の姿がある。すなわち，東ヨーロッパの旧社会主義諸国やバルカン諸国などでは，EU加盟に向けた教育改革が重要な政策課題となっており，グローバルな視点や課題を自国の教育政策に反映させていく必要に迫られている。また，民主主義や平和主義，人権擁護や環境保全という市民的価値観が東欧諸国に根づいていくためには，いわば「欧

州市民教育」ともいえる新しい教育の理念や実体が必要とされてもいる。こうした政治的な思惑も見え隠れするなかで，「グローバル教育」や「市民教育」の展開に向けて，環境教育，人権教育，平和教育などの経験も交えながら，ヨーロッパでは開発教育が新たな役割を担おうとしている。

　こうした近年のヨーロッパの動向に対して，日本の開発教育はどのような関係をもっているのだろうか。開発教育協会（DEAR）では，前節で紹介したようにイギリスのDEAとの協力関係を深めていく一方で，マーストリヒトでの「欧州グローバル教育会議」に関係者を派遣したほか，「欧州開発教育交流プロジェクト（DEEEP）」にも，事務局スタッフが参加するなど，ヨーロッパの開発教育の動向や変化に関心を寄せている。そうした関係を維持するなかで，ヨーロッパの開発教育が上述のとおり，新たな課題に直面し，グローバル教育や市民教育との連動や役割分担を模索していることは，日本の開発教育の今後の方向性や展開を考えていくうえで大きな手がかりになるものと思われる。

5 「北」の開発教育と「南」の参加型開発

　これまでに見てきたように，開発教育は戦後の国際開発や海外援助に対する反省や疑問のなかから，1960年代に「北」の欧米各国で生まれてきた教育活動である。それでは，アジアやアフリカなどの「南」の国々に開発教育は存在してこなかったのであろうか。たしかに，本書の各章で論じられている開発教育は，欧米社会の歴史や思想，文化や価値観といったものを基盤や背景としてきたことは否めず，欧米や日本で取り組まれてきたものとまったく同じ開発教育の実践事例をアジアやアフリカに求めることは難しい。しかし，あらためて開発教育という教育実践の原型を確認すれば，それは開発問題を知り，その原因や解決策を考え，そして学習者自らが問題解決に向けて行動していくということであった。そうした実践自体は，"開発途上"と呼ばれてきたアジアやアフリカの各地に見ることができるし，欧米生まれの開発教育がそうした「南」

第3章　ヨーロッパとアジアにおける開発教育

の実践に学んできたことも事実である。たとえば，成人識字教育や民衆教育で知られるブラジルのパウロ・フレイレ（Paulo Freire）や，アジア最古で最大のNGOともいわれるサルボダヤ運動を創設したスリランカのA. T. アリヤラトネ（A. T. Ariyaratne）の思想や実践[22]は，それ自体が開発教育と呼ばれることはない。しかし，今日の開発教育がめざすものとは相通じるものがあり，フレイレは欧米のNGOや開発教育の関係者にも大きな影響を今でも与えている。

　貧困から抜け出せない状況におかれた人々に，外部者や富裕者が資金や物資を提供することによって，問題を解決しようとしてきたのが従来の国際開発や海外援助であった。しかし，フレイレやアリヤラトネは，貧困のなかにいる貧しい人々自身が，飢餓や貧困，不公正や不平等などの問題に気づき，原因や解決策を考え，外部者に依存しないで自ら問題解決に向けて行動していくことが大切であると考えていた。「南」の村落開発におけるこうした考え方や方法論は，今日でこそ参加型開発として議論や関心を呼んでいるが，その先駆的な実践は，「南」の小さな村やコミュニティで続けられてきたのである（第13章参照）。アジアの参加型開発の現場を例にとれば，そこでは地面が黒板や模造紙の代わりである。小石や種子が鉛筆やボールペンの代わりになる。都市や海外からやってきた外部者は，資金や物資を持ち込むのではなく，村人たち自身の気づきや学びを尊重して，ただファシリテーターに徹するだけである。こうした村人を中心とした参加型開発は，アジアでいえばインドやネパールなどの南アジアや，タイやフィリピンなどの東南アジアで，NGOやCBO（地域組織, community-based organization）を中心に取り組まれるようになっており，国際的にも著名なファシリテーターを輩出している。

　「南」における開発教育とは，教室や研修室のなかで，海の向こうの開発問題を非日常的なワークショップを通じて擬似的に学習することではない。そうではなくて，村や村人が直面している"今そこにある問題"を解決していくための実践的な学びと現実的な変化を必要としている。そうした取組みが試行錯

5 「北」の開発教育と「南」の参加型開発

誤を重ねながら，「南」では成果を残してきている。しかし，参加型開発が進んでいるとはいえ，南アジアも東南アジアも，経済や金融のグローバリゼーションの波に飲み込まれている。近代化や工業化が進む新興の国々や地域では，欧米や日本と変わらない新たな問題に直面するようにもなりつつある。インドやタイの人々が村やコミュニティの問題を解決していくためには，個人やコミュニティ単位の学びや気づきだけではなく，国際的な合意や社会的な変化も必要である。そうだとすれば，村やコミュニティの問題が国際社会の構造や地球社会の変化などと無関係ではないことにも気づき，それらを学んでいくことも必要となろう。しかし，このことはまさに欧米や日本の開発教育がめざしてきたことでもあり，「北」の開発教育になんらかの役割が果たせるかも知れない。

　本章では，あえて欧米諸国や日本を「北」，日本を除くアジアやアフリカなどの国々を「南」と表記してきた。しかし，じつは「北」と「南」との間に，明確な区別や顕著な相違はなくなりつつある。というのは，欧米や日本に暮らす人々も，アジアやアフリカに暮らす人々も同じ構造や変化のなかに同居しているからである。そして，複雑につながりあった地球的規模の諸問題をともに解決していかなくてはならないという点で，21世紀という時代のなかで運命をともにしているからである。そうだとすれば，これまでは「北」で取り組まれてきた開発教育の知見や経験がアジアやアフリカでも活かされるのではないか。事実，グローバリゼーションの波が押し寄せるタイ北部の農村で，NGO関係者が村人にその現状や影響を説明する際に，日本の開発教育教材が有効であったという。

　逆に「南」での参加型開発の知見や経験が欧米や日本でも活かされるのではないか。実際，私たち日本人は今，日本国内や地域社会に山積する問題，たとえば，貧困や格差，高齢化や過疎化をはじめ，教育や医療や福祉の問題を解決できないでいる。そうした「開発」にかかわる問題群の立ち現れ方は「北」と「南」とでは当然ながら異なる。しかし，個人や集団，地域や社会が直面しているそれら問題群の本質や構造に，「北」や「南」と言い切れるほどの差異は

第3章　ヨーロッパとアジアにおける開発教育

もやはない。もし，そうした問題群の解決や改善を，行政や専門家らにただ委ねるのではなく，市民や住民の知恵や互助の力で地域や足元から進めていこうとするのであれば，当事者たちの意見や経験を共有し，問題解決に向けた合意形成や計画立案を協力的に進めていく参加型開発の考え方や方法論は，大いに参考になるのではないか。「北」と「南」の市民や住民の間で共通の課題があるとすれば，両者が相互に学び合うことの意味はけっして小さくはないだろう。

　以上のような現状認識や問題関心から，日本の開発教育協会がここ数年東南アジアの民衆教育や開発NGOとの経験交流を進めてきているのは，新しい変化や試みであるといえよう。具体的には，タイ北部のチェンマイに拠点をおくNGO関係者や学校教員らと，参加型開発や持続可能な開発のための教育（ESD）に関する相互研修のプログラムが実施されてきた（第13章参照）。また，国際的に活動するネパールの参加型開発のファシリテーターであるカマル・フュアル（Kamal Phual）や，コミュニティ・オーガナイザーとして知られるマレーシアのジョ・ハン・タン（Jo Han Tan）を招聘したワークショップを国内各地で実施してもいる。また，インドのムンバイに拠点をおき，アジア南太平洋地域で民衆教育や成人教育に取り組むNGOや教育団体の国際ネットワーク組織であるアスベー（ASPBAE，アジア南太平洋成人教育会議）が主催する会議や研修会にも関係者を派遣するなど，アジア地域の参加型開発や民衆教育の経験に学びつつ，日本の開発教育との協働の可能性が模索されている。

　開発教育と参加型開発はもともと「北」と「南」という異なる現場や経緯から生まれたものではある。しかし，2000年代に入って，この両者はその理念や目的や方法の点で急速に接近しているように見える。その大きな理由は，それぞれの不足や限界を互いに補い合える関係にあるからであろう。そして，その関係とは，国際社会の構造や地球社会の変化と密接に関係する地域問題をそこに暮らす人々の気づきや学びを通じて解決していこうとする理念や目的を開発教育と参加型開発が共有しはじめていることを意味している。　　［湯本 浩之］

> 学習を深めるための課題
>
> 1. 1960年代に開発教育が欧米各国で成立した背景や経緯について説明しなさい。
> 2. オランダやイギリスの開発教育事情を参考にして，日本で開発教育の普及推進していく際の課題や問題点を検討しなさい。
> 3. 「北」の開発教育と「南」の参加型開発の連携や協働が模索されている背景や経緯，その可能性や課題について論じなさい。

注
(1) 「発展途上国」や「開発途上国」と呼称されることの多いアジアやアフリカなどの国々や地域，および「工業先進国」や「開発先進国」と呼称される北アメリカ，ヨーロッパ，日本などの国々や地域を総称する際に，それぞれを「南」および「北」と表記している。
(2) そうした組織としては，NGOのほかにも，イギリスの海外ボランティアサービス (VSO, Voluntary Service Overseas) やカナダのキューソ (CUSO, Canadian University Service Overseas) をはじめ，アメリカの平和部隊 (Peace Corps) などが知られている。日本でも1965年に青年海外協力隊 (JOCV, Japan Overseas Cooperation Volunteers) が発足。日本の開発教育実践者のなかにも「協力隊」経験者が少なくない。
(3) NOVIBとは，オランダ語のNederlandse Organisatie voor Internationale Bijstandの略称で，直訳すると「オランダ国際援助機構」となる。1994年には，オックスファムの国際ネットワーク組織であるオックスファム・インターナショナルに加入し，組織名をオックスファム・ノビブ (OXFAM NOVIB) に変更している。
(4) 英訳すれば"A Guest at the Table"である。日本でもこの運動を「食卓の貯金箱運動」として広げようと，「世界の子どもと手をつなぐ会」が1980年に発足した。
(5) COSとは，オランダ語のCentrum voor Ontwikkelings Samenwerkingの略称で，直訳すると「開発協力センター」となるが，活動の実体を見れば，開発教育の地域拠点となっている。
(6) 1987年にLSO (Landelijk Servicebureau Ontwikkelingsedcatie 英語でCentre for Development Education in Schools) として発足。
(7) オランダではノビブ以外にも，コーデイド (Cordaid)，ICCO，ヒボス (HIVOS) といった大手の開発NGOの活動が活発である。
(8) NCDOとは，オランダ語のNationale Commissie voor Internationale Samenwerking en Duurzame Ontwikkelingの略称で，直訳すると「国際協力と持続可能な開発のための全国委員会」となる。1996年にNCO (全国開発援助情報啓発委員会) とPDO (持続可能な開発プラットフォーム) が統合してできた組織である。
(9) ヒュー・スターキー (Hugh Starkey) は，「1991年6月，開発教育25周年を祝うために，約100人がイングランドのオックスフォードに集まった」(オスラー：2002) と

第3章 ヨーロッパとアジアにおける開発教育

して，1966 年をイギリスにおける開発教育の出発点をして紹介している。
(10) 教育部は 1977 年には世界開発教育センター（CWED, Centre for World Development Education）として独立し，1992 年にワールドアウェア（Worldaware）と改称。2004 年には解散し，その後は NGO の SOS Children が活動を引き継いでいる。
(11) NADEC は 1993 年に開発教育協会（DEA, Development Education Association）に改組。2007 年には略称だった DEA を正式な組織名としている。加盟団体数は現在約 250 団体。
(12) たとえば『諸外国における開発教育の現状と文献』(1985)，『学校における途上国・南北問題の学習の実態』(1986)，『開発教育の教材』(1990) などがある。いずれも発行は（財)国際協力推進協会。
(13) 神奈川県国際交流協会『貿易ゲーム』1995。その後に発行された『新・貿易ゲーム』に関しては，本章の「教材紹介」を参照。
(14) 日本で翻訳出版されたワールド・スタディーズやグローバル教育関連の図書には次のものがある。S. フィッシャー＆D. ヒックス，国際理解教育・資料情報センター編訳『ワールド・スタディーズ―学びかた・教えかたハンドブック』（めこん，1991 年)，G. パイク＆D. セルビー『ヒューマン・ライツ―たのしい活動事例集』(明石書店，1993 年)，D. ヒックス＆M. スタイナー，岩﨑裕保監訳『地球市民教育のすすめかた―ワールド・スタディーズ・ワークブック』(明石書店，1997 年)，G. パイク＆D. セルビー『地球市民を育む学習』(明石書店，1997 年) など。
(15) 山下博美「日英開発教育パートナーシップ：これまでの成果と今後の可能性」開発教育協会『開発教育』Vol.47，2003 年，98-101 頁
(16) イギリスの DEA（Development Education Association）は日本語で「開発教育協会」となり，日本の（特活)開発教育協会と同じ表記になるが，両者の間に本部支部といった組織的な関係はない。
(17) ヨーロッパだけでなく，カナダやオーストラリアなどでも 1960 年代から開発教育の取組みが始まっている。なお，カナダも開発教育に積極的に取り組んだ国であり，各地の学習者センター（Learner Center）や開発教育センターの活動が活発であった。しかし，1990 年代半ばにカナダ政府の政策転換によりカナダの開発教育は多大な影響を受けて低迷した。その後カナダでは開発教育に代わって，Public Engagement（市民関与）という用語が使われるようになり，カナダ国際開発庁（CIDA）では NGO や大学等が行う関連事業予算を確保するようになっている。
(18) NGDO-EC Liaison Committee は，1993 年の EU（European Union）発足後，欧州連合開発 NGO 連絡調整委員会（NGDO-EU Liaison Committee）と改称している。
(19) 英語名称は，European NGO Confederation for Relief and Development である。
(20) DEEEP とは，Development Education Exchange in Europe Project の略である。
(21) 正式名称は，European Centre for Global Interdependence and Solidarity である。
(22) フレイレやアリヤラトネの思想や実践に関する著作には，たとえば次のものがある。フレイレ『被抑圧者の教育』（小沢有作他訳，亜紀書房，1979 年），フレイレ『伝達か対話か―関係変革の教育学』（里見実他訳，亜紀書房，1982），ジョアンナ・メーシー

『サルボダヤ―仏法と開発』（霍田栄作他訳，めこん，1983年），アリヤラトネ『東洋の呼び声―拡がるサルボダヤ運動』（山下邦明他訳，はる書房，1990年）。

参考文献
岩﨑裕保「報告：欧州グローバル教育会議」開発教育協会『開発教育』Vol.47，2003年
オスラー，オードリー編，中里亜男監訳『世界の開発教育－教師のためのグローバル・カリキュラム』明石書店，2002年
開発教育協会『開発教育ってなあに？開発教育Q＆A集（改訂版）』2004年
開発教育協議会『開発教育ハンドブック（1990年版）―21世紀の教育にどう取り組むか』1990年
国際協力推進協会『開発教育の教材―開発教育推進のための教材の作成とその実践についての調査』国際協力推進協会，1990年
国際協力推進協会『海外における国際協力に関する広報活動及び開発教育の現状―マス・メディアとの連携』国際協力推進協会，1997年
木村一子『イギリスのグローバル教育』勁草書房，2000年
重田康博『NGO発展の軌跡－国際協力NGOの発展とその可能性』明石書店，2005年
田中治彦『南北問題と開発教育―地球市民として生きるために』亜紀書房，1994年
中村絵乃『EUの開発教育報告書―EUの開発教育団体訪問』開発教育協議会，2002年
湯本浩之「欧州でのグローバル教育の新たな展開とその構図」開発教育協会『開発教育』Vol.49，明石書店，2004年
湯本浩之「日本における開発教育の展開」江原裕美編『内発的発展と教育』新評論，2003年
湯本浩之「英国の開発教育における参加型学習の起源とその展開」『立教大学大学院教育学研究集録』第4号，2007年
NGDO-EC Liaison Committee Development Education Group (1994), *Education for Change: Grassroots Development Education in Europe*, Development Education Association.

教材紹介

貿易ゲーム（The Trading Game）

「それでは始めてください」。ファシリテーターが開始の合図を送る。グループに分かれた参加者たちは，配布された封筒を開けて，中に何が入っているかを慌てて確認する。すると「エェー！これしかないの！」とか「紙が1枚もないよ！」と悲鳴に近い声があがる。そうかと思えば，無言のままコンパスで円を描き，紙を切りはじめる参加者もいる。これは開発教育教材の「貿易ゲーム」を体

験するワークショップの冒頭の様子である。

この教材は，イギリスの開発 NGO であるクリスチャンエイドが 1982 年に制作したもので，開発教育の中心的な学習課題である貧困問題や南北問題を，国際貿易を通じて学習しようとするものである。参加者はあらかじめ数名ずつのグループをつくり，ファシリテーターは，グループごとに中身の異なる封筒を配布するのである。たとえば，A グループの封筒には，ハサミやコンパス，鉛筆やコピー用紙などが入っている。B グループの封筒には，文房具類は入っているが，コピー用紙がまったく入っていない。その逆に，C グループには，コピー用紙は入っているが，文房具類がまったく入っていない。そして，D グループには，紙もハサミもなく，芯の折れた鉛筆だけが入っているといった具合である。

各グループは，コピー用紙を決められた形やサイズに切り取ると，工業製品として売ることができるのだが，その製品をすぐにつくりはじめられるグループもあれば，そうではないグループもある。そして，所定の時間内に，どのグループが最大の利益を得ることができるかが，勝敗の分かれ道となる。

この教材の特徴は，各グループがいわゆる資源や技術に恵まれた「先進国」，技術はあるが資源のない「加工貿易国」，技術はないが資源は豊富な「資源国」，そして技術も資源もない「途上国」や「最貧国」に，ゲームが始まる最初から運命づけられている点である。参加者はその「運命」を背負いながら，ほかのグループと外交交渉や国際貿易を行い，なんとか製品を製造して利益をあげていかなければならないのである。参加者が多ければ，もっと多様な国々を「演出」することも可能である。そうした状況のなかで，参加者たちは，矛盾や葛藤，怒りやあきらめを感じ，ゲームは終了となる。ゲーム終了後には，ファシリテーターが「ふりかえり」を行い，このゲームのなかで体験したことや気づいたことを共有していく。そうすることで，新たな気づきが生まれ，それらが参加者の主体的な学びへと転化していくというのがこの教材のねらいである。

なお，クリスチャンエイドのオリジナル版が制作された 1980 年代当時とは，国際社会も大きく変化しており，貧困問題や南北問題を国際貿易の観点だけで論じることが難しくなっている。そこで，日本語版を発行する開発教育協会では，オリジナル版を「基本編」としつつも，「情報格差」や「産業廃棄物」，「累積債務」や「フェアトレード」といった今日的な課題を「応用編」として加えた『新・貿易ゲーム』を発行している。
（『新・貿易ゲーム改訂版―経済のグローバル化を考える』開発教育協会・神奈川県国際交流協会，2006 年）

第2部
地球的課題と開発教育

　第2部では，現在の地球社会がかかえる諸問題を扱う。「ミレニアム開発目標」では，現在の国際社会が解決に向けて取り組んでいるさまざまな地球的課題について解説する。続いて，多くの地球的課題のなかから貧困，環境，食と農，人の移動の4テーマを取り上げて，その原因と構造および解決に向けての取組みについて見ていく。子どもとジェンダーの章では，問題の対象であるとともに，解決に向けての主体となるべき子どもと女性をめぐる課題について考える。

第4章
ミレニアム開発目標

　2007年2月，日本のNGO日本国際ボランティアセンター（JVC）カンボジア・シュムリアップ地域でチークレン郡の農村開発プロジェクト地域を視察した。午後にスピエントナオト集合村トーティア村（71世帯/375人）を訪問し，JVCが支援対象として選んだキーファーマー（中核農民）から紹介していただいた農民（女性）からお話を聞いた。

　私たちがお話を聞いた人は，ナイソポンさん（27歳）である。夫，子ども2人，の4人家族で，夫（31歳）は現在建設現場に出稼ぎに行っている。米の収穫は年1回，乾季は水がないので何も植えられない。1日の生活費は約4000リエル（約1ドル），農業だけではやっていけないので，乾季の3カ月のみ夫が出稼ぎに行っている。家の建設や子どもの病気の時の入院費などで中国人の高利貸しから借金をして，月10％の利子で返済している。2人の女の子は，小学校2年生と3年生で，1キロ離れた小学校に行っている。2002年の国勢調査によると，スピエントナオト集合村は就学率65％，非識字率男性11％，女性14％となっており，男女の非識字率はほかの地域に比べても高い。周辺のクリニックは，ヘルス・ポストが5キロ離れた所にあり，1人の医師，1人の看護師がいる。

　ナイソポンさんの家を訪問して感じたことは，女性が農業や子どもの世

インタビューを受けるナイソポンさん　　　ナイソポン一家の家

話などを行い家庭を支えていることだ。もちろん彼女の夫は出稼ぎに行っているが，普段の子どもの世話などは妻が支えている。農村の女性は，農業のほか家事もやり二重の負担である。それに家に借金もあり，貧しい財政事情のなかお金を工面しながらなんとか生活しているのが実情だ。この家庭の生活費は，国連がいう1日1ドル以下で生活する貧困者に近いが，国連ミレニアム開発目標でめざしているとおり2015年までに彼女の収入は1日1ドル以上になるだろうか。現実は大変厳しいと想像される。

　プノンペンで出会ったレクサス（高級日本車）を乗り回す高級官僚や経済人などの有力者と1日1ドル以下で暮らす農民との生活の格差，これが今のカンボジアという国の現状なのだ。今後カンボジアは，中華系や韓国系など海外から外資が入り込み経済発展していくのであろうが，富裕層と貧困者，都市と農村の経済格差はますます拡大していくことも予想される。農村において，1日の食糧の確保（食糧の安全保障）は急務である。

　以上はカンボジアの農村の現状である。このような事例は，世界の途上国の農村の日常的な風景であり，常に貧困や飢餓の危機と向き合っている農民も多い。カンボジアの農村のような遠い世界の貧困問題を考え，その支援の運動をするためには，想像力，感受性，行動力が求められる。カンボジアでも国内の格差が広がっているように，今日本に目を向けても，ワーキング・プア，ホームレス，地域格差など国内の貧困問題が存在してい

第4章 ミレニアム開発目標

る。世界の格差と日本の格差を考え，それをつなげている課題として，グローバリゼーションの存在が浮かび上がってくる。世界の貧困問題やグローバリゼーションの負の問題にどのように取り組んでいくのか，この世界にある大きな問題に挑戦しようとしているのが「国連ミレニアム開発目標(Millennium Development Goals：以下MDGs)」だ。MDGsといっても，一般の日本人にとっては普段遠い存在の国連による漠然とした開発目標だし，その存在を知らない日本人も多い。

---

1 国連ミレニアム宣言

2000年9月156カ国の首脳が参加した国連ミレニアム総会において，「国連ミレニアム宣言」が採択された。このミレニアム宣言は，当時のコフィ・アナン国連事務総長が提出した「ミレニアム報告書」をベースに討議した内容がまとめられた。この宣言は，MDGsほど注目されていないが，当時の189の国連加盟国によって採択された非常に重要な宣言となっている。

国連ミレニアム宣言の主な内容は，以下のとおりである。
○21世紀の世界が必要とする価値と原則
　—平和で繁栄し公正な世界の実現，国際協力，グロバリゼーションの富の公正な分配，
○基本的な価値—自由，平等，団結，寛容，自然の尊重，責任の共有
○主要な目標
　—平和／安全および軍縮／開発および貧困撲滅／共有の環境の保護／人権，民主主義およびよい統治／弱者の保護／アフリカの特別なニーズへの対応／国連の強化

さらに，国連ミレニアム宣言の意義は，以下のとおりである。
① 世界の首脳が集まり，国連の全加盟国によって人類の共通の価値と原則

を確認し，採択されたこと
② 国連憲章で書かれている，平和で公正な世界の実現を求めていること
③ 国連人権宣言にも書かれている，人権，自由，権利の擁護を必要としていること
④ アフリカの重要性を示していること
⑤ 1995年秋の国連創設50周年記念総会が実質的成果を生み出さなかったことを反省していること
⑥ 21世紀における国連の役割について方向性を提示していること

２ 国連ミレニアム開発目標（MDGs）

　2000年の国連ミレニアム総会において国連ミレニアム宣言と同時に，2015年までに世界全体の責任で達成すべき共通の開発目標として設定されたのがMDGsである。これらの目標の多くは，経済開発協力機構（OECD）の開発援助委員会（DAC），国連，国際通貨基金（IMF），世界銀行によって1990年代に策定された国際開発目標がこの総会で拡充されものである。具体的には，図4-1のとおり，8つの目標，21のターゲットが設定されている[1]。
　MDGsの意義としては，以下の4点があげられる。
① 2015年という達成目標が国連の場で国際的な共通目標として採択されたこと
② グローバル・パートナーシップの重要性を提唱していること
③ 国連だけでなく，各国政府，国際機関，NGOが支持していること
④ 2015年までの唯一の国際開発目標であり，ほかにこれに代わる共通目標はないこと

　次に，MDGsの8つの目標の概要について，カンボジアなど途上国の事例を具体的にあげながら紹介する。

第4章　ミレニアム開発目標

目標1：極度の貧困と飢餓の撲滅

ターゲット1-A
1990年と比較して1日の収入が1米ドル未満の人口比率を2015年までに半減させる。

ターゲット1-B
女性，若者を含むすべての人々に，完全（働く意思と能力を持っている人が適正な賃金で雇用される状態）かつ生産的な雇用，そしてディーセント・ワーク（適切な仕事）の提供を実現する。

ターゲット1-C
1990年と比較して飢餓に苦しむ人口の割合を2015年までに半減させる。

目標2：普遍的初等教育の達成

ターゲット2-A
2015年までに，世界中のすべての子どもが男女の区別なく初等教育の全課程を修了できるようにする。

目標3：ジェンダーの平等の推進と女性の地位向上

ターゲット3-A
2005年までに初等・中等教育における男女格差の解消を達成し，2015年までにすべての教育レベルにおける男女格差を解消する。

目標4：幼児死亡率の削減

ターゲット4-A
1990年と比較して5歳未満児の死亡率を2015年までに3分の1に削減させる。

目標5：妊産婦の健康の改善

ターゲット5-A
1990年と比較して妊産婦の死亡率を2015年までに4分の1に削減させる。

ターゲット5-B
2015年までにリプロダクティブ・ヘルス（性と生殖に関する健康）への普遍的アクセス（必要とする人が利用できる機会を有する状態）を実現する。

目標6：HIV/エイズ，マラリア，その他の疾病の蔓延防止

ターゲット6-A
HIV/エイズのまん延を2015年までに阻止し，その後減少させる。

ターゲット6-B
2010年までにHIV/エイズの治療への普遍的アクセスを実現する。

ターゲット6-C
マラリアおよびその他の主要な疾病のまん延を2015年までに阻止し，その後減少させる。

目標7：環境の持続可能性の確保

ターゲット7-A
持続可能な開発の原則を各国の政策や戦略に反映させ，環境資源の喪失を阻止し，回復を図る。

ターゲット7-B
生物多様性の損失を2010年までに有意（確実）に減少させ，その後も継続的に減少させ続ける。

ターゲット7-C
2015年までに，安全な飲料水と基礎的な衛生設備を継続的に利用できない人々の割合を半減させる。

ターゲット7-D
2020年までに，最低1億人のスラム居住者の生活を大幅に改善する。

目標8：開発のためのグローバル・パートナーシップの推進

ターゲット8-A
開放的で，ルールに基づいた，予測可能でかつ差別のない貿易および金融システムのさらなる構築を推進する。
（グッド・ガバナンス，開発および貧困削減に対する国内および国際的な公約を含む。）

ターゲット8-B
後発開発途上国（LDC）の特別なニーズに取り組む。（①LDCからの輸入品に対する無関税・無枠，②重債務貧困国に対する債務救済および二国間債務の帳消しのための拡大プログラム，③貧困削減に取り組む諸国に対するより寛大なODAの提供を含む。）

ターゲット8-C
内陸国および小島嶼開発途上国の特別なニーズに取り組む。（小島嶼開発途上国のための持続可能な開発プログラムおよび第22回国連総会の規定に基づく。）

ターゲット8-D
国内および国際的な措置を通じて，開発途上国の債務問題に包括的に取り組み，債務を長期的に持続可能なものとする。

ターゲット8-E
製薬会社と協力し，開発途上国において，人々が必須の医薬品を安価に入手・利用できるようにする。

ターゲット8-F
民間セクターと協力し，特に情報・通信における新技術による利益が得られるようにする。

MDGsロゴ　「(特活)ほっとけない世界のまずしさ」がMDGsを広めるために制作した。

図4-1　ミレニアム開発目標（MDGs）──8つの目標と各ターゲット
（出所：UNDP，国連開発計画）

2 国連ミレニアム開発目標（MDGs）

目標1：極度の貧困と飢餓の撲滅

　カンボジアでは，1970年代後半以降ポルポト政権による大量虐殺があり，長年内戦が続いた。1991年パリ和平協定によりようやく内戦が終了し，その後復興と開発が行われ，プノンペン市内も活気を取り戻している。総選挙も行われているが，実質上はフンセン首相による政権が続いている。その一方，政府内の汚職・賄賂はなくならず，法の整備は進んでいない。経済のグローバリゼーションが進むなか，カンボジアでは世界貿易機関（WTO）に加盟し，国内の市場経済化を最優先にめざしている。市場経済化の政策は，経済成長率や国内総生産（GDP）を成長させる一方で，海外から安価な農作物が輸入され，企業による土地の囲い込みが行われ，前述の農村の事例のとおり，国内の貧富の格差の拡大，農民の土地喪失，農民の出稼ぎ，都市スラム人口の拡大などの問題が発生している。

　ユニセフ（2007年）によれば，カンボジアの2005年の総人口は1407万人（2004年1380万人），人口の年間増加率1970年-1990年1.7％から1990年-2005年2.5％，出生時の平均余命は1970年44歳，1990年55歳，2005年57歳まで上昇している。このようにカンボジアは表面上豊かになっているように見える反面，2005年の1人当たりのGNI（国民総所得）は380ドル（日本は3万8980ドル），世帯当たりの所得の分布（1994年-2004年）は最下位40％の世帯が受け取る所得は18％，最上位20％の世帯が受け取る所得は48％となり，世帯当たりの所得格差が年々拡大する傾向にある。また，1日1ドル未満で暮らす人の比率（1994年—2004年）は34％と高い。

　国連開発計画（以下UNDP, 2003年）は，世界の5人に1人に当たる約12億人が，1日1ドル未満で暮らしており，極度に貧しい人々の数は1990年代に比べ2800万人増加し，飢餓人口も増えている[2]と述べており，目標1の達成の実現は楽観できない。

目標2：普遍的初等教育の達成

　カンボジアでは，ユニセフ（2007年）によると成人の総識字率（2000 -2004

年）は74％（男85％，女64％）で，男性の非識字率は3割であるが女性の非識字率は4割弱に達する。また，カンボジアの初等教育就学率（2000-2005年）の純就学率は男が100％，女が96％と100％に近い数字になっている。しかし，初等教育純出席率（1996-2005年）は男66％，女65％で，同総就学率・純就学率に比べ低くなっている。小学校の第1学年に入学した生徒が第5学年に在学する率は，2000-2005年（政府データ）によると60％となっている。これらの数字によって，小学生段階でいかに子どものドロップアウト比率が高いかを知ることができる。中等教育純出席率（1996-2005年）は男17％，女11％で，初等教育純出席率に比べ一段と低くなっている。

　1990年タイで「万人のための教育世界会議」が開催され，「万人のための教育」（Education For All : EFA）が採択され，すべての人々に基礎教育を提供することの必要性が提唱された。2000年にはセネガルで「世界教育フォーラム」が開かれ，万人のための教育のために6つの具体的な目標からなる「ダカール行動の枠組み」を設定された。2002年には，世界銀行などにより最貧国が2015年までに初等教育の完全普及の支援のための枠組みとして，「EFAファスト・トラック・イニシアティブ（FTI）」が実施された。すべての子どもは教育を受ける権利があり，教育は人々が自立し貧困問題を解決する基礎となる。「ダカール行動の枠組み」では，初等教育の普及のために万人のための教育を提唱している。

　しかし，そのような国際社会の努力にもかかわらず，UNDP（2003年）は小学校に行っていない子どもの数は1億1500万人，途上国全体の小学校の就学率は80％を超えているが，サハラ以南アフリカでは59％[3]と述べている。また国際NGOのオックスファム（2006年）によると，学校に行っていない子どもたちは約1億人で，世界の初等教育該当人口の18％を占める[4]と紹介している。カンボジアの初等教育の場合，MDGsのターゲット3のようなすべての子どもたちが男女の区別なく初等教育の全課程を修了できるようにはなってはいない。このままでは，MDGsがいう2015年までにすべての子どもたちが

初等教育を修了するという目標を達することはむずかしい。

目標3：ジェンダーの平等の推進と女性の地位向上

　ユニセフ（2007年）によると，カンボジアでは，成人識字率，初等教育就学率，初等教育純出席率，中等教育就学率，中等教育純出席率は，男性に比べいずれも女性のほうが低い。カンボジアのシュムリアップでチークレン郡の農村で出会った女性たちも，彼女たちが農業や子どもの世話などを行い家庭を支えていた。さらに，借金のある苦しい家計でなんとか生活をやりくりしているのも女性であった。カンボジアの貧しい農村では，女性にかかる負担が大きい。

　「万人のための教育（EFA）」，「ダカール行動の枠組み」などでも女子・女性への基礎教育の重要性が訴えられてきた。また，1979年の国連総会で「女性差別撤廃法」が採択され，各国の男女平等が進み，1995年中国・北京で「第4回世界女性会議」が開催され，「ジェンダーの視点」と女性のエンパワーメントを推進する「北京行動綱領」が採択された。しかし，2005年の初等・中等教育における男女格差解消の達成目標は実現できず，初等教育就学年齢に達した途上国の子ども，6億8千万人のうち1億1500万人は学校に通っておらず，その5分の3は女子であり[5]。女性の識字率は全体として男性よりも低く，家庭，雇用，政治の分野で政府における男女平等も進んでいない。ユニセフ（2007年）はMDGsの実現にとって女性と子どもに二重の恩恵をもたらす「ジェンダーの平等」の重要性を訴えている。目標3のジェンダーの平等は，目標5の「妊産婦の健康の改善」などいくつかの目標にも関連しており，この目標3のジェンダーの平等の実現なしにはMDGsの達成はむずかしい。

目標4：乳幼児死亡率の削減

目標5：妊産婦の健康の改善

目標6：HIV/エイズ，マラリア，その他の疾病の蔓延防止

　ユニセフ（2007年）によると，カンボジアの5歳未満児の死亡率（1000人）は1990年115人（日本6人），2005年143人（日本4人）と増加し，1歳未満の乳児死亡率は1990年80人（日本5人），2005年98人（日本3人）と増加し

ている。また，同国の15歳以上の成人の推定HIV有病率（2005年度）は1.6%，HIVと生きる人の推定数（2008年度）は1000人中130人（日本17人）となっている。さらに，カンボジアの妊産婦の死亡率は10万人当たり年間人数としては450人（日本10人）となっている。UNDP（2003年）によると，カンボジアで農村地域に住んでいるのは人口の85%であるが，これらの地域にいる医療従事者は13%であるという[6]。

　8つのMDGsのうち，幼児死亡率，妊産婦の健康，HIV／エイズなど三つの目標は保健・医療の分野に関するものであり，この分野はMDGsのなかでも重要視されている。5歳未満の子どもの死亡者は，全世界で年間1100万人（1日当たり約3万人）にも及ぶ。とくに，サブ・サハラ・アフリカ（480万人）が多い[7]。UNDP（2003年）は，妊娠時および出産時に死亡する女性は毎年50万人を上回り，サハラ以南アフリカのおけるそれらの死亡率はOECD諸国に比べて100倍高くなっていると述べ，HIV／エイズ感染者は世界で約4200万人おり，3900万人が途上国で生活し，マラリアで年間100万人が死亡し，今後20年間で倍増する恐れがあると紹介している[8]。とくに，サブ・サハラ・アフリカでHIV／エイズとマラリアが拡大しているという。結核などその他の感染症，新興の感染症も脅威となっている。

目標7：環境の持続可能性の確保

　カンボジアでは，近年温暖化の影響で雨期に雨が降らなくなったり，旱魃（かんばつ）が続き水不足になったり，米不足や農産物不足になったりする。カンボジア最大のトンレサップ湖では水質汚染や違法漁業が続いている。ユニセフ（2007年）によると，カンボジアで改善された水資源を利用する人の比率（2004年）は，都市64%，農村35%，全国で41%（日本はすべて100%）となっており，日本の政府開発援助（ODA）の支援によって建設されたきれいな浄水場をもつプノンペンなど都市の水資源の利用比率は高いが，ほとんどの農村ではまだ井戸やため池の水を使用している。旱魃などで雨が降らない時，多くの農村は水の確保に苦労し，井戸の底に細い管を深く水脈に入れて水を通す「折衷（せっちゅう）井戸」を掘っ

②　国連ミレニアム開発目標（MDGs）

たりして水を確保している。また、カンボジアの首都プノンペンには、農村から出稼ぎや土地を追われて出てきた家族がスラムを形成しているが、先日もプノンペン最大のスラム住民が政府により強制的に立ち退きされ、スラム住民の人権が問題視されている。

　UNDP（2003年）によると、途上国で暮らす5人に1人に当たる約10億人が安全な水を利用できず、改善された衛生設備を利用できない人は24億人であるという[9]。

　次に、途上国では森林の伐採、土壌流出、砂漠化、土壌汚染、温暖化、生物多様性の喪失が進み、環境破壊が深刻な問題になっている。カンボジアでも企業による違法な森林伐採があとを絶たず、急激に国土の森林が減少している。また気候変動の原因になっている温室効果ガスの排出は、今日地球上の重要な環境問題となっている。UNDP（2003年）は、土壌劣化は約20億ヘクタールになり乾燥地域の住民10億人に被害を与え、また1人当たりの二酸化炭素排出量は富裕国12.4トン、中所得国3.2トン、低所得国1.0トンと算出し、温室効果ガスの影響は貧しい人々が最も受けやすい[10]と警鐘を鳴らしている。途上国の貧困が一層の環境破壊を招くといわれているが、持続可能な環境資源の保全と回復が求められる。

　さらに、途上国の都市居住者の3分の1がスラムに住んでいる[11]。スラム居住者の生活の改善と安定的な生活のために、収入向上、雇用と教育の提供などの支援が求められる。

目標8：開発のためのグローバル・パートナーシップの推進
　　政府開発援助（ODA），貿易（市場アクセス），債務の持続可能性

　カンボジアの経済指標（ユニセフ2007年）では、1人当たりのGNI（2005年）は380ドル、1人当たりのGDPの年間平均成長率（1990-2005年）は約4.7％、ODAの受け入れ額（2004年）は4億7800万ドル、ODAのGNIに占める比率（2004年）は10％と高く、債務返済が商品やサービスの輸出額に占める比率（2004年）は0％となっている。カンボジアでは、1人当たりのGNIはまだ低

いが1人当たりのGDPの年間平均成長率は5%近くを保っている。カンボジアにおいてODAが大きな影響をもたらしているが，日本からカンボジアへのODAは日本が最大の供与国となっている。カンボジアへのODAは利子のつかない無償資金協力（グラント）が多いため債務返済はアフリカの重債務貧困国のような重い負担は現在のところないが，将来ODAのなかでも利子付の返済が必要な有償資金協力や世界銀行の借款を受けるようになると返済義務が課せられるようになる。

　今後途上国における先進国のODAは，MDGsの8つの目標に重点的に供与されることが求められる。とくに，教育，保健，水，家族計画など基礎社会サービス分野におけるODAの支出が求められている。たとえば，1995年にコペンハーゲンで開催された「国連世界社会開発サミット」では，途上国は国家予算の20%を，先進国はODAの20%を基礎社会サービスに配分しようという提案されたが，これを実現することが必要だ。

　貿易については，途上国と先進国の貿易の格差や途上国の貧困問題を解決するために，公正な貿易が求められる。たとえば，国際貿易ルールは，先進国や多国籍企業の輸出振興が守られ，貧しい途上国は輸出が拒まれ輸入が強制される。このような先進国や多国籍企業に有利に，貧しい途上国に不利に設定される国際貿易ルールを改善しなければならない。

　債務については，サハラ以南のアフリカ諸国などの重債務貧困国がかかえている多額の借金，つまり債務を帳消しにして債務問題を解決することが課題だ。債務国は先進国政府，国際通貨基金（IMF），世界銀行，民間銀行などから借金をしている。債務国のなかには，国の予算の3割から4割を債務返済に回すために基礎社会サービス分野の予算を削減しなければならない国があり，債務を返済できないとIMFや世界銀行によって民営化・自由化のためのプログラムを押しつけられてしまう。1990年代に重債務貧困国の債務を2000年までに帳消しにしようという「ジュビリー2000」という世界規模のキャンペーンがNGO，キリスト教会，労働組合によって行われた。ODAによる二国間債

務や世界銀行・IMFによる多国間債務が一部削減されることがG8サミットや世界銀行・IMF合同総会で決定されるなど，NGOのキャンペーンがG8サミットに大きな影響を与えた。MDGsを達成するために債務は，途上国にとって重い負担となっており，重債務貧困国の債務は帳消しにすることが求められる。

3 NGOの取組み，G-CAPの活動，ほっとけないキャンペーン

2005年7月6日イギリスのグレンイーグルスで開催された主要国首脳会議（G8サミット）では，7日朝ロンドンで発生した同時多発テロの影響で，対テロ声明ばかりが目立ってしまった。しかし，このサミットでは「アフリカの貧困問題」を中心に議論され，2010年までに対アフリカの援助を倍増することで合意され，年間250億ドルがアフリカへの支援に回されることになった。またG8サミットでは，18カ国（アメリカ14，中南米4）の重債務貧困国にIMF，世界銀行，アフリカ開発銀行向け債務4000億ドル（4兆3000億円）を帳消しすることが合意された。

G8サミットでこのようなアフリカ支援が決定したのは，世界中で展開されたNGOによるG-CAP（Global Call to Action against Poverty）キャンペーンによる影響力が大きい。2005年は，7月のG8サミット，9月の国連「ミレニアム＋5」サミット，12月香港でのWTO閣僚会議など，世界の貧困問題にとって重要な国際会議が開催された。

G-CAPキャンペーンは，この2005年に標準を合わせて，2005年1月ブラジルのポルトアレグレで開催された世界社会フォーラム（WSF）において発足された。G-CAPは，世界の貧困削減やMDGsの実現を求めるためのNGOによる世界規模のキャンペーンである。世界50カ国以上，NGO，宗教団体，労働組合などの団体で構成されており，延べ1億5000万人以上が参加し，世界の著名人も協力している。G-CAPは，各国独自で行われているキャンペーン

第4章　ミレニアム開発目標

の総称で，イギリスやカナダの「貧困を過去の歴史に」(Make Poverty History)，日本の「ほっとけない世界のまずしさ（以下ほっとけない）キャンペーン」などの名称が使われている。

　G-CAPキャンペーンは，世界の指導者に対して，世界の政府開発援助の質や量の改善を求めること，貧困に苦しむ途上国の債務（借金）を帳消しにすること，途上国に不利な世界の貿易システムを改善し公正な貿易を実現していくこと，以上の三つの提案をしているが，これはMDGsの目標8「開発のためのグローバル・パートナーシップの推進」のなかでも取り上げられていることである。

　日本の「ほっとけないキャンペーン」では，日本国際ボランティアセンター，アフリカ日本協議会，オルタモンド，オックスファム・ジャパンなどのNGOにより実行委員会を構成し，2005年5月26日東京・渋谷の集会によって立ち上がった。MDGsを一般の日本人にわかりやすく伝えるために，「ほっとけないキャンペーン」は「マニフェスト2005」で「いま，3秒にひとりの子どもが命を落としています。極度の貧困により命を落とす子どもの数は1日3万人，1日1ドル以下の生活をしている人は12億人，きれいな水を飲めない人は10億人以上，読み書きのできないおとなは8億6000万人，これまでエイズにより命を落とした人の数は2000万人」というメッセージを述べ，わかりやすくするために「ほっとけない」，「まずしさ」というひらがなを使用した。

　このキャンペーンの一環として，2005年国際NGOであるオックスファムの資金的な支援による行われたのが「ホワイトバンドキャンペーン」である。このキャンペーンは，一般の人に貧困の問題を知ってもらうために全国で展開された。たとえば，著名人に参加してもらったり，テレビなどマスコミで報道されたり，全国の書店やタワーレコードの店頭でホワイトバンドが販売された。従来のNGOのキャンペーンで

ホワイトバンド

3　NGOの取組み，G-CAPの活動，ほっとけないキャンペーン

は手の届くことのできなかった多くの人々にもアプローチすることができことは一定の成果である。

　このホワイトバンドは，単なるファッションやアクセサリーではなく，「貧困問題の解決の意志を示す世界の市民社会に共通の白いバンド」を身につけることによって，「自分も世界の貧困問題の解決に向けた活動に参加することの意思」を表明するのだ。つまり，このバンドをつける人が，すべて「貧困や開発の専門家」になる必要はなく，貧困削減やMDGsを実現するために世界の市民が声を一つにすることで，世界の指導者に影響を与え，貧困問題に取り組むNGOを勇気づけることができる。今回のキャンペーンは「入り口」のところにいる一般の人を対象にしているため，従来NGOが行ってきた重いメッセージや社会運動を違うかたちで表現している。

　また，ホワイトバンドは465万本，総売上金額は13億9千万円となった。その内世界の貧困をなくす活動費5億2千万円（37.8％）となり，1億2千万円（22.9％）が任意団体「ほっとけない世界のまずしさ」への寄付となった[12]（図4-2）。1本300円のバンドの収益金は，1本につき200円が直接販売した日本のNGOに配分され，100円が仕入れ価格となった。もちろん，このバンドを買わなくても，身近にある白いハンカチや布を腕にまいて貧困問題に参加する自分の意思を伝えることもできる。

　同時に，日本の著名人も協力し「ホワイトバンドキャンペーン」の一環として「クリッキングフィルム」が作成された。このフィルムでは，3秒に1人子どもが貧困で死んでいることをイメージして多くの著名人がホワイトバンドを身につけて3秒ごとに登場する。

　しかし，このキャンペーンに対する意見や疑問も出てきた。「ほっとけないキャンペーン」の今後のあり方に求められるのは，この運動の趣旨をわかりやすく一般市民に伝えていくこと，一般の人々へのわかりやすい「広報活動」とNGOが行う「社会変革に向けた運動」のバランスの取れた組み合わせが必要なこと，全国に広めるための地域展開のあり方が求められること，など多くの

第4章　ミレニアム開発目標

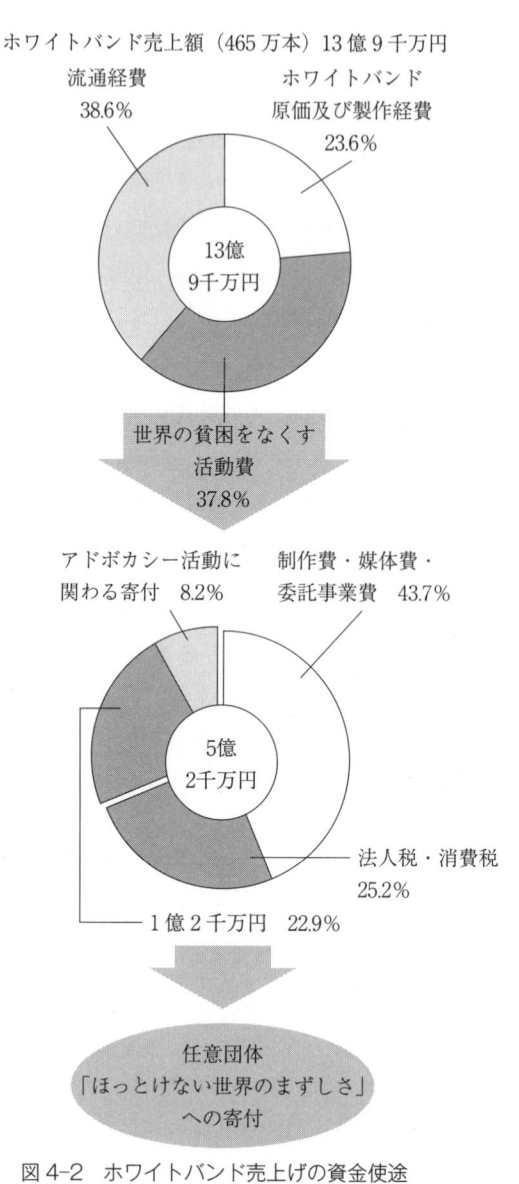

```
ホワイトバンド売上額（465万本）13億9千万円

流通経費 38.6%
ホワイトバンド原価及び製作経費 23.6%

13億9千万円

世界の貧困をなくす活動費 37.8%

アドボカシー活動に関わる寄付 8.2%
制作費・媒体費・委託事業費 43.7%

5億2千万円

法人税・消費税 25.2%

1億2千万円　22.9%

任意団体
「ほっとけない世界のまずしさ」
への寄付
```

図4-2　ホワイトバンド売上げの資金使途
（出所：特定非営利活動法人ほっとけない世界のまずしさ『ほっとけない世界のまずしさ　社会責任報告書2008』）

課題もある。このような課題を克服していかないと，このキャンペーンが，単なる「入り口」の部分で終了してしまうこともある[13]。

4 2008年G8サミット日本の開催に向けたNGOの展開

2008年にG8サミットが日本（北海道・洞爺湖）で開催された。このG8洞爺湖サミット開催決定を機に，「ほっとけない世界のまずしさキャンペーン」に続き，日本のNGOによって2007年1月31日「2008年G8サミットNGOフォーラム」が結成された。同フォーラムには，2007年10月現在約80のNGOが参加し，貧困開発ユニット・環境ユニット，人権平和ユニットの三つのユニットで構成される。貧困開発，環境，人権平和の三つの分野の日本のNGOが各分野の枠を超えてアドボカシー・キャンペーンを行うのは，初めてのことである。同フォーラム代表の星野昌子は，2008年を日本NGOにとっての「アドボカシー元年」と呼んだ。

同フォーラムは，貧困・開発，環境，人権・平和の各ユニットの立場を明らかにしたポジション・ペーパーの発行，キャンペーン，政府関係者との会合，Civil G8，市民サミット（札幌）の開催などの活動を行った。彼らはこれらのアドボカシー・キャンペーン活動を通してG8メンバー国に気候変動などの環境問題，アフリカの貧困問題，世界の人権・平和の問題の解決をG8のメンバー国に働きかけ，それらの問題の解決のための活動は当然MDGsで取り上げられた各目標やターゲットと大きく重なる[14]。

また，「ほっとけない世界のまずしさ」では，2008年にキャンペーンの総仕上げとして，サインアップ・キャンペーンを行った。このキャンペーンは，日本の首相と国会議員にMDGsを約束してもらうために市民に署名活動を働きかけるキャンペーンである。同時に，世界の貧困問題やMDGsをわかりやすく伝えるために，MDGs日本版ロゴやこのロゴを活用したシールやポスターを制作し，関係者に利用者に活用してもらっている。

第 4 章　ミレニアム開発目標

5　今後の課題と展開——開発教育でミレニアム開発目標にどのように取り組むのか

　すでに MDGs の達成期限の 2015 年まで半分の期間が経過し，残りの期間は 7 年しかないが，MDGs は本当に達成できるのであろうか。MDGs を含む国連ミレニアム宣言をレヴューする首脳会合が 2005 年 9 月にニューヨークで開催されているが，MDGs を現実に達成することは国連や NGO の間でも危ぶまれている。

　今後日本国内で，世界の貧困問題をどのように取り上げ，MDGs の実現に取り組んでいけばよいのであろうか。本章の冒頭で紹介したカンボジアの農村のような貧困問題の事例はほんの一例にすぎず，世界の途上国の農村でよくある事例である。

　重要なことは，第 1 に，このような世界の貧困問題を認識し，途上国の貧困の現場の情報をどのように市民に伝えていくのか，である。国際協力関係機関，NGO は，現場の情報を基に途上国の貧困問題に関する調査研究・分析を行い，問題の解決をめざす MDGs を報告書，出版物，インターネット，マスコミなどを通じて紹介していくことである。

　第 2 に，NGO は MDGs を一般市民に伝えるために，開発教育（あるいは持続可能な開発のための教育），政策提言，キャンペーンに結びつけて活動していくことが求められる。たとえば，NGO が現場の情報収集し，世界の貧困問題，MDGs の取組みを教材化し，ワークショップを通じて普及していくことも必要だ。その際，地域でパートナーとなる団体やキーパーソンを見つけ，一緒に広げていくことが地域展開につながっていく。

　第 3 に，G8 サミット開催も一つのチャンスになる。2008 年には，日本で G8 洞爺湖サミットが開催される。NGO，市民が協力，協働，連携して G8 サミットに向けたネットワークを形成し，活動を通じて日本における市民社会を

発展させることも考えられる。

　最後にMDGsは，人類が2015年までに達成すべき8つの開発目標であるが，その達成は危機的状況にある。世界やG8の首脳たちはMDGsの重要性を認識しているが，各国の国益や目前にある国内外の問題の処理に追われ，気候変動問題を除いてMDGsへの対応は常に後回しになっている。2008年1月26日スイス・ダボス会議で日本の福田首相は特別演説を行い，気候変動，アフリカの開発・貧困，保健・水・教育問題を語るなかで，何度かMDGsの重要性を語った[15]。日本の首相が国際舞台でMDGsを述べることは意味のあることである。今世界や日本の一般市民が2015年までにMDGs達成の実現に危機感をもって行動することが求められている。

[重田　康博]

学習を深めるための課題

1　「国連ミレニアム宣言」と「国連ミレニアム開発目標（MDGs）」の内容と意義について述べなさい。
2　「国連ミレニアム開発目標（MDGs）」の8つの目標について事例をあげながら述べなさい。
3　「ほっとけない世界のまずしさキャンペーン」「ホワイトバンドキャンペーン」について，どのようなキャンペーンで，どのような著名人が参加し，どのような影響力があったのか，ホームページや資料を使って調べなさい。

注
(1) 国連開発計画東京事務所『ミレニアム開発目標』2008年
(2) 国連開発計画『人間開発報告2003』国際協力出版会，2003年，7-8頁
(3) 同上，9頁
(4) オックスファム・インターナショナル『公共の利益のために―万人のための保健医療・教育・水と衛生』21頁
(5) 外務省『ミレニアム開発目標』2005年，17頁
(6) 前掲(2)，11-12頁
(7) 外務省『2005年版ODA白書』6頁
(8) 前掲(2)，11頁

第 4 章　ミレニアム開発目標

(9)　前掲(2)，12-13 頁
(10)　前掲(2)，14 頁
(11)　前掲(5)，35 頁
(12)　ほっとけない世界のまずしさ『社会責任報告書 2008』19 頁
(13)　「ほっとけない世界のまずしさ」は 2008 年 10 月で解散し，2009 年 3 月からは「動く→動かす」が活動を引き継いだ（http://gcapj.blog56.fc2.com/）。
(14)　「2008 年 G8 サミット NGO フォーラム HP」（www.g8ngoforum.org）を参照。
(15)　外務省 HP「ダボス会議における福田総理大臣特別講演」（http://www.mofa.go.jp/mofaj/）を参照。

参考文献

臼井久和，馬橋憲男編著『新しい国連―冷戦から 21 世紀へ』有信堂，2004 年
オックスファム・インターナショナル／協力ウォーターエイド『公共の利益のために―万人のための保健医療・教育・水と衛生』2006 年
外務省『ミレニアム開発目標―ともに生きる地球市民』2005 年
外務省『2005 年版 ODA 政府開発援助白書～ミレニアム開発目標（MDGS）に対する日本の取組～』2005 年
国連開発計画東京事務所『ミレニアム開発目標』2002 年
国連開発計画『人間開発報告 2003：ミレニアム開発目標（MDGs）達成に向けて』国際協力出版会，2003 年
重田康博『NGO の発展の軌跡―国際協力 NGO の発展とその専門性』明石書店，2005 年
重田康博「ほっとけない世界のまずしさキャンペーン」NGO 福岡ネットワーク『国際協力ニュース』vol.55，2005 年
重田康博「カンボジア訪問記」JVC 九州ネットワーク『ニュースレター』No.56，2007 年 5 月
2008 年 G8 サミット NGO フォーラム貧困・開発ユニット『ポジション・ペーパー』2007 年
ほっとけない世界のまずしさ『社会責任報告書 2008』2008 年
ユニセフ『世界子供白書 2007　女性と子ども』2007 年

教材紹介

世界がもし 100 人の村だったら

　世界の貧困問題とミレニアム開発目標を考える開発教育の教材「世界がもし 100 人の村だったら」は，池田香代子（再話者）さんによってまとめられたメールメッセージをもとに，世界の現実をシミュレーション（疑似体験）によって理解してもらうことを目的とする参加型の開発教育教材である。世界には多様な言語と文化をもつ人々が住んでおり，そこには大きな貧富の格差があることが，

本教材に描かれており，それを体験的に学び，私たちが暮らす日本はどこに位置するのかを考える。シミュレーションの目的は，あくまで世界の現状を理解し，自分との関係に「気づくこと」である。本教材は，世界の貧困問題やミレニアム開発目標を考えるうえで最適の教材である。

【実践事例】
1　経済的に豊かな国と貧しい国について——貧困の格差を知る
・ピンク（豊かな国1国のみ）と黄色の付せん（貧しい国1国のみ）を1枚ずつ（計2枚）書く
・2人～3人のグループをつくり，お互いに何を書いたかを紹介。相談したあと，世界地図にその付せんをはっていく。
・どんな特徴があるのか？
　——先進国は北側（上側）に，途上国は南側（下側）に多いことがわかる。日本やアメリカは豊かかそれとも貧しいか？　何枚あるか？
・MDGs1の「極度と貧困と飢餓の撲滅」を考えるときに活用できる。

2「100人村」——63億人を50人に縮めるシミュレーション（疑似体験）
・100人村カード配布（全部で50枚，50人以上いる時には追加分を作成）
・50人分のカードを裏にして机の上においてもらう。ほかの人に見せない。
①『シミュレーション1』「女性と男性，どっちが多い？」（5分）
《ねらい》クイズに従って役割カードを使い世界の人口の男女を見ていくことで，途上国と先進国の男女比の違いが何に起因しているのかを考える。
《解説のポイント》生態学的には，平等に扱うなら女性のほうが長生きする。一般的な傾向として，先進国では女性の人口比率が高く，途上国では男性のほうが高いといわれていて，貧困のしわよせが女性にいっている。
・MDGs3の「ジェンダーの平等の推進と女性の地位向上」を考えるときに活用できる。
② シャンパングラスの世界
・国連開発計画『人間開発報告書』のなかにある「シャンパングラスの世界」の図（83ページ図5-2参照）は，豊かな先進国と貧しい途上国の間の富の偏在を具体的に表したユニークな図である。
・MDGs全体や目標1「極度の貧困と飢餓の撲滅」を考えるときに活用できる。
③『シミュレーション4』「100人村を読む＆ディスカッション」（30分）
《ねらい》シミュレーション終了後，改めて「世界がもし100人の村だったら」のメッセージを読むことで，体験したことをふりかえる。また，世界のさまざまな問題に対する気づきや考えをほかの人々と共有し，深める。
・MDGs全体を考えるときに活用できる。

（『ワークショップ版—世界がもし100人の村だったら』開発教育協会，2006年）

第5章
貧困

　2007年夏，私はタイに現地調査に出かけた。「国際教育協力イニシアティブ」事業（文部科学省）に関連して，いくつかの学校を訪れ，授業を参観し，インタビューするのが目的だった。訪れた教育現場は東北タイ（イサーン）である。テーマは都市でなく農村の教育の質的向上だった。生活状況は教育へのアクセスに大きな影響がある。私は，教育の前提として，イサーンの農村の現状に改めて大きな関心をもったのだった。

　タイでは1970年代半ばから都市部と農村部の所得格差が拡大してきた。工業化の進展による産業構造の変化が経済の高度成長をもたらした裏面である。まして，イサーンはタイで最も貧しいとされている地帯である。私が聞き取りで接触した生徒の家庭はどこも出稼ぎが常態だった。借金が積み重なり，農業では生活を維持できず，父親は都市に出稼ぎに出ている。世界一の米輸出国を支えているはずの農村は疲弊していた。そして，聞き取りを進めるうちに，私は三つの現実に向きあうことになった。

　第1に，すでにふれたように，工業化優先政策で工業と農業の所得格差が拡大したこと。タイ国内の「南北問題」である。工業化の進展は貨幣経済の浸透というかたちで消費生活をも変化させた。この生活の変化も，かつてはお金に依存せずとも衣食住で自立できていた農村の「豊かさ」を

奪っている。

　第2に，農業も近代化を進めていること。化学肥料と農薬の投与，機械化による生産性向上の取組みを進めている。そして，従来の米・キャッサバ・タピオカなどよりもピーナッツ・メロン・コーヒーなどの商品作物への転換が随所に見られる。けれども，これが悪循環して，借金と出稼ぎに結びついている。

　第3に，グローバル経済での激しい競争にさらされていること。もともとコストの安いタイの米生産だが，今日では，アメリカなど先進国の輸出補助金付き米価と競争している。グローバリゼーションの進展のもとでの過当競争がタイの農家を苦しめている。

　さて，これらは私がタイの農村でみた貧困の要因である。そして，強調したいのは，こうしたタイの農村で私が感じたのは，日本とタイの「違い」よりも「共通性」だったことだ。日本の農業もまた，工業化の波に取り残され，グローバルな競争のもとで，農業の近代化も行き詰まりをみせているのではないか。もっと一般化してもよい。第1は日本国内にもある格差の拡大である。第2は経済優先の近代化がかかえている問題。そして第3に今日のグローバル経済の激しいコスト削減競争に勝ち残りを賭ける経済の現実である。

　さらに私が見たものをつけ加えると，要因が同質ならば，どうしたらよいかの対策も同じ方向性をもちうることだった。印象深かったのは，現地の人たちによる「農村開発センター」の視察である。そこでは，有機農法に活路を求めて無農薬でコストを削減し，生産の多角化に取り組んでいた。農村の再生に向けた下からの力強い息吹が感じられた。私はそうした試みを目のあたりにして，新しい開発が住民主体でなされるとしたら凄いことだと感じるとともに，日本でも可能性を模索している自立できる農業つまり"地産地消"の需給システム，さらに"地域循環型"の開発のあり方をイメージしたのだった。

第5章 貧　困

　この章では，こうした南北に共通のまなざしをもちながら，世界の貧困の現実を理解し，そのうえで，貧困について考える。そして，できるだけ私たち自身に引きつけながら考察を進め，地球社会のあり方について考えていく。

---

１ 世界の貧困問題

(1) 世界の現実

　「世界には63億人の人がいますが，もしもそれを100人の村に縮めるとどうなるでしょう」というのは『世界がもし100人の村だったら』(2001)の核心部分の始まりのフレーズである(76頁「教材紹介」参照)。

　数字は2000年時点の概数であるが，これを読めば，読者は世界の概要を容易にイメージすることができるだろう。そこには，村に住む人々100人のうち20人は栄養が十分でなく，すべての富のうち6人が59％もっていて，74人が39％を，20人がたったの2％を分けあっているとある。また，すべてのエネルギーのうち20人が80％を使い，80人が20％を分けあっていると説明している[1]。

　けれども，私たちはこうした数字のもつ限界性にも注意する必要がある。たとえば，この村の生活はよくなってきたのか悪くなってきたのか，この村の近年の特徴はどんなことか，さらに，村の地区ごとの詳細はどうなのか，などについてはわからないままだからである。

　そこで，「100人の村」の状況に関して，補足を加えて概観しておこう。

　世界には，今なお，人間らしい最低限度の生活を営みえない人々が広く存在する。たとえば，世界銀行の定義する「貧困ライン」(各国の物価水準で比較して１日１ドル)に満たない収入しか得ていない貧困人口は世界におよそ10億人存在する。さらに，貧困ラインを１日２ドルに広げれば，貧困人口は25億人

[1] 世界の貧困問題

を超え、この数字は途上国人口のおよそ半数に当たる[2]。

　ただし、近年、世界経済全体は堅実な成長を示している。それを牽引しているのは急成長著しい中国とインドである。そして、これらの国々の経済発展は極度の貧困にあえぐ人々を減少させた。1日1ドルの貧困ライン以下の人口の割合は、減少することで5分の1未満になってきたのである。

　けれども、それにもかかわらず、世界は格差が拡大している。どういうことだろうか。世界的な傾向として、所得は貧困層も含めて増加したが、富裕層の所得がそれをはるかに上回るペースで増えているということである。1960年に世界の上位20％の富裕層と下位20％の貧困層の所得格差は30対1であったが、30年後の1990年には60対1と倍になり、1990年代末には86対1にまで拡大している[3]。この傾向のまま進めば、減ってきたはずの最貧困層が増加に転ずることも憂慮される。

　世界の貧困の解決を考えるとき、経済を発展させてパイを大きくすることは重要な課題である。けれども、パイが大きくなることとそれがどう分配されるかは別問題である。

(2) ジニ係数でみる格差

　そこで、世界の所得分配についてより詳しく知るために、最近よく使われる「ジニ係数」という指標でとらえてみよう。ジニ係数は世帯数と所得額の関係から所得の分布を表示する指標である（図5-1）。0から1までの値をとり、1に近いほど分布が偏っている。具体的に理解するために「100人の村」の例でみるならば、すべてのエネルギーのうち20人が80％を使い、80人が20％を分けあっているという格差のジニ係数はいくらだろうか。この数字だけの概算は0.6となる。一般にジニ係数は0.5を超えるとなんらかの改革が必要とされている。それは上位25％の所得が全体の75％を占める社会である。ところが、世界全体のジニ係数は平均0.67であり、先の0.6の計算例さえも大きく超えてしまっている[4]。

第5章 貧　困

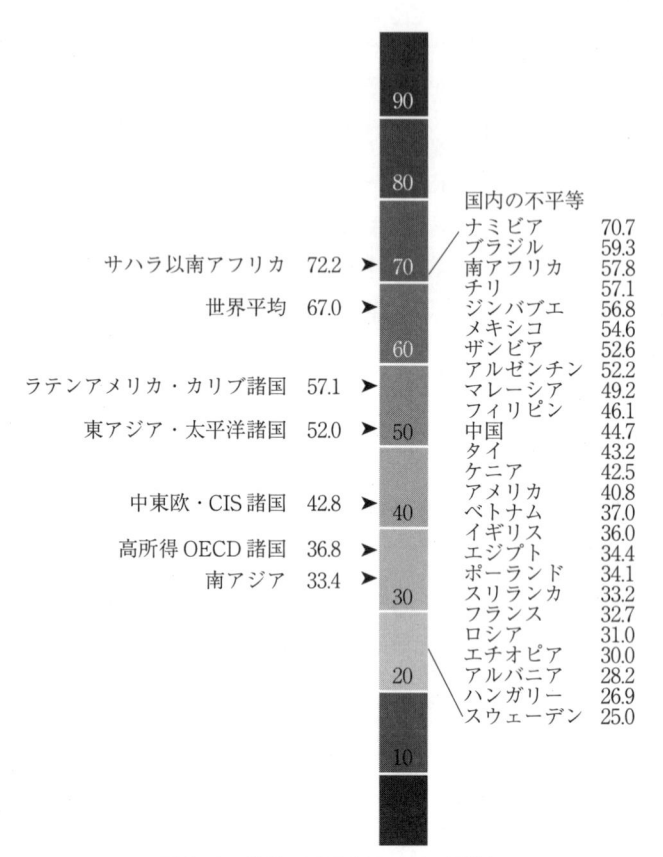

			国内の不平等	
		90	ナミビア	70.7
			ブラジル	59.3
サハラ以南アフリカ	72.2 ▶	80	南アフリカ	57.8
		70	チリ	57.1
世界平均	67.0 ▶		ジンバブエ	56.8
		60	メキシコ	54.6
			ザンビア	52.6
ラテンアメリカ・カリブ諸国	57.1 ▶		アルゼンチン	52.2
			マレーシア	49.2
東アジア・太平洋諸国	52.0 ▶	50	フィリピン	46.1
			中国	44.7
			タイ	43.2
			ケニア	42.5
中東欧・CIS諸国	42.8 ▶	40	アメリカ	40.8
			ベトナム	37.0
			イギリス	36.0
高所得OECD諸国	36.8 ▶		エジプト	34.4
南アジア	33.4 ▶	30	ポーランド	34.1
			スリランカ	33.2
			フランス	32.7
			ロシア	31.0
		20	エチオピア	30.0
			アルバニア	28.2
			ハンガリー	26.9
		10	スウェーデン	25.0

図 5-1　世界の所得分配（ジニ係数）
（出所：UNDP『人間開発報告書 2005』）

　こうした格差の現状をわかりやすく図示したものに，いわゆる「ワイングラスの図」がある（図 5-2）。UNDP（国連開発計画）が 1992 年に発表したものである。図は 1989 年時点の世界の格差として，上位 20％の所得が全体の 82.7％を占め，下位 20％が 1.4％を分けあうという 59 倍の格差を表現している[5]。最上位 6％の所得が全体の 59％を占め，下位 20％が 2％を分けあっているという「100 人の村」の描いた世界も，この「ワイングラスの図」を模してイメージ図を作成することができる。そして憂慮すべきは，先にふれたように，世界

1 世界の貧困問題

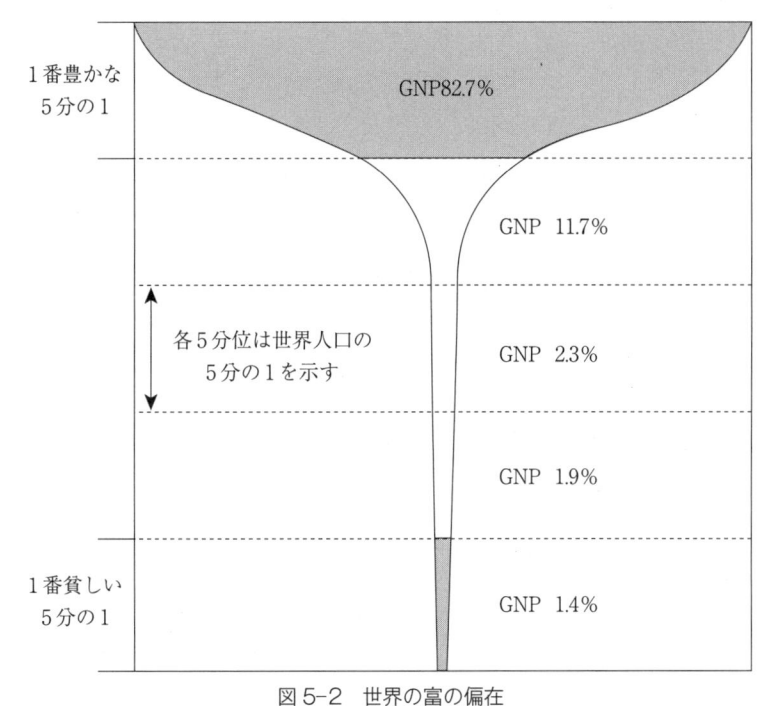

1番豊かな5分の1	GNP 82.7%
	GNP 11.7%
各5分位は世界人口の5分の1を示す	GNP 2.3%
	GNP 1.9%
1番貧しい5分の1	GNP 1.4%

図 5-2　世界の富の偏在
(出所：UNDP『人間開発報告書1992』より作成)

の二極分化は改善されるどころか一層進んでいることである。

(3) グローバリゼーションと格差

　近代以降の世界経済は，産業革命を経て，工業化による経済成長を軸として発展してきた。今日のグローバリゼーションは世界経済をこれまでより一層緊密に結びつけ，国際貿易を通して経済成長する条件を整えた。けれども世界は，科学技術が優位で資本の蓄積を絶えず遂行する国々と，その国々に資源を送り，製造される商品の市場ともなる国々とを生み出してきた。世界的な市場原理の展開は，経済的な発展にもかかわらず二極分化をますます進め，その陰に絶えず社会的弱者を再生産している。

第5章 貧　困

　格差の現実は世界全体の所得分配の格差の問題ばかりではない。世界各国の内部でも顕在化している。世界一の経済大国で豊かなはずのアメリカの格差が顕著であるなど，先進諸国の内部をも含めた二極分化なのである。

　近年最も成長したはずの中国の国内格差の拡大も無視できない。貧困の克服には経済成長が重要な処方箋とされている。しかし，それは必要条件であっても十分条件ではないことがわかる。今日の世界規模の貧困削減への挑戦（ミレニアム開発目標：MDGs）は人類の壮大な取り組みである。極度の貧困に陥っている人々が開発の梯子を昇れる機会を得るための国際的な援助協力と投資の拡大が実施され，同時に，経済の国際的なルールを公正なものにすることが求められている。ここでは，公正なルールとは何か，どのように実現可能かが問われよう。社会的な格差への取り組みはどうあるべきか，関連して，世界の貿易や金融のしくみが，どうあるべきかなどは人類の課題である。

2 貧困の再検討

(1) 貧困の多元性

　前節では，経済的欠乏という一般的概念で貧困と格差について検討した。けれどもそれだけでは，貧困は経済成長すれば解決する問題としてしか見えないかも知れない。ここでは，貧困問題の根源に迫るために，貧困の内実を検討する。

　できるだけリアルに検討するために，世界の貧しい人たちの声に耳を傾けよう。世界銀行に『私たちの声が聞こえますか』という調査報告がある。それによれば，食料不足と失業は貧困の根本的な現象であり，道路，交通機関等の基本的インフラストラクチャーの欠如が貧困の状況を特徴づけることは確かだが，世界の貧しい人々にとって貧困はもっとはるかに多面的である[6]。

　「貧困とは屈辱なのです。誰かに依存しているという感覚，助けを求めても，無礼な態度，屈辱，無関心を受け入れるしかないという感覚が付いて回

ります」(p.280　ラトビア調査より)

　ここでは，他人に依存していることからくる無力さ，自らを守る手段が欠如している状態への嘆きがうかがえる。貧しい人たちの実感は，貧困を単に「お金がない」こととだけとらえているのではない。特徴的なことは，国家のサービスがいきわたっていないこと，家庭も社会の連帯も重圧で崩壊しつつあることである。報告書は，依存度や克服する力の欠如が貧しい人々による貧困の定義の本質的要素であることに着目している。そして，貧困を安心できる自他の関係性や自立のためのアクセスの欠如とし，社会制度やしくみ，ジェンダーのあり方に関心を向けている。

　貧困を多元的にとらえ直すことは貧困の現実を一層リアルにとらえることである。人間が自分を貧しいと感じる状況とは，生活がうまくいかず，人間としての絆を失い，社会から排除されているなど，人間らしさを支えるものがない状況なのである。貧困とは，社会のしくみのなかでの社会関係で人間らしさを奪われている状態にほかならない。貧しい人々にとって必要なのは，エンパワーメント，保障，機会の提供などである。逆に，貧困はこうした諸要因が欠如した状況全体である。こうとらえることで，多元的な貧困概念は人権を保障する民主政治の内実を問うものになる。単なる経済成長ではなく，新しい社会のあり方を必要とする。

(2) センとフリードマンの先駆的研究

　貧困概念のパラダイムを転換した先駆的研究は，インドのアマルティア・セン（Amartya Sen）とアメリカのジョン・フリードマン（John Friedmann）に学ぶことができる。

　アジアで初のノーベル経済学賞を受けたセンは，これまでの開発経済学が開発を経済開発の観点からのみとらえていることを批判した。貧困とは単に所得が低いというだけでなく，人間の潜在能力すなわち人間として為す諸活動を実現する力の欠如である。つまり，人々が本来あるべき潜在能力を剥奪された状

態である。センは「政治的自由」「経済的便宜」「社会的機会」「情報の透明性」「保護の保障」という五つの機能的自由を人間に平等に必要なものとしている[7]。

この「人間開発」アプローチは，所得（1人当たり実質国内総生産）とともに，保健（出生時平均寿命）や教育（教育達成度）を主要な指標とする。また，人間開発にとって最も基本的な機会と選択肢が奪われた状態は「人間貧困」である。その内容は，人間開発指標に対応して，①40歳まで生存できない出生時確率，②成人非識字率，③改善された水源を継続して利用できない人口及び年齢の割に低体重の子どもの割合とされている。こうした指標は，社会的関係性から貧困が生じることを明らかにし，貧困を多面的にとらえることに貢献している。

こうした「剥奪としての貧困」をエンパワーメントの概念を軸に考察したのがフリードマンである。フリードマンは，貧困とは各世帯がその構成員の生活条件を改善するための社会的な力が剥奪（反エンパワーメント）された状態であると考えた。貧しい人々は社会関係のなかで制度的に力を剥奪されている。したがって，社会的な力の基盤へのアクセスの機会を拡大し，人々がエンパワーすることが重要である。それによって内発的な発展が可能となる。その基盤とは，社会ネットワーク・社会組織・生活空間・余剰時間からなる基礎的基盤と，資金・生計手段・情報・教育からなる発展的基盤である[8]。

図5-3において，基礎的基盤は縦軸（社会ネットワークと社会組織）と横軸（生活空間と余剰時間）に表現されている。とくに縦軸はそこでの変容が権力関係の変革に直結する。人々が社会的な力を獲得した社会では，コミュニティの自律的意思決定，地域の自立，民主政治への参画が実現しているはずである。

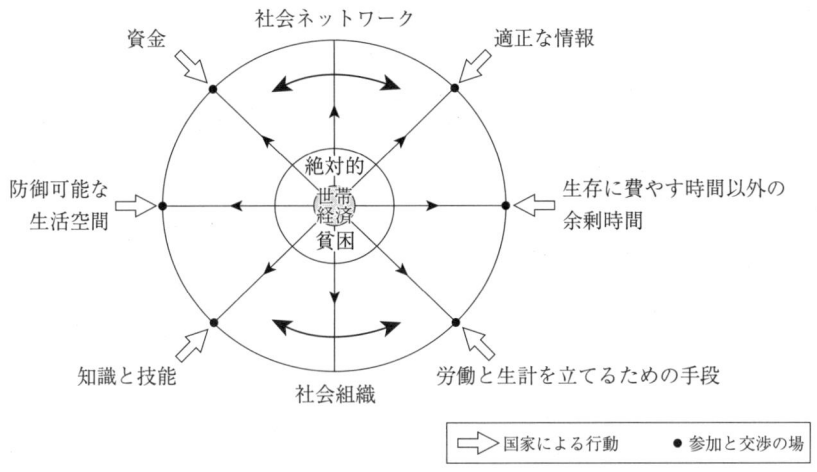

図5-3 力の剥奪モデル
(出所：ジョン・フリードマン『市民・政府・NGO 「力の剥奪」からエンパワーメントへ』)

③ 日本の貧困問題

(1)「剥奪としての貧困」の共通性

　貧困とは，本来その人が実現できるはずのことが社会的に阻まれている状態である。そのための条件を奪われて無力化している。このことは，私たちの身の回りでは，制度として保障されていても実際には機能していない（剥奪されている）現実として現れる。たとえば，制度としては労働の権利や選択の自由が定められていても，雇用へのアクセスが極度に狭められる現実のもとで本人の努力にもかかわらず正規の職に就けないまま年をとっていく人々が増えているとすると，そこには社会制度から疎外された貧しさがあるといわねばならない。あるいは，正規雇用されていても，サービス残業が当たり前で，それが行き過ぎて過労死するまで働かざるをえない現実があるとしたら，それがやむなしとされる実態は制度が保障する労働のあり方とは程遠い。途上国の場合と同様に，ここでも自由の選択の幅が狭められているのである。さらに，社会保障

第5章 貧困

制度でのセーフティネットのあり方の問題など，私たちの身の回りの「剥奪としての貧困」は深刻化する方向にあることが懸念される。

また，貧困を考えるとき，経済的欠乏の見地から「絶対的貧困」と「相対的貧困」に分け，その軽重をつけるだけで両者の共通性を軽視する考え方がある。センによればそれは間違いである。絶対的に充当しなければならないものはあるが，それは経済的欠乏の視点からの貧困よりもっと根源的なものであることを理解する必要がある。所得は重要である。けれども，所得だけで終わらないことが同じように重要なのである。こうして，貧困の多元性は，いわゆる先進国の内実において一層はっきりする。

(2) 日本の貧困率とジニ係数

センの人間開発アプローチにおける人間貧困の指標は，所得の高い国々の貧困にも適用される。先に途上国の人間貧困指標にふれたが，先進国における人間貧困を測定する変数は，①60歳未満の平均余命，②識字率，③可処分所得が中央値の50％以下の割合，④12カ月以上の長期失業者の割合である。

さて，日本の貧困はどうなっているだろうか。最近注目されるようになった尺度に「貧困率」がある。じつはこれは，センが人間貧困指標で3番目にあげた測定変数である。OECDの最新の統計（表5-1）では，日本は13.5％となっている（OECD17カ国のなかでアメリカに次ぎワースト2位）。7.5人に1人が貧困層ということになる。1980年半ばまでの日本は北欧並みの低さであった。日本の相対的貧困層はここ20年で5ポイント増加している[9]。

表5-1を見ると，最初の所得では，貧困率はヨーロッパ諸国のほうが高い。それにもかかわらず，社会保障等を含めた最終統計では日本のほうが高くなるという逆転現象が起きている。日本の貧困率の高さの背景にはヨーロッパ諸国に比べて社会保障の厚さの違いがあることに気づかなければならない。このことは，ヨーロッパ諸国に比べて，福祉が内需と結びついて社会的セーフティネットとなる経済構造となっていないことを示している。

3 日本の貧困問題

表 5-1　OECD 諸国の貧困率

(単位：%)

	1990 年代中頃			2000 年		
	貧困率：市場所得	税／社会保障制度による貧困の縮小	貧困率：可処分所得	貧困率：市場所得	税／社会保障制度による貧困の縮小	貧困率：可処分所得
チェコ共和国	17.7	14.6	3.0	19.5	15.7	3.8
デンマーク	20.5	16.0	4.5	18.5	13.5	5.0
スウェーデン	18.6	14.5	4.2	16.2	11.0	5.1
オランダ	17.6	11.4	6.2	14.9	9.0	5.9
フランス	26.1	19.4	6.8	24.1	18.1	6.0
ノルウェー	14.2	7.5	6.7	14.5	8.5	6.0
フィンランド	18.1	12.7	5.4	15.3	8.8	6.4
ドイツ	18.6	11.3	7.2	20.5	12.5	8.0
オーストラリア	20.5	13.0	7.5	20.5	11.9	8.6
イギリス	20.4	12.5	8.0	19.9	11.2	8.7
ニュージーランド	18.2	11.2	7.0	18.3	8.8	9.5
ポルトガル	16.6	6.6	10.0	15.7	6.1	9.6
カナダ	17.8	8.4	9.4	16.0	5.7	10.3
イタリア	23.6	10.9	12.7	21.8	10.3	11.5
アイルランド	26.6	18.0	8.6	18.8	6.9	11.9
日本	14.0	2.2	11.9	16.5	3.0	13.5
アメリカ	18.7	5.2	13.5	18.0	4.3	13.7
平均	19.3	11.5	7.8	18.2	9.7	8.4

(出所：OECD「日本における所得の不平等，貧困と社会的支出」2007 年)

次に「ジニ係数」でも日本の現状をみておこう（表 5-2）。ジニ係数では 0.5 を上回るとなんらかの改革が必要とされることはすでにふれた。その改革の例が社会保障等の所得再分配政策である。自然状態ではすぐ 0.5 を超えてしまうのが現実であるが，通常，所得再分配機能で修正している先進諸国では 0.3 前後である。日本のジニ係数は 0.3 台であるが，2006（平成 17）年で 0.3948 と 0.4 に近い水準で推移している[10]。

同じ厚労省調査の所得の状況調べでは，日本の 3 割の世帯が 300 万円以下の所得である。生活保護世帯は 2005 年に 100 万世帯を超えたが，多くの人々が働きながら生活保護基準以下の生活をしている「ワーキングプア」（ここでは年収 200 万円以下と定義）も日本の貧困の一形態である。

第5章 貧困

表5-2 日本のジニ係数の推移

年次	全世帯	高齢者世帯
平成6年	0.3918	0.4464
9	0.3954	0.4309
12	0.3997	0.4159
13	0.3965	0.3957
14	0.3986	0.4192
15	0.3882	0.3906
16	0.3999	0.4131
17	0.3948	0.3962

（出所：厚生労働省『平成18年 国民生活基礎調査』2007年）

(3) 身の回りの貧困

　日本の貧困は「先進国の病」でもある。それらは，過労死，ホームレス，孤老の死，障害者差別，子どもの選別，公害などさまざまな側面をもって現れている。これらの現象は，労働時間の長さ，働く女性に不利なしくみ，住宅を含めた社会資本の不足，削減される社会保障，自己決定権を奪う教育，自然環境の破壊などの現実を象徴している。

　グローバル経済のもとでのより安いコストを求める競争は過激である。企業は勝ち残るために合理化を追求する。低コストの海外に工場をもち，国内ではリストラを進め，正規雇用を減らす（今日では3人に1人が非正規労働者）。労働力としてしか見なされない人間が経済のメカニズムに翻弄されている。そして，今日の先進諸国は，格差が拡大しているにもかかわらず，所得再分配が十分に機能しにくくなっている。それは社会的排除に結びつきかねない。成功してきたはずの先進諸国の近代化は，社会的連帯を崩し，克服すべき大きな問題をかかえているといわねばならない。

　こうした現実が日本の貧困の要因である。日本の開発問題である。だからこ

そ，日本に深刻な貧困はないと考えるのでなく，足元の現実を知ることが大切である。身近な地域を探求してみよう。方法としては，PLA（参加型学習行動法）やアクション・リサーチがある。PLAでは，経済開発に限定しない視点をもって，マッピング（地図づくり）しながら歩いてみる。人々の日々の暮らしを調べる。地域の組織や資源の現状を分析してみる。そこからテーマを絞り込み，文献を調べたり，インタビューするなどして掘り下げていく。そして，因果関係を分析して解決策を模索し，問題解決行動につなぐのである（アクション・リサーチについては「教材紹介」参照，PLAについては242～244頁参照）。見えてくるものは，地域格差が進む日本の「地域おこし」に関連するかも知れない。重要なのは，センとフリードマンの問題意識を忘れないことだ。そうすれば，人間として大切なものに想いを致し，「ほんとうの豊かさとは」「そのための開発とは」という深い問いを伴って探求を進めることができるだろう。身近なリアリティのなかで，開発のあり方（本来，developmentとは「封じられた状態を解放する」という意味）を探求し，自分たち自身の課題に気づき，そこから一人ひとりが一市民として足元の課題に働きかけることができるならば，それこそが世界認識（貧困理解）の基礎となるだろうし，その一歩から何かが変わっていくことにつながるだろう。

4 貧困の克服へ向けて

(1) 世界の取り組み

今日の世界はあまりにも不安定である。問題を深刻にしているのは，援助による債務の累積であり，先進国に有利になりがちな貿易のしくみであり，国際金融を混乱に陥れる巨大な余剰資金の存在などである。ここには，構造的な問題が存在している。

世界の不安定は世界の貧困・格差の現実と密接に関連している。世界を危機に陥れる根本には富のアンバランスな集中があるからである。今日の富の偏在

第5章 貧　困

は，世界中の金余り現象を伴って，世界の金融市場や資源・食料市場を混乱に追い込んでいる。環境問題も相まって，世界は安定的な存続が危ぶまれている。

　じつは格差の拡大はグローバリゼーションの帰結でもある。世界的労働市場のもとでは，労働者の賃金に対する下方圧力が働く。そして，自国の経済がグローバル経済での競争力を維持して景気をよくするためには，福祉予算を削減するなどが必要とされ，国民は痛みを甘受することを求められる。けれども，いつまで耐えても経済成長でトリクルダウン（富の浸透）による格差是正の期待は裏切られる傾向にある。しかも，無限の経済成長に問題の解決を託すことは地球環境の限界を無視しており，持続不可能である。

　こうした現実に対して，世界では，2000年に貧困撲滅を目標とした「国連ミレニアム開発目標（MDGs）」がまとめられ，2015年までに達成すべく包括的な取り組みがなされている。とくに深刻なアフリカ諸国の貧困に対するアフリカ開発会議（TICAD）などの国際協力も進められている。2005年には世界規模で貧困撲滅（「ほっとけない世界のまずしさ」）キャンペーンが行われた。こうして，世界が一致して貧困に取り組む気運は高まってきている。

　今日，経済のグローバリゼーションは適切にコントロールされないまま，市場原理が進展している。さまざまな対策では，貿易のしくみの是正や途上国の国内格差の改革などに難しい問題をかかえている。けれども一方で，たとえば北欧諸国のように，福祉と内需が有機的に結びつくことで経済的発展と社会的セーフティネットの共存に成功している例もある。世界の問題点について理解を深め，その根本原因を除去できるならば，現状の修正は可能なはずである。

(2) 私たち一人ひとりの取り組み

　世界の貧困に関する構造的な認識は私たちの根本課題であるが，さらに重要なのは，私たちが世界の貧困問題に目を向け，どうしたらよいかを模索し，行動することである。それは，問題が大きすぎて自分には何もできない，あるい

は寄付くらいしかできないとしてしまうにとどまらず，もう一歩踏み込んで世界の貧困問題に正面から向きあうことである。海外に出て国際協力現場にたずさわることのできる人材の輩出が求められる。そうした国際協力を側面から支援する行動も重要である。そのうえで，もっと広い視野で私たち一人ひとりにできることはないだろうか。「地球規模で考え，地域で行動する」というスローガンはどういうことだろうか。そのことを考察するために，もう一度，貧困の克服を身近な問題としてとらえ直してみよう。

　今日のグローバリゼーションのもとでは，私たちは貧困問題を二重の意味で世界と共有している。第1に，私たちが当事者性をもつ社会にも人間社会に共通の構造的問題が存在する。たとえば，教育や労働や福祉に関する諸問題，地域の再生と自立に関する問題，食料の自給拡大の問題などである。それらを自助努力で解決できることが大切である。自立の条件としてのエンパワーを必要としているのは私たち自身なのだ。本来の開発のあり方への模索は南の国々だけでなく北の国々にも必要なのであり，その共有と支えあいこそが参加型の真の国際協力につながるだろう。第2に，解決すべき問題で，南の国々と私たちの因果関係は構造的につながっている。世界の人々と共に生きるには，そうしたつながりの関係性を足元から変えていくことが問われる。たとえば，生活者として私たちの意識と生活がどう変わるかが問われている。つながり方を変える試みは，隣に住む在住外国人と助け合うことから始まり，消費者として購入物を見直したり，フェアトレード（公正貿易）にまで発展する例もある。私たちが変わることは，直接的行動だけでなく，世論や言論を形成し，政治や経済のあり方へのアドボカシー（政策提言など）にもつながる。こうして，二重の意味での「構造的同質性」の認識とそれをふまえた行動がどうあるべきかは私たちの足元の課題である。

　留意点は，こうした足元へのこだわりで世界の貧困の現実を見失わないことだ。それでは世界とともに歩むことはできない。そうではなくて，私たちの問題解決行動の多くは地域に居ながらにして地球の問題解決と連結しているので

第5章 貧　困

あり，私たちがあるいは私たちの社会が変わることで世界が変わることにつながることこそが「地球規模で考え，地域で行動する」地球市民性をもった諸活動の根源的な帰結なのである。　　　　　　　　　　　　　　　［小貫　仁］

学習を深めるための課題

1. グローバリゼーションはどうしたら人類全体を幸せにできるだろうか。その課題としてあげられている公正が求められる貿易体制や金融体制とはどういうことか，調べなさい。
2. 「貧困とは何か」「豊かさとは何か」そのための「開発とは何か」について自分の考えをまとめなさい。グループの場合は，自分たちの考えを順位づけしたランキング結果を添えなさい。
3. 自分たちの地域を調査するチームを作成し，アクション・リサーチ（調査し，分析し，解決への行動を伴う探求活動）を実施し，報告しなさい。

注

(1) 池田香代子，ダグラス・ラミス『世界がもし100人の村だったら』マガジンハウス，2001年
(2) The World Bank, *NEWS RELEASE*, No.2007/316/DEC, 2007.
(3) UNDP, 北谷勝秀・恒川恵市・椿秀洋監修『人間開発報告書1999　グローバリゼーションと人間開発』国際協力出版会，1999年
(4) UNDP, 横田洋三・秋月弘子・二宮正人監修『人間開発報告書2005　岐路に立つ国際協力：不平等な世界での援助，貿易，安全保障』国際協力出版会，2005年
(5) UNDP, *Human Development Report 1992 Global Dimension of Human Development*, 1992.
(6) ディーパ・ナラヤン他，"Voice of the Poor"翻訳グループ訳『貧しい人々の声　私たちの声が聞こえますか？』世界銀行東京事務所，2000年，68-69頁
(7) アマルティア・セン，石塚雅彦訳『自由と人間開発』日本経済新聞社，2000年，40-43頁
(8) ジョン・フリードマン，斉藤千宏・雨森孝悦監訳『市民・政府・NGO「力の剥奪」からエンパワーメントへ』新評論，1995年，100-121頁
(9) OECD, *INCOME INEQALITY, POVERTY AND SOCIAL SPENDING IN JAPAN*, 2007, p.21.
(10) 厚生労働省「平成18年　国民生活基礎調査」2007年

参考文献

ジョン・フリードマン著，斉藤千宏・雨森孝悦監訳『市民・政府・NGO 「力の剥奪」からエンパワーメントへ』新評論，1995年

UNDP，広野良吉・北谷勝秀・恒川恵市・椿秀洋監修『人間開発報告書1997 貧困と人間開発』国際協力出版会，1997年

アマルティア・セン著，石塚雅彦訳『自由と経済開発』日本経済新聞社，2000年

ロバート・チェンバース著，白鳥清志・野田直人訳『参加型開発と国際協力 変わるのは私たち』明石書店，2000年

デービット・コーテン著，西川潤監訳，松岡由紀子訳『ポスト大企業の世界 貨幣中心の市場経済から人間中心の社会へ』シュプリンガー・フェアラーク東京，2000年

ロジャー・ハート著，木下勇・田中治彦・南博文監修，IPA日本支部訳『子どもの参画 コミュニティづくりと身近な環境ケアへの参画のための理論と実際』萌文社，2000年

小貫仁他著『貧困と開発 豊かさへのエンパワーメント』開発教育協会，2005年

ジェフリー・サックス著，鈴木主税・野中邦子訳『貧困の終焉 2025年までに世界を変える』早川書房，2006年

オックスファム・インターナショナル，渡辺龍也訳『貧富・公正貿易・NGO WTOに挑む国際NGOオックスファムの戦略』新評論，2006年

ジョセフ・スティグリッツ著，薮下史郎監訳『スティグリッツ教授の経済教室 グローバル経済のトピックスを読み解く』ダイヤモンド社，2007年

第5章 貧困

教材紹介

貧困と開発

　貧困を扱う教材はいくつかあるが，貧困そのものにスポットを当てた教材は意外に少ない。しかも，その貧困観は「欠乏としての貧困」にとどまる傾向がある。

　ここに紹介する『貧困と開発　豊かさへのエンパワーメント』は，貧困を，経済的な欠乏の状態だけでなく，社会関係の問題（「剥奪としての貧困」）ととらえ直す。そのうえで，貧困を克服するには，人々が奪われた力を取り戻す（エンパワーする）ことのできる社会のあり方が重要であることに気づき，どういう開発が望ましいかを考えていく教材である。そのために，具体的な探求対象としてバングラデシュと日本を設定し，さまざまな手法を駆使した8種類のアクティビティで構成している。

　この教材の特徴は，学習者が足元の地域社会を掘り下げることを求めている点にある。つまり，「貧困」というキーワードで探求現場である地域を掘り下げることで，開発の現実と本来のあり方を探求する学びが重要である。そのために，この教材ではアクション・リサーチの手法が紹介されている。

　アクション・リサーチとは，学習者が地域に出てその実情を調査し，その結果，地域の課題を発見してその解決策を模索する探求の方法である。図のように，(1)問題の特定，(2)調査・分析・解釈，(3)活動計画，(4)状況改善の活動，(5)評価と反省，という5段階のプロセスを体験する。問題解決の糸口が見つかったならば，公開の場でその解決策を発表し，地域づくりに民主的に参画するまで

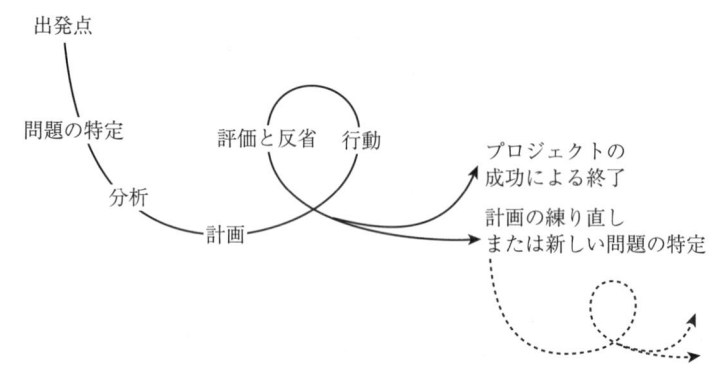

図　アクション・リサーチのプロセス
（出所：ロジャー・ハート『子どもの参画』）

を含んでいる。貧困と開発をめぐる探求では，自分たちの地域の歴史に学び，現状を認識し，さらに世界とのつながりのあり方を模索する活動が重要だろう。

教材は以下のような構成で，世界と日本の貧困について探求している。

アクティビティ1「いろいろな世界地図」（人間マッピング）では，世界の現状を様々な指標を通して理解する。

アクティビティ2「貧困とは」（ウェビング）では，「貧困」のイメージを自由に出し合うことで貧困の多面性に気づく。

アクティビティ3「バングラデシュの生活」（フォトランゲージ）では，何枚かの写真を通して視覚的にバングラデシュの生活を把握する。

アクティビティ4「力の剥奪」（レーダーチャート）では，フリードマンの「力の剥奪」モデルを用いて，バングラデシュと日本の生活を比較し，各々が抱えている課題について考える。

アクティビティ5「過去・現在2枚の絵から」（ピクチャーランゲージ）では，開発を歴史的に考えることで，従来の経済開発について検討し，開発のあるべき姿を考える。

アクティビティ6「命の水」（村芝居）では，バングラデシュの村の生活を疑似体験し，貧困の悪循環を理解するとともに，村人の身になって何ができるかを考える。

アクティビティ7「自分のまちを歩いてみよう」（アクション・リサーチ）では，自分の足元の地域を探求することで，身近な問題を発見し，行動につながる解決策を模索する。

アクティビティ8「開発とは何か」（ランキング）では，総まとめとして，多面的な貧困を克服するための開発とはいかなるものか，私たちにとって大切なものは何かを考える。
（『貧困と開発　豊かさへのエンパワーメント』開発教育協会，2005年）

第6章
環 境

　2005年の秋，私はニュージーランドにいた—南半球は春たけなわであった。ちょうどその時，アル・ゴアが映画『不都合な真実』のプロモーションのためにニュージーランドとオーストラリアを訪問していた。そんなある日，新聞に「氷山進行中」という見出しがあり，写真も載っていた。記事によると，長さ200m・高さ50mの氷山が南島オタゴ半島の南東80kmの洋上にあり，海岸に向かっている，とのことであった。その2週間前に南島最南端から260km辺りで，100個ほどの氷山が観察されていたが，ニュージーランド近海にまで達することはないであろうと考えられていた。
　その記事を見た数日後に，私は首都のウェリントンで「緑の党」の人と話をする機会があり，その氷山のことについて尋ねてみた。「南極から離れた氷塊が漂流することは毎年起こることだ。たいていは南極大陸の周りを漂ってるうちに融けるんだが，今回のは驚きだね」とのこと。温暖化の影響で，これまでにない大きさの氷塊が漂流してきてしまったのだろうか。

1 根本的課題としての人間

　科学者のなかには，地球の温暖化傾向を疑問視する向きもある。長期的な観察によらず，目前で起こっていることだけにとらわれていては正確なことはわからない，という訳である。学問的な正確さ（たとえば，平均値）を追い求めている間に，ある時一瞬潮位が上昇して島が水没してしまって暮らしが立ち行かなくなる，という予測はできる。そうなってしまってからでは遅いので，学問的であるよりも人間的であるほうを選ぶ権利を私たちはもっている。たとえ，地球の歴史は海面の上がり下がりによって島が消えたり出てきたりしてきたものなのだ，という解説が客観的であったとしても。

　では，この場合どうあることが人間的なのであろうか。まず生き延びる道を探す，助けを求める，協力を求める，といったことが考えられる。ここで明らかになることは，環境の問題は，環境が問題なのではなくて，人間の問題だということである。さて，もう少し考えてみると，環境の問題は人間の活動によって生じてきたという事実に目を閉ざすことはできない。よりよい生活や暮らしを求めることが開発であるならば，よき環境を守り続けることこそが求められるはずであったのに，なぜ「持続可能な世界のために」といった設定が改めて必要になるまでになってしまったのであろう。ここに，開発と環境は切り離して考えることができない，言い換えれば人間が問題であるということが現れている。

　『パパラギ』[1]という本がある。パパラギとは白人をさすサモアの言葉である。ツイアビというサモアの「首長」が1915年ごろヨーロッパを旅して帰り，その印象を伝えたもので，日本では1981年に出版された。ツイアビは白人の暮らしぶりに呆れて，自分たちの島のすばらしさを語っている。お金がすべてであり，所有することや支配することに心を奪われている人々を批判している。物欲に拠らない，共有の思想のほうが幸せではないかと問いかけている。

第6章　環　境

　日本人も今や立派なパパラギである。ツイアビの言っていることは古くなっていないところに，私たちに突きつけられた課題がある。

　珊瑚礁で暮らせなくなるので助けや協力を求めているのは，海面上昇が起こる原因をつくった人々ではない。大きな枠組みで見ると，彼らは被害者で，加害者は別のところにいる。開発教育はこういう視点を見落とさないように心がけてきた。半世紀ほど前に地球規模の課題として南北問題が指摘された。公正な地球社会をめざすための開発教育という教育運動の出発点を，そこにおくこともできる。社会的弱者を生み出すような社会は公正ではない，その点に気づき，解決につないでいく学びの過程を創りだすのが開発教育運動である。本章では，環境を切り口に，開発教育を考える。

2　水・土・空気，ヒトはどれもつくれない

　今，私はこれを六甲山で書いている。太陽が明るく差し，風が吹き抜け，小鳥の声が絶え間なく聞こえてくる。この芽吹きの季節，緑のグラデーションが美しい。木々の足元は秋から冬にかけて落ちた葉で覆いつくされている。間もなく常緑樹の葉が落ちはじめる。山の緑は，この落ち葉が育んでいる―誰も肥料などやっていない。山の上で暮らす人が，草花を植えた時に（環境によかれと思って）「有機肥料」をやると，イノシシが餌と理解してしまって掘り返してしまうということだ（イノシシといえば，富山の里山で農業をしている友人が，昨年，「神通川西岸までイノシシが来ている」と教えてくれた。イノシシの北限が広がっているようだ）。このように豊かな循環が命をつないでいるという自然界と，私たちの命をつないでいる今日の農業のあり様とは，ずいぶん差がある。自然の循環を断ち切ったような農業のあり方に疑問を投げかける人が増えている。その土地の旬のものを食べる（eat seasonally and locally）のとは程遠い，輸入―水や養分の略奪―に頼った食生活に疑問を投げかける人も増えている。

　六甲山は江戸時代には禿山であった。さまざまな生産活動のために木が切り

倒され、またそのために災害にも見舞われていた。明治時代、神戸に入港した船からは六甲山の山頂部分は雪が積もっているように見えたともいわれている。山地の過剰利用の結果、山頂が荒れ果て照り返しが強かったのである。市民の水源確保のための砂防としての植林が今から100年ほど前に始まり、今日の緑がある。ヒトは水も土も空気もつくれないが、その助けを借りて緑をつくることはできる。私たちの命は、その循環のなかにある。私たちが口にする野菜の多くは、地表10～30cmのところでできる。地表の腐葉土はまさに自然の営みによっている。

　水は土と空気のなかを自由に行き来する存在であり、そのことによって常に浄化され、太古から循環している。空気中の成分のバランスが崩れたら、この地球上の生命はどうなるのであろうか。「京都議定書」はその課題に取組みを始めようという人類的な宣言であった。地中深くにあるものを掘り出してエネルギーなどの資源として使いはじめた──これは母（なる大地）の臓器をえぐり出す行為である、と批判する先住民族もいる──時に私たちは「近代化」に踏み出し、それが水や土や空気を汚染する原因になり、緑を失うことにもつながった。ヒトは自分でつくれないものを使って、日々の暮らしを成り立たせている。

③ 単純な事実の確認

　水と土と空気に関する事実を見ておこう。人体の70％は水である。地球とはいうものの、地表の74％は水──海、湖、川、氷河など──で覆われている。大気中にも気体になった水が含まれている。水は安定した物質で、熱を蓄える力に優れている。これは気候を安定させるのに役立っている──夏の熱を冬に出す、また熱帯の熱で寒帯・冷帯を温める。地球上の水の97.4％は海水で、淡水は2.6％（そのほとんどは南極や北極の氷）で、河川や湖沼など生物が使える真水は0.01％しかない（図6-1）。その水を、67億人もの人々で分かち合わなけ

第6章 環境

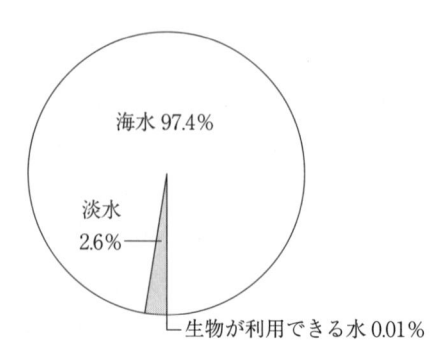

```
海水 97.4%
淡水 2.6%
生物が利用できる水 0.01%
```

図6-1 地球上の水の量
（出所：『理科年表』2008年版）

ればならない，いやヒト以外の動植物も含めて分かち合わなければならない。

　水を貴重なもの神聖なものとしている先住民族は多い。先住民族に限らず，私たちの祖先もそのように考えていた。しかし今日，私たちはさまざまなゴミによって水を汚し，生態系を壊している。生態系はつながりであるから，一部だけに影響が出ているように見えても，じつは全体のバランスが取れなくなってしまっている。水は流れていてこそ命をつなぐことができるのだが，私たちはダムによってその流れを一時的に止めてしまうということもしてきた。それは，短期的にはヒトの活動に資するもののように見えても，川にある命を奪うことでもあり，こうしたことへの配慮はほとんどされてこなかった。

　かつて，船乗りは1日に洗面器1杯（約3リットル）の水しか使うことを許されていなかったという。実際，ヒトは生きるために1日約2.5リットルの水分を摂らなければならない——同じ量の水を体から出している。地球的な視野で見ると，水の使用料には大きな差がある。アメリカや日本のような工業国では，1人当たり1日500〜1000リットルの水を使うが，途上国の人々のなかには5リットル以下の水で暮らしている人も多い。

　直接使うものとは別に，さまざまな製品をつくるために，大量の水が必要とされている。食パン1斤ができるまでに必要な水は500〜600リットル，ステーキ200グラムが食卓に届けられるのに必要な水は約4000リットルであると

③ 単純な事実の確認

いわれている。ミネラル・ウォーターを除けば、日本は水を直接輸入しているわけではないが、国土交通省水資源部編『2004（平成16）年版 日本の水資源』によれば、とうもろこしや大豆などの穀物や牛などの畜産物を輸入することによる水の輸入量は年間600億 m^3 を越えており、工業製品の輸入によるそれは約15億 m^3 である。地域別でみると、約3分の2は北アメリカからで、6分の1がオーストラリアからとなっており、そのほかは中国や南アメリカなどである。「水の世紀」といわれる21世紀に、水に恵まれた風土に暮らす私たちの暮らしぶりが問われている。

次に土である。先に、私たちが口にするもののほとんどが地表30cmばかりのところから来ているということを指摘したが、その表土は数千年の単位で動植物の死骸が積み重なってできたものである。それを養分として摂りながら動植物が命を育み、また表土に戻っていくという循環のなかに私たちは居させてもらっている。その土の中には生きものがいて、命に満ち溢れている。目に見えるミミズやアリだけではなく、何百万の菌類や、何億というバクテリアがひとつまみの土の中にいる。これらが土に命を与え、その力を私たちは頂いている。

しかし、その大切な表土は減っている。森の木を切ることで、むき出しにされた表土は風雨で流されてしまう。農地を潰して、さまざまな建設物をつくる。また、有吉佐和子が30年ほど前に『複合汚染』[2]で論じたように、農薬と化学肥料が田畑から微生物を放逐することで、土の命が失せていく。「母なる大地」という言葉は、すべての生きものは大地から生れることを表している―食糧の98％は土が育んでいる。この事実を無視し否定するかのような暮らしぶりゆえに、地球は持続可能なのか、そして一人ひとりの命は安全なのか、という不安が生じてきている。自然の力を頂き、土を健全にしておこうとする「有機農業」に関心が集まりはじめているのは、人々の善き気づきであろう。

そして、空気である。「空気のような存在」とは「なくてはならないものなのに、あるのが当たり前になっていて、いつもはその存在や価値に気づいても

第6章　環　境

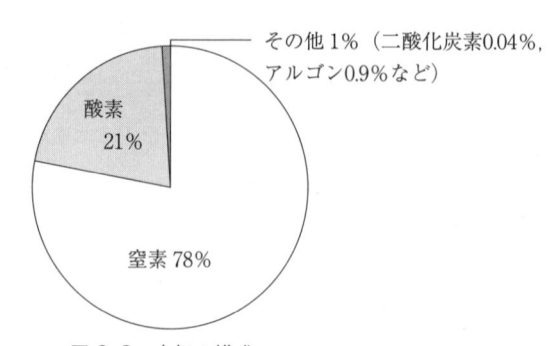

図6-2　空気の構成
(出所：D.スズキ，K.ウァンダーリンデン『きみは地球だ』より作成)

らえないもの」である。生きる証である息をするという行為は空気を必要としている。それはヒトだけが必要としているものではない。生きとし生けるものすべてが空気を必要としている。植物は二酸化炭素を取り込んで酸素を出し，動物は酸素を取り込んで二酸化炭素を出す。植物のこの作用が先行したことで，地球上には多様な生命の存在が可能になった。

空気は窒素と酸素で，その大部分ができている。窒素が78％，酸素が21％で，アルゴン（0.9％）と二酸化炭素（0.04％）とそのほかの8つの気体を合わせて1％である（図6-2）。人間の生産活動は酸素を燃やして二酸化炭素をつくり出す。その二酸化炭素は空気を暖める働きをしている。植物がその二酸化炭素を吸収するスピードが追いつかないほどの二酸化炭素を放出していることが，地球温暖化の原因であろう。

4 木でつながりを意識する

世界の熱帯林は年率2％の割合で減少しつつある。イギリスではすでに17世紀末に，煙やガスの影響が植物にでていると認識されはじめていた。生態系の破壊の影響は地球規模のものとなって久しい。森林は，経済的資源，社会的文化的快適さ，生態系の三つの側面から見ることができるはずであるが，私た

ちは資源のもつ一つの側面しか見ない傾向にある。ウォーキングやバードウォッチング、エコ・ツーリズム、あるいは木立の美しさに感嘆するだけでも、十分意味はある。

　かつては広く日本を覆っていたブナの森が、急速に消えつつある。「ブナの実一升、金一升」と人々が言っていたのは、ブナの生産力の豊かさのつながりを知っていたからである。ブナの森の表土は柔らかい。これが土壌侵食を防ぎ、緑のダムとなる。そして「ブナの森から出る水に、肥料いらず」といわれてきた。今日、おいしい米の産地は、じつはブナの森から流れ出る水のある地域と一致することが多い。北海道の日高の昆布は、一時は獲れなくなってしまっていたが、漁師たちが山に植林をしたことでよみがえったことも知られている。昆布は根を張って着生するので、海水中に含まれる養分がその生育を左右する。そこで注目されたのが海に流れ込む川からの養分で、川の上流の植林が功を奏したのである（もちろん、植林はその土地にあったものでなければならない。たとえば、熱帯林を伐採した跡にユーカリを植えることは、短期的な材木生産には適っていても、中長期的にはその土地を収奪することになる）。

　木造家屋の建築が減りはじめ、コンクリート造りが多くなっており、とりわけ公共の建物は鉄筋コンクリート造りが一般化している。同様の規模と立地条件にある、木造と鉄筋コンクリート製の二種類の学校の比較調査[3]によると、

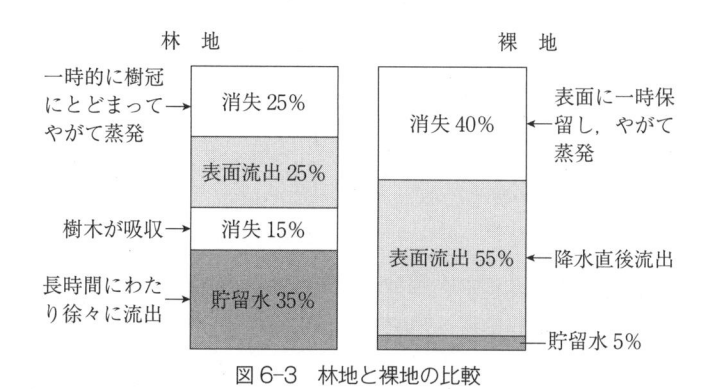

図6-3　林地と裸地の比較

第6章　環　境

インフルエンザなどによる休校率や保健室の利用率など，児童の保健面で差があることがわかっているし，教師の疲れもはっきり違うという。地域の木を使って，数世代前の祖先が建ててくれた校舎は，児童の評判もよく，学ぶ空間として児童にも教師にもやさしい場であるらしい。人類史をふりかえれば，ヒトが選んだ生活空間は適度に樹木がある草原であった。そういう視点から，基本的に植物質で構成されてきた日本の住空間は再評価されるべきである。

　木についていくつかの事例を見てきたが，エネルギー源としての木について考えてみよう。自然エネルギーには，水力，風力，太陽エネルギーがあるが，地熱と潮汐を除けば，自然エネルギーはすべて太陽エネルギーである。太陽エネルギーは，太陽光と太陽熱に分けられる。植物は光合成で太陽光を使い，その過程で二酸化炭素は炭素として，植物に吸収・固定される。植物を燃焼させてエネルギーとして利用しても，もともとは大気中にあった二酸化炭素が固定されたものを使っているのであり，利用と同時に植物を育てれば，バランスを保つことができる。このエネルギーのことをバイオマス・エネルギーという（こうした自然エネルギーと，廃棄物の焼却熱利用などのリサイクル・エネルギーをまとめて再生可能エネルギーと称する）。人工林が多い日本の森林は，伐採など適正な手入れによって，地面に陽を届けて生態系を保つ必要がある。こうしてできた間伐材やおがくず，流木などを利用した木製ペレット（木粉の水分を飛ばして固め，粒状にした成形燃料）の生産が行われるようになっており，これまで利用されてこなかったものを資源として効率よくエネルギー回収をしようという試みも始まっている。

5 社会のあり様に目を配る

　ナショナル ジオグラフィック協会が『見てわかる地球環境』[4]という白書を出している。「人類がおかれた現実」という章は，人口集中・格差社会・人類という重荷・食料問題を扱っているが，「2007年，世界で最も裕福な2人の

資産は，世界で最も貧しい45の国のGDPの合計を上回った」という文章で始まっている。次の「自然と人間の関係」の章では「地球上で保護を受けているのは陸地の12%，海洋の0.5%にすぎない」とあり，最後の「つながる世界」の章では「携帯電話の契約者数は，世界で20億人を超えた」となっている。「はじめに」では，地球の変化は急激なものになっており，そのリズムが速くなっている，この変化は人間が起こした，という記述がなされている。社会的文脈における環境問題をビジュアルにとらえられるよう工夫がある。

2006年夏に，イギリスのシンクタンク「ニュー・エコノミック財団」と国際NGO「地球の友」は，どの国が地球にやさしく幸せに暮らしているかを指標化し，178カ国をランクづけした。第1位はバヌアツで，日本は95位であった。この指数は，各国の世論調査に基づく「暮らしの満足度」に「平均寿命」を掛け合わせた数値を二酸化炭素の排出量などを基に数値化した「環境への負荷」で割って算出するものである。アメリカとドイツは，国民の満足度と平均寿命はほぼ同じだが，環境への負担が少ないドイツは81位，アメリカは150位となった。

2002年11月発行のイギリスの月刊誌 *New Internationalist* 誌351号によれば，アメリカでは最も豊かな10%の人口と最も貧しい10%の人口の収入格差は40.8で，この統計をとった112カ国中71位（トルクメニスタンと同じ）である。ちなみに1位はスロバキアで18.2，日本は24.9で5位，イギリスは36.1で48位，インドは37.8で55位，最下位は62.9のシエラレオーネであった。また，アメリカでは3100万人が貧困のなかにあり，この数は2000年以降増え続け，実質賃金では1973年よりも12%目減りしている。2000年には3870万人が保険なしで暮らしており，2002年3月には医療関係者でさえ保険に入っていない人が136万人もおり，その数は1998年の98%増しである。

OECD27カ国の貧困率を見ると，日本は2002年には15.3%で5位だったが，2005年には2位になった。日本では非正規雇用が10年で10ポイント増え，パートの時給はフルタイムの40%という事実が，貧困率を高めている。

第6章 環境

　ちなみに，西欧諸国は10％以下で，1位はアメリカである。貧困率は，国民の標準的所得（平均値ではなく，所得順に並べたときの中央値）の半分を基準にして，それを下回る所得の人々を貧困層とするものである。

　こうして見てくると，地球にやさしくない社会は，個人にもやさしくないということがわかる。開発教育が，経済中心の開発のあり方に批判的であるのは，こうしたことによる。

　経済中心の開発で重要なのは，スピードである。高速の工場式化学農業，高速の移動手段，高速の通信手段などは，世界中の誰もが利用しているわけではない。地球社会が1950年の1年間に使った石油と同じ量を，今は1週間で使い切っている。たとえば，1枚のビニール袋をつくるのにかかる時間は1秒で，使用時間は平均20分，分解されて自然に還るまでには100年から400年を要する，といわれている（ビニール袋1枚つくるのに使われる石油はお猪口1杯分で，世界中で1年間での使用量は5000億から1兆枚である）。こうした工業製品をつくり出すために，私たちは地球を縦横無尽に移動し，地球の恵みをさまざまなかたちで活用してきた。そして「地球は小さくなった」ような気になっているが，その分地球が危うくなっている―人間の活動によって気候は変動し，動植物の生息環境や多様性に変化をもたらしている。生産性を上げるために自然本来の時間の流れをねじ伏せてきた。そして，その経済は投機的金融が幅を利かせるようになって，合理的営みとしてのけじめさえなくなってきており，理性と感性のバランスが崩れた状態になっている。

　かつては世界で最も格差の小さい社会であった日本が，経済の市場化を進めるなかで，あれよあれよという間に格差社会になってしまったのは，象徴的なことである。30～40年前に，イバン・イリイチが医療と教育と交通を市場化していいのか，と問いかけていた[5]ことに私たちはどう申し開きをすることができるだろうか。

6 根本的に考える

　ローマ・クラブは，資源や汚染のフローが持続可能性の限界を超えていることを指摘し，成長を生み出すシステム自体の構造変革以外には破局の回避方法はないとしている。「大量生産・大量消費・大量廃棄」という現代社会のあり様をいかに克服していけるかが今日的な課題である。このままでは，人間は自己と他人という存在になり，調和からは程遠く，阻害と無用化と分裂の道を歩むことになる[6]。

　市場経済はコストの外部化—コストを労働者，消費者，自治体，自然環境に支払わせる—で，利益の内部化すなわち利潤を増やしてきた。1960年代後半から70年代前半は，日本の高度経済成長の時期であるが，同時に「公害」が問題になった時期である。たとえば，それまで多くの人々が海水浴を楽しんでいた大阪湾沿岸は自治体によって埋め立てられ，大きな製鉄所や石油化学コンビナートが出現した。そうすると庶民の海水浴場は紀伊半島や若狭湾方面に移らざるをえなくなった。それまでよりもお金がかかった。浜辺の松林は枯れ，海から10～20kmも離れた内陸部の住宅地にも海風に乗った汚染大気が押し寄せた。喘息（ぜんそく）などの病気にかかる人が多く出て，医療費がかさむことになった。その病人が家計を支える中心人物であれば，家族の収入に直接影響が出るし，また誰が病気になろうとも，それまではなかった看病という日常が生れる。こうしたことにかかる費用は，すべて個人の収入によって賄われた。まさにコストの外部化である。そして，その支出は統計上は，皮肉にも，GDPの上昇に含まれることにもなったであろう。

　公害はまだ過去のものと言い切ることはできない事実があるが，当時の「公害克服」は技術力で可能になったという見方が今日もある。確かに技術を無視することはできないが，もう一つ大切なことが行われていた。公害に苦しめられた地域では革新知事が生れていた。政府のつくる規制策よりも厳しい条例を

第6章　環　境

つくることで，地域が企業に働きかけるという作業が行われた。民主主義が機能したときであった。これは，まさに，社会のつくり方の学習であった。日本がはたして民主的な社会であるかということについては議論の余地があるが，それを機能させたいささかの経験はある。国際協力も，技術援助に限らず，こういうことを分かち合うことができる—そういう視座をもっているNGOも少なくない。

　限界を超えなければ復元力を発揮する自然に汚染や廃棄物を押しつけ，労働者への保障を十分にしないで，保険医療費などの社会保障を家族に押しつければ，自然や市民は衰え，持続性は失われていく。北アメリカ先住民族のクリーの人たちは，次のようにいっている。

Only when the last tress has died	木が枯れはててしまい
& the last river has been poisoned	川が汚されつくされ
& the last fish has been caught	そして獲るべき魚がいなくなってしまった時になってやっと
Will we realize that we cannot eat money.	お金を食べて生きていくことはできないことに人は気づく

　エコロジーとエコノミー，頭のecoは共通である。ecoはギリシャ語で家を意味するoikosである。ecologyはscience of house（家に関する学問）で，economyはhouse management（家の管理運営）である。エコロジーかエコノミーかというように，対立的にとらえられることもあるが，根っこは同じであるとすれば，そういった対立的思考こそが乗り越えられなければならない。私たちは，あまりにも生産，消費，貯蓄，雇用，投資といった市場セクターにのみとらわれすぎてきたのではないか。その市場セクターと，政府や地方行政といった公的セクターの距離もあまりにも近すぎた。労働や家事，子育て，介護などの基になる家族や社会そして地域といった市民社会セクターが，日本でそ

して世界で動き出している気配があちこちで感じられる時代に入ってきた。市民社会セクターを機能させるボランティアや相互扶助は、自然の一部であるヒトとしての営みの実現である。

　環境と開発はコインの両面である。どう生きるのか、どのような社会をつくるのか、すなわち「生き方そのもの」が問われている。　　　　　　　［岩﨑　裕保］

学習を深めるための課題

1. 「水」「土」「木」のなかから一つを選び、そのテーマをめぐる環境問題について調べなさい。
2. 「貧困と貧富の格差が環境破壊の原因となっている」ということについて説明しなさい。
3. 沖縄本島を例にとって、水源から海にいたるまでの自然と人との関係を中心に、水の課題を調べなさい。米軍と水、観光客と水については必ずふれること。

注

(1) エーリッヒ・ショイルマン編『パパラギ：はじめて文明を見た南海の酋長ツイアビの演説集』立風書房，1981年
(2) 有吉佐和子『複合汚染』新潮文庫，1979年
(3) 千賀裕太郎『よみがえれ 水辺・里山・田園』岩波ブックレット，1995年を参照。
(4) 『見てわかる地球環境』日経ナショナル ジオグラフィック社，2008年
(5) 山本哲士『学校・医療・交通の神話──イバン・イリイチの現代産業社会批判』(新評論，1979年) が参考になる。
(6) ローマ・クラブ『成長の限界』(ダイヤモンド社，1972年)，『限界を超えて』(ダイヤモンド社，1992年) などが参考になる。

参考文献

B. ルンドベリィ，K. アブラム＝ニルソン，川上邦夫訳『視点をかえて』新評論，1998年
D. スズキ，K. ヴァンダーリンデン，辻信一，小形恵訳『きみは地球だ』大月書店，2007年
L. シュワルツ，亀井よし子，芹澤恵訳『子どものためのエコロジー・ワークブック』ブロンズ新社，1991年

第 6 章　環　境

ワールドウォッチ研究所『こども地球白書 2006-07』ワールドウォッチジャパン，2006 年
室田武『雑木林の経済学』樹心社，1985 年
S. シティラック，「地球の木」シニットさんの本を読む会訳『母のキッチンガーデンから』築地書館，1999 年
山田國廣編『水の循環』藤原書店，2002 年
J. トリッティン，今本秀爾監訳『グローバルな正義を求めて』緑風出版，2006 年
D. ヒックス，M. スタイナー編，岩﨑裕保監訳『地球市民教育のすすめかた』明石書店，1997 年
L. ブラウン，寺島実郎監訳『プラン B 2.0』ワールドウォッチジャパン，2006 年

教材紹介

新しい開発教育のすすめ方

この教材は，1995 年に出版されたものであるが，今日でも古さを感じることのない本質的なものである。第 3 章が「環境の視点から」となっており，水をテーマにした実践事例である。10 年以上も前のものであるが，教科の枠にとらわれない合科的なアプローチを提案しており，斬新である。日本の教育現場での実践をめざしており，一人の教員が合科的アプローチで授業を展開する融合カリキュラムや関連カリキュラムの考え方と，学習時期を合わせて同一テーマを数人の教員がそれぞれの教科で扱う方向が示されている。

また，解決に向けての行動についても，リサイクルや節約といった個人的な努力のみならず，社会のあり方を見直すような正解のない，そして議論を必要とする解決への努力もあることを指摘している点は，まさに今日的な視座をもったものといえる。欧米では科学教育のなかで，科学や技術を絶対視せず，社会的文脈のなかで位置づける教育―アメリカでは STS（Science-Technology-Society：科学―技術―社会），イギリスでは SISCON（Science In Social CONtext：社会的文脈における科学）―が行われていることにふれ，科学や技術と社会の間の相互作用に含まれる人間的な観点について，建設的に考えていこうとする態度の育成がめざされ，科学的な知識に加えて議論をとおして意思決定をし，その決定に責任をもつことの大切さが言及されている。

この水の授業シリーズは三つのステージに分けられている。各ステージの目標は，次のとおりである。

・ステージⅠ：水の大切さを理解し，途上国の水問題と工業国の水問題について理解する。
・ステージⅡ：途上国の水問題克服の手段として「ダム建設」が及ぼす自然環境や社会環境への影響について理解する。
・ステージⅢ：環境の問題を克服するために新しい価値に基づいて行動でき

る。

　水の惑星といわれる地球における水は偏在しており，水をめぐる問題を二つに分けることからワークは始まる。第三世界では渇水や洪水に備えて水の量をコントロールすることが急務となっている一方で，われわれは工業化社会における副産物である化学物質による水質汚染に注意を払っている。水をめぐる「質」と「量」という課題の違いこそが，この地球の現状を知る手掛かりになる。

　「気づき」のための第１ステージでは，フォトランゲージによって，水にかかわるさまざまな写真を読み取り，もっと知りたいこと，疑問に思ったことなどを話し合ったあとで，各自がその写真を撮った写真家になってキャプションをつけたり，写真のなかの人物にしゃべらせて吹き出しをつける，といった作業から入って水のイメージを膨らませる。その過程には，情報源をよく観察する，状況を感じる，自己表現をする，他者の表現を評価し相互理解を深めるなどのねらいがある。次に，各自が使っている水はどこから来てどこへ行くのかを調べ，水の循環について理解を深める。このあと，やかんに入れた３リットルの水を用意して，もしその水で１日を過ごさければならない場合，水の用途と量を考えたり，途上国のことを想定して30リットルの水で暮らす方法を考えたり，またその30リットルではできないことがあるとすれば，どれくらいの水が必要なのかも考えるというシミュレーションを行う。最後に，各自の家庭での１カ月の水道使用量を調べ，１人１日当たりの上水道使用量と値段そして下水道料金についても調べる。

　「構造理解」のための第２ステージでは，水の質と量について思索を深めることで，貧困や人権の課題にも気づくことができる。続いて，ODAなどによる巨大なダム建設について，ロールプレイで考える。ダム建設の目的とその影響（プラスもマイナスも）をさまざまな立場の役割を担い話し合う。どのような立場がありうるかを具体的に出し合って，それぞれの立場の意見をロールプレイで交換する―役割には人間だけでなく，動植物や森の精などを入れることは意味がある。そこで生まれる対立をどのように解きほぐすのかも考える。グループごとで異なる状況設定（たとえば，セネガルの事例と長良川の事例のように）をしておいて，あとで異なった状況下でも共通点があることを認識することも可能である。ロールプレイを通して各自の考えに変化が起こったかどうかを記録しておく。

　第３ステージは態度形成・自己評価である。各自の使う水の流れを再確認し，その過程でできる工夫や策を書き出す。それを実行しやすいものから順に並べる（ランキング）。また，すでに自治体などで取り組んでいることについても調べてみて，新たな提案ができるか検討をする。そして最後に第１のワークであるフォトランゲージに再度取り組んでみる。関心をもった写真は変わったか，キャプションや吹き出しはどうかなど，各自の変化・成長を振り返る。

　この学習過程は，教材を準備する教員に対する評価も含まれている。
（『新しい開発教育のすすめ方』古今書院，1995年）

第7章
食と農

　1991年11月，韓国農村スタディツアーに参加したときのことだった。ガット（関税と貿易に関する一般協定）のウルグアイラウンド（多角的貿易交渉，1986年〜1995年）批准に先立つこと3年，韓国の農村はその話でもちきりだった。どこへ行ってもウルグアイラウンド後に始まる米の輸入によって，稲作農家はどうなってしまうのだろうか，米の代わりに何をつくったらいいのか，と大騒ぎだった。のちに韓国政府は，次期作物として花の栽培をとおして国際競争力をつけていく方針をとった。

　そのような混乱のなか，海にほど近い農村に行き，農業試験場の見学をしていたときのことである。そこでつくられていたのは，日本のいちご「とよのか」とりんごの「ふじ」だった。日本への輸出に備えて，着々と準備は進められていたのだ。日本のアイデンティティが脅かされているような不安を感じたのを鮮明に覚えている。その後，日本のスーパーで「韓国産いちご」や「韓国産ふじ」を頻繁に見かけるようになったのは，1990年代後半である。

　私が農業に関心をもつようになったのは，大学生のころである。もともと途上国の貧困問題に関心があり，とくに日本と関係の深いアジアのことを学びたいと思ったことがきっかけだった。アジアはどこへ行っても農村の風景が8割を占める。アジアの人々を理解するためには，貧困におか

れている農村の状況を理解しなければならない，というのが出発点だった。ひるがえって日本の農村，農業はどうなっているのだろう？

　私は自分の食べるものにどれだけ心を配っていただろうか。それまでまったく日本の農業や食べものに興味をもってこなかったことに改めて気づかされ，非常に反省させられる体験だった。

サイレージづくり

　そのようななかで出会ったのが，栃木県の西那須野にあるアジア学院という学校法人のNGOである。1973年に設立された国際人材養成機関で，日本のNGOの草分け的存在でもある。アジア，アフリカの農村指導者の養成を目的としており，モットーが「共に生きるために」。それをフードライフ（foodlife）をとおして実現していこうとしている。フードライフとは，食べもの（food）といのち（life）は切り離すことができない，という造語である。このNGOとの出会いによって，農業や食べもの，さらにはそれらを中心としたともに生きる社会の実現が，私のなかで大きな目標に変わっていったのである。

　とはいえ，今の自分の生活を変えて，自分自身で田んぼや畑を耕すという方向にはなかなか進めない。そこで始めたのが同年代の農業をしている人たちとの交流キャンプだった。酪農家もいれば野菜農家，稲作農家など，一口で農業といっても幅が広い。それぞれ信念をもちながら農業という仕事に打ち込む人ばかり。そのなかの一人が，こんな言葉を教えてくれた。

　「百姓とは，食する人に幸多かれと，一粒の米に祈りをこめて捧げる至上の仕事である」

　これは，親鸞聖人の言葉として伝えられているそうである。本当に心を

第7章　食と農

こめてつくられた食べものを食べるとき，感謝の気持ちをもって受けとることのできる人になりたいと思った。交流キャンプを通じて，それまで「生産者」と「消費者」という区分けをしていたが，生産者も同時に消費者であり，消費者もただ食べるだけではなく，さまざまなかたちで生産の一端を担っている。むしろ生産から消費は1本の線のようにつながっており，それぞれが強く影響しあっているということを知った。ともに「生活者」としてどのような社会を築いていきたいかを考えていくことが，食と農をめぐる現状のなかで求められているのである。

1　日本の農業——江戸時代から食料・農業・農村基本法まで

(1) 江戸時代は自給自足の時代

日本もかつては農村社会であり，今は繁華街の渋谷駅や原宿駅のあたりも純粋な農村地帯であった[1]。江戸の町が非常にエネルギー効率のよい，自給自足の都市だったことは有名である。それは江戸という都市部と近郊の農村部とのエネルギー循環（リサイクル）によって成り立っていた。都市部は農産物の大消費地である。近郊の農家から都市部へ多くの野菜や青果物が供給されていた。逆に，都市部から農家へは肥料，つまり人間の排泄物や台所から出る生ゴミなどが供給されていたのである。

(2) 明治時代の土地改革

1873（明治6）年の地租改正によって，多くの自作農民たちは，それまでの農業の営みのあり方を大きく変えられた。穫れ高に基づいた生産物による年貢ではなく，土地の価格に基づいた金納を義務づけられたのである。自然の営みである農業が，豊作，不作に関係なく，一定の税金を払わなければならなくなったことによって，農民たちは金策に追われることになる。借金地獄に陥った

[1] 日本の農業——江戸時代から食料・農業・農村基本法まで

農民たちによる事件などが，自由民権運動とのかかわりのなかで起こった。いっぽうで，明治政府の政策により地主制度が敷かれ，地主の肥大化と自作農民の小作化，零細化が進んだ。これは日本の近代化と農村の解体のプロセスが表裏一体となって進行したものととらえることができる。

(3) 戦後の農政——農業基本法（1961 年）

明治時代からの地主制度政策と土地所有制度は，戦後解体され，1961（昭和36）年に制定された農業基本法によって，国家による農業政策がさらに強化された。その背景には，戦後近代化の道を突き進んできた日本の工業化がある。つまり，農業・農村の近代化が都市部に比べかなり遅れ[2]，都市労働者と農業従事者の所得格差が広がってしまったのである。農業基本法では，農業経営の規模を拡大することで，生産性を上げ，農家の所得を向上させることがめざされた。しかし一方で，この時期，高度経済成長による農地価格の上昇が起こり，農地は大きな資産価値をもつこととなる。そのため，農家は資産である土地を売ることはせず，農地の規模拡大はなかなか進まなかった。

(4) 食料・農業・農村基本法（1999 年）

農業基本法に代わり，1999（平成 11）年に食料・農業・農村基本法[3]が制定され，新たに基本計画が策定された。旧農業基本法が農業の発展と農業従事者からみた法律であったのに対して，新基本法は農業のみならず，国民全体の生活の安定向上がそのねらいとなっている。その理由として，「食の安全・健全な食生活に対する関心の高まり」「消費者・実需者ニーズの多様化・高度化」「グローバル化の進展」「農業構造改革の立ち遅れ」「多面的機能や農村に対する期待の高まり」などがあげられている。そして，国民経済の健全な発展を図るために，「農業の持続的発展」「農村の振興」「食料の安定供給の確保」「多面的機能の発揮」を実現することを基本理念としている。つまり，農業・農村を守りつつ，消費者に対して食料を安定供給できるように，新規就農を奨励した

第7章　食と農

り，農村における女性の地域社会への参画を促進し，担い手を育成することがめざされている。また，農業には多面的機能，すなわち農村は私たちにゆとりややすらぎを与えてくれる豊かな自然環境や美しい景観の提供，生物生態系保全という役割があるので，共有財産として大切にしていきましょう，ということである。

　そしてこの新基本計画の最大の目玉は，食料自給率向上の具体的な目標数値を，2015年までに45％にする（カロリーベース）としたことである。新基本計画は，2004（平成16）年に見直しの時期を迎えた。残念ながら，5年間で食料自給率の向上は果たすことができなかった。

　新基本法見直しの背景にあるのは，WTOやFTA交渉の進展であり，自由競争による市場経済化をめざすことと，食料自給率向上の政策は両立しないものであるということが浮き彫りになった。

2　食料自給率からみえること

　1965年に73％[4]あった食料自給率は，現在40％を切るまでに下がっている。図7-1からもわかるように，日本は先進国のなかでも飛びぬけて自給率が低い国である。

　40％という数字には，必ず「カロリーベースである」という注がつけられる。ここではそれがどのような意味をもつのかを考えてみたい。カロリー自給率は食料自給率の指標の一つに過ぎない。たとえば，私たちが食べることを目的とした，主食用穀物自給率（米，小麦，大・裸麦）は60％もある[5]。しかし，アメリカやオーストラリアなどから輸入される家畜の飼料用の穀物を含めた穀物自給率はたった28％しかない。さらに，品目別に見ていくと，カロリーが低いためにカロリー自給率にほとんど反映しない野菜や果実の自給率は，1970年代からずっと低下傾向にある。魚介類の自給率の低下も著しい。

　新基本計画で自給率の向上を目標にしつつも，現実には農水省としては自給

2 食料自給率からみえること

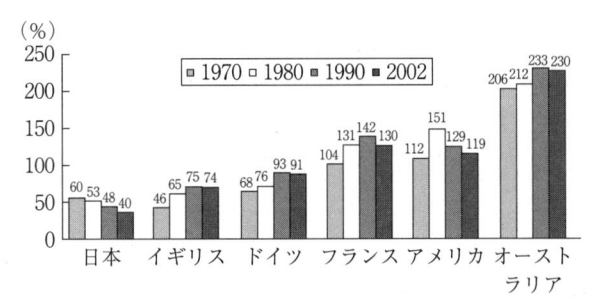

図 7-1 主要な先進国の食糧自給率（カロリーベース）の推移

(出所：農林水産省『食糧需給表』，FAO『FAOSTAT』)

率の低下に歯止めをかける政策を打ち出すことは非常に難しい。それは，前節でも述べたように，世界経済のグローバル化による自由競争に向けて，日本の農政も転換しようとしているからだ。したがって，自給率向上に向けた努力は，「国民全体の十分な理解を得た上で国民参加型の生産・消費についての指針としての食料自給率の目標が掲げられるならば，それは食料政策の方向や内容を明示するものとして，意義がある」（食料・農業・農村基本問題調査会答申，1998年）としているように，国民である私たちの努力にゆだねている，というのが現状であろう。地産地消や農産物直売所などの地域における自主的な運動は，このような努力としては評価できるものである。

　このような自給率の低下の一因は，戦後，日本の食生活がアメリカの「援助」としての小麦戦略[6]によって欧米型に変えられ，そのうえで輸入自由化政策が次々ととられてきたことにある。日本の食料消費はアメリカ依存の構造につくり変えられたともいえる。次節では，グローバル化の象徴であるWTOの農業協定とその世界的な影響についてみてみたい。

第7章　食と農

③ 世界はなぜ飢えるのか？

　地球上のすべての人口を養うことができるだけの食料が，計算上は世界に存在するといわれる。それではなぜ，飢餓が起こるのであろうか。それは富の偏在，不公正な食料の分配によるものだが，戦後，その格差構造を推進してきた体制が国際通貨基金（IMF）と国際復興開発銀行（世界銀行）を中心とするブレトン・ウッズ体制であった。この体制を国際貿易面から支えるものとして設立されたのが，ガットの前身である国際貿易機関（ITO）であった。

　日本は，ガットの自由貿易主義を足がかりに，巨大なアメリカ市場への製品輸出を軸に重化学工業国化による高度経済成長を果たした。いっぽう，世界に目を向けると，1970年代にガット締約国は77カ国になり，うち途上国が52カ国を占めるようになった。これは，ガット締約国の先進国と途上国のバランスに変動が生じたということである。ガットは当初，途上国に対しては，国際収支の擁護や産業の保護を理由に輸入数量制限を行うことを認めていた。しかし，それでは途上国の経済開発は思うように進まず，輸出振興と外貨獲得をめざす貿易政策への転換をめざさざるをえなくなるのである。

　WTOが発足した1995年から1996年，97年にかけては，活況を呈していた国際穀物情勢は，1997年のタイなどに始まるアジア諸国の金融危機によって，一転して下落し，以降，長期間にわたって価格低迷にあえいでいる。その間，アメリカは中国に農産物市場開放を迫り，中国はそれを受け入れざるをえなかった。そして，中国は，大豆ではすでに輸入国に転じ，麦，トウモロコシなどでも間もなく輸入国になると予測される[7]。

　1995年以降，アジア，アフリカなどの開発途上国の穀物輸入は確実に増加している。これはWTO体制のもとで，途上国の食料の海外依存の構造化が進んでいることを示しており，途上国で貧困と飢餓がさらに深刻化していることと無関係ではない。

3 世界はなぜ飢えるのか？

　また，途上国農業が，熱帯産品の輸出農業に依存する傾向が強まっていることも関係している。過剰生産により，熱帯産品の国際価格が暴落している。コーヒーがその典型である。世界最大の生産国であるブラジルの増産に加え，1990年代半ばにベトナムがコーヒー生産国として急速に台頭してきて，第2位の生産国であったコロンビアを追い抜く勢いとなった。その結果，コーヒーの国際価格は過去最低水準となり，小農民経営のコーヒー生産コストも非常に低くなっている。農家からの買付価格は，生産コストの6割以下という低迷ぶりである。こうした現状を背景に，後述のフェアトレード運動が広がりをみせているのである。

　田代洋一は，「グローバリズムは地球上の全てのものを強引に商品化し，歯止めなき自由競争による弱肉強食を押しつけ，その結果，世界のあらゆる面で経済格差を極端化させている。各国・各地域の農産物貿易収支の格差拡大もその一つである。」[8]と経済のグローバル化と世界の農業の関係を分析している。そして，「農業は各国の自然条件，風土に規定されたものであり，画一的な市場経済化に最もなじみにくいものである」と，農業それ自体のあり方を根本的に問いかけている。

　世界の人口64億人[9]の5人に1人が1日1ドル以下の生活をしているといわれる。国連世界食糧計画（WFP）によると8億5千万人が栄養不良や飢えに苦しんでおり，そのうち3億5千万人が子どもだという。いっぽうで，私たちの生活をふりかえると，厚労省の統計によれば家庭の食べ残しが年間900万トン，スーパーの売れ残りなどの事業系生ゴミが年間600万トンである。世界全体の食料援助量が2001年度で1100万トン[10]というから，私たち日本人が1年間に出す食べ残しの量のほうが多いことになる。

　また，2006年9月以降，国際穀物価格が急騰し，トウモロコシや小麦，大豆など，食料や飼料の価格に大きな影響を与えている。ひところは，中国での肉食普及に伴う飼料不足が原因とされていたが，本当の原因は，バイオ燃料[11]向けの需要の急増にあるといわれている。バイオ燃料は，高価な原油へ

の依存を軽減し，温暖化ガスの排出削減に寄与するとされているが，新たな問題が懸念されている。アメリカは，すでにバイオ・エタノール生産量世界第1位となっているが，それでもアメリカが消費する自動車燃料全体に占める割合は3％に過ぎない。その3％を生産するために，すでにアメリカで生産されるトウモロコシの5分の1が消費されているというのだ。したがって，バイオ・エタノールの原料となるトウモロコシやさとうきびの増産が急務であるが，それを進めるためには次の二つのことが起こると考えられる。一つは，新たな作付けを途上国地域で拡大していくということ。もう一つは，面積当たりの収量を増やすために遺伝子組換え（GM）[12]のトウモロコシが使われることになるということである。

　2007年にはアメリカのトウモロコシの価格は2倍にもなり，価格の高騰によって，穀物を輸入してきた国々は影響を受ける。アメリカは，それまで途上国に食料を輸出する構造をつくってきたにもかかわらず，バイオ燃料生産・消費のために輸出を控え，途上国の貧困層に食料が行き渡らなくなるという構造を新たにつくり出している。ブラジルではさとうきび畑を増やすために土地を提供した農民たちがたくさんいる。政府は雇用対策として奨励しているが，農民は1日10時間の重労働を強いられ，それまで培ってきた伝来の耕作技術を失いかねない状況におかれている。タンザニアでも同様に土地を失う農民が急増している[13]。

　また，遺伝子組換えは，科学的にその安全性が実証されていないが，その安全性をどのように判断していくのだろうか。

　また，食料と同時に，安全な飲み水へのアクセスも大きな問題となっている。世界の3分の1近くの人々が，人間の健康，農業および経済発展を直接脅かすような慢性的な水不足のなかで暮らしている。10億人以上の人々が安全な飲料水へのアクセスを，また，20億人以上が適切な衛生へのアクセスを欠いている[14]。このような状況のなかで，日本は例外的に安全な水に恵まれた国であるといえよう。しかしそれだけではない。食料を生産するためにも水が

必ず必要であり，輸入大国である日本は，間接的に大量の水も同時に輸入していることになるのである。これをバーチャル・ウォーターという考え方であらわそうとする試みがある。つまり，「もし，輸入しているものを自分の国でつくっていたとしたら，どれくらいの量の水が必要だったか」[15]ということである。中東などの水不足による紛争などと私たちの生活は無関係ではない。

4 私たちの食べものと生活

　昨日の食事を思い出してみよう。朝食はパンだったか，ご飯だったか？　昼食はお弁当か？　それとも学食で？　夕食は家で家族と一緒に食べただろうか？　それとも一人でつくって食べたのだろうか。

　何を食べたか，という問いには，たくさんの意味が含まれている。一つ目は，私たちの身体を維持するための栄養を十分にとれているかどうかということである。身体の細胞は3カ月程度で入れ替わるそうである。その細胞をつくっているのは，私たちが食事を通してとりこむ栄養だけである。その栄養の質のことを考えて食事をとっているだろうか。

　二つ目は，食材はどこから来ているのか，ということである。フード・マイレージという考え方が生まれたことによって，輸入食料がどれだけのエネルギーを使い二酸化炭素を排出し，環境に負荷をかけているかということがみえやすくなった。フード・マイレージは，輸送距離と輸入量を掛け合わせて算出される。日本はアメリカの3倍にものぼり，とび抜けて世界第1位[16]である。日本の輸入食料の半分以上を占めているのが，穀物，とくに飼料用のトウモロコシなどである。

　三つ目は，誰がどのような状況でつくっているのか，ということである。たとえば私たちの食事に欠かせない食材のエビの輸入量の半分は，タイから来ている。タイでは，エビの養殖を行うため，マングローブ林を切り開いて造成し，養殖用の池をつくる。タイにおけるマングローブ林[17]の消滅面積は，15

万haに及んでいる。養殖されたエビは，アグリビジネスの企業によって買い取られ，加工・冷凍・輸出を経て日本に運ばれる。養殖の現場では，より多く生産するために養殖池の管理が間に合わず，水質汚染が深刻な状況におかれている。途上国の生産現場では，農民や労働者などの生産者が低賃金労働や労働環境が不十分ななかで働いている。日本とタイのFTA（二国間自由貿易協定）は，2007年に締結されたが，それによりエビ輸入時の検疫の緩和などが進み[18]，廉価な輸入品が増えていく見込みである。安い輸入品の向こう側には，貧困や格差を解決するどころか，より拡大させる構造に私たち自身が組み込まれていることに気づかされる現実がある。いうまでもなく日本の生産農家のおかれている状況にも目を向けなければいけない。

　最後に，個食，孤食の問題である。家族が食卓を囲み，会話やコミュニケーションをとるといった光景は，ライフスタイルの変化によって減ってきてしまった。食事の場は，ただ食べものを食べるだけではなく，楽しい家族の時間を過ごしたり，そこで何かが伝えられたり，家族の健康を見守る場であったりするのである。

　また欧米型の食生活によって，日本人の脂質の摂取量が増え，逆にカルシウムが不足するようになった。生活習慣病と骨粗しょう症の増加は，いまや深刻な現代病となっている。コンビニの弁当やハンバーガー，菓子パン，スナック菓子，私たちが毎日当たり前のように口にするものばかりだが，バランスのとれた食事といえるのだろうか。

　いびつな食生活は，私たちの心と体を病ませる。脂質の多い食事のせいで，お母さんのおっぱいの味がおかしくなっているという報告もある[19]。乳腺に脂肪が詰まり，おっぱいが痛む。自然に産める体でなくなっている妊婦さんも増えているという。食生活を含めた生活のあり方がお母さんの体を自然分娩に耐えられない体にしてしまっている。いのちを産み出す「お産」と食生活は密接につながっているのである。

　私たちの食べものと生活を見直すことは，私たち自身が自分のいのち，家族

のいのちを大切にすることなのである。

5 食と農にかかわるオルタナティブな取組み

　本節では，食と農をめぐる現状に対して，どのような新たな取組みがあるのか，またどのような課題があるのかについて考えてみたい。

(1) 地産地消
　地産地消という言葉は，1980年代に農業関係者の間で広まりはじめた。その地域で生産されたものをその土地で消費するという意味である。新基本計画では，「地域で生産されたものを地域で消費するだけでなく，地域で生産された農産物を地域で消費しようとする活動を通じて，農業者と消費者を結びつける取組みであり，これにより，消費者が，生産者と『顔が見え，話ができる』関係で地域の農産物・食品を購入する機会を提供するとともに，地域の農業と関連産業の活性化を図ること」と位置づけている。
　まだ地産地消という言葉が使われていない1970年代後半には，すでに日本農業市場学会の前身である農産物市場研究会のグループが，地域流通の重要性を指摘していた[20]。農産物の流通が全国的・広域的になったことに伴い，地場流通・地域流通を守るという生産者側からの問題提起に基づくものであった。昨今，地産地消という言葉が使われる場合，消費者にとって，生産者の顔が見えることによる食の安全性という側面や，フード・マイレージでも述べたように，遠いところから輸送されるもののコストの増大によるエネルギー消費や環境汚染の問題が強調されることが多い。しかし，地域流通を守ることでその土地や風土に合った食材を使った伝統的な料理を知ることや，ひいては地域の文化の再興につながる，地産地消という意味合いは重要であろう。
　また，経済のグローバル化により，世界中のあらゆる場所で同じファストフードを食べられるような社会への対抗軸として，地域の多様な個性を重視し，

第 7 章　食と農

地域の自立と自治を確立させるというオルタナティブな問題提起を地産地消に見ることができるのである。

(2) 有機農業

　機械化と大量の化学肥料の投入に象徴される近代農業は，きつい農作業労働を大幅に軽減し，戦後の食糧難の時代には食料増産に貢献した反面，さまざまな問題を起こした。田んぼからはホタルやトンボが姿を消し，農薬と化学肥料によって河川の汚染が進み，農民自身の身体にも，農薬にかぶれたり，頭痛，めまい，吐き気などの中毒症状を起こした。また，土壌中の微生物も減少し，土は痩せてしまい，化学肥料なしには作物を育てることができなくなってしまった。

　このように近代農業は，農民が長い間培ってきた農法そのものを衰退させ，伝統的な知恵を無意味にしてしまったのである。

　こうした問題点に疑問をもった生産者と消費者によって，1971（昭和46）年に日本有機農業研究会が設立された。環境破壊を伴わない，健康的な食べ物を生産できる農法を探求し，本来あるべき姿の農業を有機農業として推進してきたのである。また，「提携」という考え方を打ち出し，生産者と消費者の関係を，単なる「商品」の売り買い関係ではなく，人と人との友好的つきあい関係（有機的人間関係）[21]としている。

　有機農法のなかでも，近年注目されているのが合鴨を使った合鴨水稲同時作である。つまり，水田の雑草をえさにして，稲を育てると同時に合鴨も育てるという農法である。合鴨農法は，モンスーン気候のアジアの農村に合う農法であり，日本よりもむしろアジアで広まっている。これを農法として確立した農民の古野隆雄は，アジアのノーベル賞といわれるマグサイサイ賞を受賞している。

　こうした有機農産物の表示の適正化を図るため，1999（平成11）年にJAS法が改正され，有機農産物の認証制度が導入された。第三者機関による認定を

受けて，有機JASマークを貼付しないと，「有機」の表示をしてはいけないことになった。認証を受けるためには，煩雑な手続きと費用がかかり，認証後も，細かい管理と記録が義務づけられている。そのため，小規模で有機農業を行っている農家にとっては大きな負担となり，認証を受けていない有機農家が非常に多いのが現実である。

(3) 食育基本法，食農教育

効率化，競争といった価値観とともに入ってきたライフスタイルの欧米化によって，私たちの食生活はおおいに変化した。食事時間が不規則になり，栄養の偏りといった問題が起きている。そのようななか，2005（平成17）年，食育基本法[22]が制定された。その目的を一言でいうならば，「健全な心と身体を培い豊かな人間性を育む」ことのできる国民を育成することである。また，子どもたちが食に関する知識と食を選択する力を得られることが目標に掲げられている。

新基本計画のなかでは，「都市と農山漁村を行き交うライフスタイル」のなかで，農業体験学習や自然とのふれあい，伝統的文化とのふれあいなどの活動を通して都市生活者の「ゆとり」「やすらぎ」へのニーズに応えていくとしている。こうした活動は，食育をさらに推し進めた「食農教育」と呼ぶことができるだろう。作物や家畜の成長過程を，部分的ではなく全体をとおして体験することで，自然の摂理，生命の尊さ，生産活動への尊敬の念などを学ぶことができる。

(4) スローフード運動

スローフード運動[23]は，1980年代半ば，イタリアのブラという町から始まった。1986年，ローマのスペイン広場にマクドナルドが出店した際，ファストフードへの危機感が高まり「アルチゴーラ・スローフード」という団体が誕生する。スローフード運動の目標は次の三つである。

第7章　食と農

① 消えつつある郷土料理や質の高い小生産者の食品を守ること
② 質の高い素材を提供してくれる小生産者を守っていくこと
③ 子どもたちを含めた消費者全体に，味の教育を進めていくこと

　ファストフードのチェーン展開によって，大量生産，大量流通，食品添加物，遺伝子組換えといった「食の均質化」が広がり，食の安全がおびやかされた。そこで，画一的な食生活ではなく，もっと生き生きとした社会を取り戻したい，という哲学のもとで運動が行われている。社会の仕組みや生活のあり方を変えようとする社会運動の側面を強くもっている。

　1989年には，パリで国際スローフード協会設立大会が開催され，スローフード運動の哲学である「スローフード宣言」が採択される。宣言の冒頭では，工業文明によって生活モデルが形成されてきた現代への痛烈な反省と批判が述べられている。

　「マクドナルド化する社会」[24]では，効率化という大量生産活動のなかで使われていた概念が，その枠を超えて消費者の行動にまで影響を拡大し，生活様式を画一化してしまったという指摘がなされている。スローフード運動は，単に郷土料理を見直したり，生活のペースをゆっくりするといった表面的な意味だけでとらえていると，その本質的な意味を見失うことになるだろう。

(5) フェアトレード運動

　フェアトレードは，グローバリゼーションの過程と平行して展開してきた。1970年代以降，援助団体は，手工芸を生業とする途上国の人々と共同で事業に取り組み，エスニックな家具類や手工芸品を求める先進国の消費者のニーズに応えるかたちで，通常とは異なる小売販売のルートがつくられた[25]。1990年代になり，途上国の農民を支援するフェアトレード運動は新たな発展段階を迎えた[26]。その背景にあるのが，第4節で述べた途上国農業の，熱帯産品の輸出農業への依存傾向の高まりである。熱帯産品の代表格がコーヒーであるが，アフリカや中米などの生産国のなかには，輸出外貨の半分以上をコーヒー

豆に依存するというような状況が生まれている。そして近年のコーヒー国際価格の暴落によって，自国内の食料の安全保障を守ることが難しくなっている。

こうしたなか，フェアトレード運動では，コーヒー豆を含め農産物の多くの国際価格が商品先物市場での先物取引によって決まり，途上国の生産者の生産コストを基準に決まるものではないことや，巨大穀物商社などの企業による利益の独占などに対して，オルタナティブな貿易のルートをつくろうとしている。生産コストに見合った価格の保証や有機栽培による環境への負荷の少ない農法などを広めている。

いっぽう，日本ではまだまだフェアトレード商品は手軽に手に入るものではない。2007年に行われた調査では，フェアトレードの意味を知っている日本人は，わずか2.9％しかいなかった。

おわりに

日本には，身土不二という言葉がある。「身体（身）と環境（土）とは不可分（不二）である」ということで，「身体と大地は一元一体であり，人間も環境の産物で，暑い地域や季節には陰性の作物がとれ，逆に寒い地域や季節には陽性の作物がとれる。暮らす土地において季節の物（旬の物）を常食する事で身体は環境に調和する」。住んでいる所の一里四方（4km四方）の物を食べて暮らせば健康でいられるといわれる。日本に伝わる食の哲学といえよう。

人間も自然の一部であり，土に根を張って生きることで，いのちを育むことができる。食と農をめぐるさまざまな議論は，近代化の過程で得てきた豊かさの価値観を問い直すものではないだろうか。

［上條　直美］

第 7 章　食と農

学習を深めるための課題

1. 日本の食料自給率をめぐる状況について調べ，自給率を上げるため行われている取組みについて調べ，その成果と課題について述べなさい。
2. 世界の飢餓の現状について調べ，その背景にどのような理由があるか分析しなさい（特定の国，地域などを選んで論じてもよい）。
3. あなたの食生活（昨日の食事など）をふりかえり，評価しなさい。その際の判断基準を思いつくかぎりあげ，その理由について述べなさい。

注
(1) 石川英輔『大江戸えねるぎー事情』講談社，1990 年，63 頁
(2) 神門善久『日本の食と農』NTT 出版，2006 年，154 頁
(3) 食料・農業・農村基本法については，以下のホームページで調べることができる。農林水産省「新たな食料・農村・農業基本計画」(http://www.maff.go.jp/keikaku/20050325/top.htm)
(4) 農林水産省大臣官房情報課編『食料・農業・農村白書　参考統計表　平成18年版』財団法人農林統計協会，平成 18 年（2006 年）
(5) 同上統計資料
(6) 戦後，アメリカは過剰生産となった小麦，トウモロコシ，大豆などを処理するため，日本に向けた農産物輸出戦略をとった。学校給食へのパンとミルクの無償援助などを行い，欧米型食生活を定着させた。
(7) 村田武『WTO と世界農業』（筑波書房ブックレット　暮らしのなかの食と農 13）筑波書房，2003 年，36 頁
(8) 田代洋一『食料・農業・農村基本計画の見直しを切る』（筑波書房ブックレット　暮らしのなかの食と農 26）筑波書房，2004 年，11 頁
(9) 総務省統計研修所『世界の統計 2007』2007 年
世界の人口については，以下のホームページで調べることができる。総務省統計局・統計研修所 (http://www.stat.go.jp/data/sekai/)
(10) 国連世界食糧計画（WFP）のホームページ (http://www.wfp.or.jp/kyokai/hunger.html) を参照。
(11) バイオ燃料とは，トウモロコシやサトウキビなどの作物を原料としたエタノール，ナタネ油，パーム油，廃油などを原料としたディーゼルなどの総称である。
(12) 遺伝子組換え食品に関する情報は，以下のホームページで調べることができる。市民バイオテクノロジー情報室 (http://www5d.biglobe.ne.jp/~cbic/)
(13) アジア太平洋資料センター『バイオ燃料〈畑でつくるエネルギー〉』DVD, 2007 年
(14) 外務省ホームページ (http://www.mofa.go.jp/mofaj/gaiko/kankyo/wssd/clearw.html) を参照。

(15) 千葉保『コンビニ弁当16万キロの旅』太郎次郎エディタス，2005年，91頁
(16) 日本のフード・マイレージは9002億t・km（2001年，『農林水産政策研究』NO.5より）
(17) マングローブとは，熱帯・亜熱帯地域の淡水と海水が入り混じる沿岸に生息する植物群の総称。周辺に住む人々の貴重な資源であると同時に，生態系・環境の保全にも重要な役割を果たす。
(18) 山本博史『FTAとタイ農業・農村』（筑波書房ブックレット 暮らしのなかの食と農18），筑波書房，2004年
(19) 『食卓の向こう側1』西日本新聞ブックレット1，2004年
(20) 三島徳三『地産地消と循環的農業』コモンズ，2005年，25頁
(21) 日本有機農業研究会（http://www.joaa.net/mokuhyou/yukinouken.html）
(22) 食育基本法については，以下のホームページで調べることができる。文部科学省（http://www.mext.go.jp/a_menu/sports/syokuiku/index.htm）
(23) スローフード運動に関する情報は，以下のホームページで調べることができる。スロー・フード・ジャパン（http://www.slowfoodjapan.net/index.html）
(24) ジョージ・リッツァ著，正岡寛司監訳『マクドナルド化する社会』早稲田大学出版部，1999年
(25) ディヴィッド・ランサム著，市橋秀夫訳『フェア・トレードとは何か』青土社，2004年，32頁
(26) 村田武『コーヒーとフェアトレード』（筑波書房ブックレット 暮らしのなかの食と農28），筑波書房，2005年

参考文献
大江正章『地域の力 食・農・まちづくり』岩波新書，2008年
村井吉敬『エビと日本人Ⅱ』岩波新書，2007年
田代洋一『この国のかたちと農業』筑波書房，2007年
中田哲也『フード・マイレージ あなたの食が地球を変える』日本評論社，2007年
近藤恵津子『わたしと地球がつながる食農共育』コモンズ，2006年
星寛治『耕す教育の時代』清流出版，2006年
藤田和芳『ダイコン1本からの革命 環境NGOが歩んだ30年』工作社，2005年
鈴木宣弘編『FTAと食料』筑波書房，2005年
国際調査ジャーナリスト協会著，佐久間智子訳『世界の"水"が支配される！ グローバル水企業（ウォーター・バロン）の恐るべき実態』作品社，2004年
大江正章『農業という仕事 食と環境を守る』岩波ジュニア新書，2001年
マイケル・バラット・ブラウン著，青山薫・市橋秀夫訳『フェアトレード』新評論，1998年
大嶋茂男・村田武『消費者運動のめざす食と農』農文協，1994年
高見敏弘『土とともに生きる』日本基督教団出版局，1996年

第7章　食と農

教材紹介

コーヒーカップの向こう側　貿易が貧困を作る?!

食べたいときに食べたいものが手に入る私たちの生活は、世界中から運ばれる輸入農産物に支えられている。それがどこから運ばれてくるのか、生産者の暮らしや社会にどのような影響を与えているのか。そんなことに思いをいたすことも難しいくらい、身の回りには輸入品があふれている。嗜好品であるコーヒーもそのような輸入品の一つである。

この教材は、本章第3節「世界はなぜ飢えるのか」でも紹介されている不平等な貿易と世界の飢餓との関係について、生産者の立場も含めて学ぶことができる。主に、次の二つをねらいとしている。第1に、身近なコーヒーを例に「南」の生産国の現状と世界の流通の仕組みを理解することである。第2に、コーヒー流通の仕組みを理解したうえで、世界貿易の問題点を把握し、「不公平」とされる貿易とは何か、何が原因なのか、を探ることである。

教材の構成は、「コーヒーQ&A」「コーヒーの歴史から」「アロマ村のコーヒー農園」「いい貿易ってなんだろう」の四つの教材から成っており、基礎理解からよりよい未来をつくるための貿易のあり方を探る段階までを一連の流れとしている。「コーヒーQ&A」では、クイズ形式でコーヒーの基礎知識と生産行程、さらに日本におけるコーヒーの消費量について理解する。「コーヒーの歴史から」では、コーヒーの歴史に関する情報カードを使い、グループ討議を通して「南」の生産国と「北」の消費国という経済構造と植民地支配の歴史の密接な関係について学ぶ。「アロマ村のコーヒー農園」では、農民と多国籍企業の社員の立場でコーヒー栽培の契約を疑似体験し、生産者がかかえる問題について理解を深めることをねらいとしたシミュレーションを行う。農民と多国籍企業は4年間にわたる栽培契約を結ぶが、毎年、天候による収量の変化や需要と供給の変化などがあり、生産者である農民の生活は大きく影響を受けていく。生産者のおかれている状況や流通・小売・消費にかかわる問題を学ぶ。「いい貿易ってなんだろう」では、コーヒー生産者にとって望ましい取引とは何かということを2人1組になって考える。そこから、よりよい貿易のあり方について構想し、ひいては消費者としての私たちが南北問題にどのようにかかわるのか、ということを考えさせられる。

日常生活のなかで、つい目先の値段の安さで食材を選びがちだが、その背景を知ることによって、ちょっと立ち止まって考える。そんな気づきを与えてくれる教材である。
（『コーヒーカップの向こう側　貿易が貧困を作る!?』開発教育協会，2005年）

第8章
人の移動

　高校で社会科の教師をしている私は以前，UNHCR（国連難民高等弁務官事務所）の広報官の呼びかけにより，難民問題の教材化に取り組んだことがあった。当時，難民問題についての知識をほとんどもたない私は難民に関する数冊の本を買い，難民とは何か，難民はなぜ発生するのか，難民発生国の現状などについて調べはじめた。そこには難民が直面する悲惨な状況が数多く報告されていた。私は，その驚くべき現実を生徒に伝えなければならないという使命感にかられ，さっそく授業で取り上げることにした。しかし，深く悲しい体験をもつ難民の現状を，生徒に情感たっぷりに力説しても，暗く悲しい運命を背負った人々としか表現できない自分に限界を感じた。遠くの国のかわいそうな人たちの話としてしかとらえさせることができなかったのだ。
　授業で難民問題を扱うことの意義は，生徒に「自分たちは平和な日本に生まれてよかった」という感想をもたせることではない。難民が発生する社会の構造について生徒自身が考え，その根本的な原因を知ることが大切なのである。そして，難民を悲惨な状況に追い込まれている人としてではなく，困難な状況におかれながらも前向きに生きようとする隣人としてとらえられるようになることが肝要なのではないか。

第8章 人の移動

カクマ難民キャンプ（ケニア）における学校の様子（写真提供：難民事業本部）

希望があるから私はまだ生きていける
希望があるから私は歌うことも踊ることもできる
笑うことができるのは希望があるから
愛することができるのは希望があるから
でも私には決して忘れられない日がある
それは私が生まれた日
その日を私は決して忘れない
決して忘れることのない私が生まれた日
私に触れたその手は
あまりに強くて
押しつぶされそうだった
私がはじめて見たその光は
あまりに輝いていて
目がくらんでしまいそうだった
私がはじめて耳にしたその音は
あまりに大きくて
耳がつぶれてしまいそうだった
絶対に私はその日を忘れない
決して忘れない
私がはじめて悲しみを知った日のことを忘れない
何も口にできなかった空腹の日のことを忘れない
全てが欲しいものであったけれど
全ては手に入らないと分かった日のことを
私はその日のことを決して忘れない
忘れない
孤独を感じ
残虐な世界の中にただ一人放り出された日のことを
忘れない
だまされたと感じた日のことを
忘れない
憎しみを覚えた日のことを
忘れない
自分の中の愛が消えてしまった日のことを
決して，決してその日のことを忘れない
でも希望があるから，私はまだ生きていける

　これは，ウガンダの難民が書いた「決して忘れない」[(1)] という詩である。この詩は安全な日常を生きる私たちに，自らの生き方を見直すきっかけを与え，希望をもって生きることの大切さを再認識させてくれる。

　人が故郷を離れるということは，それまでの生活を捨て，まったく異なる環境・文化のなかで生きるということであり，その人にとって非常に重要な意味をもつことである。まして難民の場合，それは自らの意志にかかわらず，移動を強いられるのである。そして何からも保護されることなく，さまよい続けることを強いられることなのである。その不安は想像を

遙かに超えるものであろう。しかし，そんな不安に苛まれながらも，難民として生きる人々は希望をもち続け，力強く生きているのである。

　難民問題について考えることによって，私たちは多くを学ぶことができる。たとえば，難民の流出という現象について知ることから，私たちは難民が直面する不安や恐怖，怒りについて思いを馳せ，その問題の深刻さを知ることができる。また「武力紛争」「迫害」「飢饉」「貧困」など難民流出の根本原因について考え，社会構造を見直すことから，遠く離れたところで起きている難民問題が，じつは私たちの生活と密接につながっていることに気づくことができる。そして，難民として生きる人々の生きざまを通して，私たちは自分自身の生き方を見つめ直すことができよう。

　しかしこのような学びは難民問題を考えるときのみに生ずるものではない。難民を「人の移動」の一形態であると考え，「人の移動」という大きな枠組みでとらえたとき，グローバリゼーションが生み出すさまざまな社会的事象や社会構造が明確に見えてくるのではないだろうか。

　そこで，本章では「人の移動」の背景や影響などについて明らかにすることにより，「人の移動」のもつ意味について考えたい。

---

1 国際的な人の移動の歴史的概要

　私たちの生活は移動することによって成り立っている。仕事をしたり学んだりするために，短期的な移動が日常的に繰り返されている。入学や就職をきっかけとして，また出張や転勤，季節労働や出稼ぎ労働というかたちで，郷里から遠く離れたところに移動する場合もある。娯楽のために移動することもあるだろう。このようなさまざまな移動を通して，私たちは他者と出会い，収入を得，楽しみを見つけ，日々の生活を営んでいるのである。時間的・空間的には小規模であるこのような移動ですら，私たちに非常に大きな影響を与えるもの

第8章　人の移動

である。まして，多数の人が国境を越え，長期的に移住するとなると，その影響は多大なものであろう。そこでまず初めに，社会的に大きな影響を及ぼしてきた国際的な「人の移動」について歴史的に概観してみよう。

　有史以前から，人は日常生活圏を越えて自由に移動を繰り返してきた。そして移動による相互交流は新しい文化を生み出し，大規模な文明圏をつくりあげ，広大な帝国を出現させた。

　やがて帝国は分裂し，国民国家が形成され，国家の政策を背景とした植民がヨーロッパから新大陸やアジア，アフリカに向けて，世界規模で行われるようになった。アフリカやインド，中国からの奴隷貿易や苦力（クーリー）貿易などのように植民地の経済的搾取をささえた強制労働を伴う「人の移動」が行われたのもこのころである。

　19世紀初頭から20世紀初頭にかけての約1世紀は「移民の世紀」といわれる[2]。ヨーロッパやアメリカでは産業革命の進展に伴い，重化学工業化が時代の趨勢（すうせい）となっていった。この急速な工業化は工業労働者の数を増大させ都市化を進めたが，一方では農業や中小企業を圧迫して人々の生活基盤や環境を激変させた。工業化によって伝統的経済基盤を破壊された多くの人々は移民となって国を離れ，19世紀後半からはヨーロッパからアメリカへの移民が急増した[3]。また，国際貿易が著しく伸張し経済の国際化が進展するなかで，熱帯のプランテーションや鉱山へのアジア人移民も増えていった。そしてこれからの移動は，労働力が過剰な地域から不足している地域に労働力を再分配し資源配分の効率を高め，どの国にも経済的な発展をもたらすのではないかと思わせた。しかし現実はそうならなかった。「移民の世紀」は世界的規模での経済格差を生み出すこととなったのであり，その問題は現代にいたるまで解決されていない。

　その一方で「移民の世紀」に続く20世紀は「難民の世紀」といえよう。第一次世界大戦直前のバルカン情勢，第一次世界大戦，およびその間に勃発したロシア革命といった事態のなかで，大量の難民が発生した。第二次世界大戦の

際には，その直前から始まったナチス・ドイツのユダヤ人虐殺などの原因により，諸国家間に多数の難民が発生し，第二次世界大戦終了時には，ヨーロッパに約1000万人の難民が滞留することとなったのである[4]。その後の冷戦構造のなかでは，東ヨーロッパ諸国，インドシナやロシアからアメリカや西ヨーロッパ諸国へ向かう難民が大量に発生した。

今現在，ボスニア・ヘルツェゴビナ，アフガニスタン，ビルマ（ミャンマー），スリランカ，ルワンダ，ソマリア，スーダンなど数え上げるときりがないほどの国々で難民の流出は続いている。そして，世界中で故郷を追われている人々は約1900万人（UNHCR発表，2005年）にのぼるともいわれている。

2 人が国際的な移動を決意する動機

このように，国際的な人の移動は社会に大きな変化をもたらす契機となり，社会的，経済的に大きな影響力をもっていたことがわかる。しかし，人が国境を超えて移動するということは，誰もが望むことではないし，誰もができることでもない。国境を越えて移動するだけの経済力がなかったり，どこに移動し，移動先で何をすればよいかという情報をえることができなかったりした場合，国際的な移動をすることは非常に困難なことである。技術や資格，言語能力をもたない場合も同様である。また，人は故郷の慣れ親しんだ環境から離れたくないという自然な感情をもっているものなのかもしれない。だからこそ，経済的，社会的に非常に厳しい状況におかれていても，その地に留まる人が数多くいることも事実である。もちろん，社会的・文化的紐帯に縛られ，移動するという選択肢があることすら気づいていない人もいるのではあるが。

つまり，国際的な移動をするということは，その人の人生にとって非常に重要な意味をもつことであり，リスクを背負うことでもある。そして，そのリスクよりも得られるものが大きいと判断したとき，人は移動を決意する。よりよい条件で働くため，また自分の地位を向上させるために国境を越える人もい

る。住む場所を奪われ、しかたなく国境を越える人もいる。強制移住を強いられる場合を除いて、人は移動に伴う困難と留まったときの困難を比較し、移動することにより状況が好転することを願うからこそ、国境を越えるという決心するのである。

　では、人が国際的な移動を決意するにはどのような要因が考えられるだろうか。

　人がその国を離れるということは、その国にマイナスの要因、すなわち押し出す要因（Push要因）があるということである。具体的には、人口増加、土地不足、失業、貧困、低賃金、迫害、内戦、劣悪な衛生状態、限られた教育機会などをあげることができよう。つまり、そのような国では、食料生産や現金収入獲得の機会が限られているか、安全な生活を送ることが困難な状況にあるということである。また受け入れる側の国には、労働力不足、政治的安定、福祉や医療制度の充実、内政の安定、広い教育機会などといったプラスの要因、すなわち引きつけ要因（Pull要因）がある。そして、このような要因の差を前提に、人は移動によって発生するコストとリスク、移動によって得られる利益を鑑みたうえで、移動するかどうかを判断するのである。しかしすべての移動が移動先の状況について熟考し、十分な情報に基づいて判断された、きわめて合理的なものであるとはいえない。たとえば、ある貧困や搾取の状況から、ほかの同じような状況への移動に終わってしまう場合も考えられる。つまり「人の移動」は、それぞれの人々がおかれている状況や移動する目的によってさまざまであり、単純にそれを一般化することは容易ではない。しかし、その多様かつ国際的な移動を理解しやすくするために敢えて単純化すると、以下の四つに分類される。なお、ここで注意しなければならないことは、これらの分類の境界線は必ずしも明確でないうえに、相互に組み合わせることもある[5]ということである。

　また、ここで強調しておきたいのは、国際的な移動を検討する意義はその動機をマクロレベルで分析することにあるのではなく、移動を決意した人が直面

表 8-1　国際的な移動の動機についての四つの類型

国際的な移動の動機	内容
経済的理由	出稼ぎ労働者，経済移民
血縁的理由	離散した家族の統合，移民とその子孫の母国への帰還
技術移転	留学・研修のための移動，多国籍企業の現地法人運営のための赴任
強制	難民，強制移住

（出所：井口 泰『外国人労働者新時代』より作成）

するさまざまな問題を個々のレベルで分析し，社会的・経済的な背景を明らかにしていくことにあるという点である。

③ 日本にみる国際的な移動

　国際的な移動はその動機が多様であるように，その背景も送り出す国や地域，受け入れる国や地域の状況によってさまざまであり，それを一概に論ずることはできない。そこで日本を例に取り上げ，検討してみよう。
　現在，日本は多くの外国人労働者を受け入れている。しかし19世紀後半から20世紀前半にかけて，日本は送り出す側の国でもあったのである。では，どのような歴史的過程を経て送り出す側の国から受け入れる側の国へと変わっていたのだろう。そしてその間にどのような人々が行き来したのであろうか。以下の四つの視点から日本にみる国際的な移動の歴史的背景について概観してみよう。

(1) 日本からの移民

　明治時代，日本は富国強兵・殖産工業政策のもと，農業国から工業国への転換をめざしていた。しかし，先進国との間には著しい経済格差が生じており，賃金労働者の生活は低賃金と物価上昇とによって窮迫していた。また，国民の60％を占めた農民の多くは小作農であり，彼らは収穫の半分にも達する小作料

を払うことを余儀なくされた。そのうえ明治初期以来の過剰人口は土地不足を生み出し、狭い土地にひしめき合う農民は、移民や出稼ぎというかたちで、故郷を離れざるを得なくなっていった。そのような移動は口減らしにつながると同時に、土地をもたない人々、債務を負った人々にとっては貴重な補助的収入源となり、命をつなぐ安全弁となっていたのである。

1868（明治元）年には、いわゆる「元年者」がハワイに移民として渡っていった。1885年にはハワイへの「官約移民」[6]が行われ、日本人の海外移住が本格的に始まった。さらに1908年にはブラジルへの移民も始まった。明治末期には「からゆきさん」と呼ばれた女性たちが、中国大陸や東南アジアに渡っていった。アメリカでは急増した日本からの移民を制限するための排日移民法が1924年に成立している。

第一次世界大戦が終わると日本は戦後恐慌、関東大震災後の金融恐慌、世界恐慌に続く昭和恐慌などによる深刻な不況のため、中小企業は相次いで倒産し、失業者は100万人を超えた。この間にブラジルへの移民は急増し、1931年の満州事変のあとは中国東北地方（満州）への移民が終戦まで続けられることとなった。

現在、ハワイにおいては日系人が総人口の約4分の1を占めるといわれており[7]、ハワイのあらゆる職業分野に進出している。ブラジルにおける日系人は最初コーヒー農園などで働いていたが、やがて自立し日本人コミュニティを形成している。現在ではその数は約140万人にのぼるといわれており[8]、海外で最も日系人の多い国となっている。中国東北部（満州）への移民の多くは、1945年8月9日のソ連参戦以降の混乱のなかで日本へ帰国したが、中国人の妻になった女性、両親と生死別した子どもたち、また引き揚げ船の情報を得ることができなかった人々などはやむをえず中国に残留しなければならなかった。「中国残留日本人」と呼ばれる人々である。

(2) 在日コリアン

　日清・日露戦争を経て，1910年に朝鮮半島が日本の植民地とされた。いわゆる韓国併合であり，この時からコリアンは「帝国臣民」とされた。植民地支配下での朝鮮半島では，土地調査事業による土地の国有化や地主・小作制度により経済的に困窮した多くの農民が生活の糧を求めて渡日を余儀なくされることとなった。渡日したコリアンの職業の大部分は，大工や雑役人夫など低賃金の肉体労働であった。そして，今でいう3K労働（きつい・汚い・危険な労働）に就いた彼らには，日本人労働者と同じ労働をしていたにもかかわらず，その賃金は日本人労働者の50～70％しか支払われなかったこともあった。また，コリアンは借家を借りることを拒否されることも多く，そのような人々は住居に適さない水はけの悪い土地に粗末な仮小屋を建てて住まざるをえなかったのである。1944年には日本国内の労働力不足を補うため，「徴用」として強制連行され，日本各地の炭鉱，鉱山，軍需工場，港湾，飛行場建設，道路工事などで重労働を強いられるようになった。そしてそれぞれの仕事場では，落盤やガス爆発などさまざまな事故で多くの死者や障害を負う人もあり，過酷な労働に耐えられず逃亡すると見せしめにリンチが加えられることもあった[9]。

　このようにして多くのコリアンが日本に住むことになり，1945年には在日コリアンの数は約210万人にのぼったが，日本の敗戦と朝鮮半島の独立とともにその多くが帰国した。しかし，朝鮮半島での生活基盤を失ったことや，日本ですでに生活基盤を築いていたことなどの理由から，また政情不安により帰国できない人も含めて，1946年当時，約60万人が日本に残ったといわれている[10]。

　戦後，日本に残ったコリアンに対し，日本政府はそれまで植民地政策下のコリアンに与えられていた選挙権を奪った。近い将来日本国籍を喪失するであろうコリアンにそのまま選挙権の行使を認めることはできないと判断したのである。そしてその根拠として，彼らが日本における戸籍をもっていないことをあげている。コリアンは「帝国臣民」ではあったが，戸籍は朝鮮にあり，日本に

住んでいても日本に転籍することは禁じられていたのであった。1945年12月に衆議院議員選挙法の改正が行われたとき，日本に戸籍をもたない者の選挙権および被選挙権を停止するという附則が加えられた。このことは在日コリアンの地位が「帝国臣民」から「外国人」へと変化した第一歩であった。

続いて1947年5月2日には外国人登録令が公布施行され，在日コリアンは外国人登録を行うことが義務づけられることとなった。また，同時に外国人登録証明書の携帯，提示義務も課せられることとなった。

そして1952年4月28日，サンフランシスコ平和条約の発効の日，つまり日本の占領が解かれると同時に在日コリアンは，一方的な通達によって日本国籍を剥奪されることとなる。その後，在日コリアンは外国人としてさまざまな制限を受け，排除の対象とされることになるのである。

しかし，このように外国人として排除されるようになった在日コリアンではあるが，日本人と同一であることを要求されることもあった。それは民族教育の否定というかたちで表された。戦前は皇民化政策のもと，名前が日本風に変えさせられ，朝鮮語の使用も禁止された。その結果，ハングルも知らなければ朝鮮民族の歴史や文化も知らない子どもがたくさん生み出されることとなった。そこで戦後，在日コリアンたちは奪われた文化や民族性を取り戻そうと，日本の各地で寺子屋式の朝鮮語講習所を開設した。そして，それはやがて民族学級や民族学校へと発展していった。しかし，文部省（当時）は1948年，コリアンも日本人同様，市町村立または私立の小・中学校への就学義務があるという通達を出したのである。これに対して，在日コリアンは激しい反対運動を起こしたが弾圧され，その後民族学校に対しては閉鎖ないし改組の命令が出されることとなる。そして多くの在日コリアンの子どもたちは日本の学校に通うこととなった。つまり在日コリアンは「外国人」とされながらも「日本人」に同化することを強いられたのであった。

また，紙面の関係でふれることはできなかったが，日本の植民地支配下にあった台湾から渡日した台湾人も同様の経験をしていることも忘れてはならな

(3) 定住化する外国人

　現在，わが国における外国人登録者数は，一貫して増加傾向にあり，2004（平成16）年には全国で200万人を超えたといわれている。その外国人登録者の内訳は表8-2のとおりである。

　これらの定住化する外国人はいつごろ，どのようなかたちで日本にやってきたのであろうか。その流入の時期と形態について以下のように大まかに整理した。

　第1期は，日本の高度経済成長が終わるころから，ニクソンショック，オイルショックという二つのショックに伴う経済不況から立ち直るまでの時期である。この時期に流入してきたグループのうちから次の二つを取り上げ，検討してみよう。

　最初のグループは1970年代末ごろから来日した，女性を主とした労働者である。「じゃぱゆきさん」と呼ばれた彼女たちは，フィリピンやタイ，台湾など東アジアや東南アジアから来日した。彼女たちの多くはエンターテイナーとして働くという契約で来日したのであったが，その約束とは裏腹に風俗関連産業で接客をさせられることとなった。なかには人身売買の被害者となった女性もいる。そして残念なことではあるが，その状況は現在もなお引き継がれているのである。

　また，過疎化した農山村ではその嫁不足を補うために，斡旋業者を通じて国際結婚が行われることもしばしばあった。つまり，第1期の最初は女性流入の時期であったといえよう。

　もう一つのグループは，1972年の日中国交正常化を受けて，1973年から日本に永住帰国した「中国残留日本人」である。なお本章において「中国残留日本人」とは，「中国（主に現在の東北地方）において1945年8月9日のソ連の対日参戦時後の混乱等の状況のもとで，日本人の両親と生別および死別した者

第8章 人の移動

表 8-2 国籍（出身地）別在留資格（在留目的）別外国人登録者数

(2006年末現在)

在留資格＼国名	教授・芸術・宗教・報道	人文知識・国際業務・企業内転勤・技能	投資経営・法律会計業務・医療・研究・教育	興業	研修	留学・就学	家族滞在	短期滞在	日本人の配偶者等	永住者の配偶者等	特別永住者	その他	総数
韓国・朝鮮	10,279	9,628		450	139	25,351	17,070	7,250	22,429	2,652	438,974	63,997	598,219
中国	23,068	35,837		2,153	52,901	109,755	39,478	9,026	55,860	4,301	3,086	225,276	560,741
ベトナム	1,035	489		8	5,148	3,477	531	616	1,431	541	—	19,209	32,485
ラオス	33	12		—	56	292	77	247	100	68	—	1,593	2,478
カンボジア	34	14		—	90	322	63	14	132	54	—	1,630	2,353
インドネシア	503	325		787	4,407	2,010	1,509	1,281	3,009	62	4	10,961	24,858
ビルマ(ミャンマー)	195	261		2	191	1,210	354	1,110	526	34	3	2,028	5,914
タイ	494	1,265		215	2,121	2,815	503	2,688	10,405	184	12	18,916	39,618
フィリピン	2,061	1,695		14,149	3,738	839	1,590	12,732	49,195	1,570	39	105,880	193,488
マレーシア	526	551		21	230	2,283	848	923	774	24	7	1,715	7,902
バングラデシュ	635	717		5	94	2,227	1,812	1,125	580	96	—	4,038	11,329
パキスタン	446	668		6	32	170	1,049	1,239	1,225	184	3	4,064	9,086
イラン	163	80		2	5	250	367	755	855	83	10	2,628	5,198
ブラジル	259	277		230	99	422	492	836	74,001	1,021	23	235,319	312,979
ペルー	33	41		4	62	121	63	3,319	6,430	920	6	47,722	58,721
アメリカ	9,773	9,703		284	21	2,375	5,891	755	9,076	148	461	12,834	51,321
その他	18,976	27,643		2,746	1,185	14,591	19,647	12,533	24,927	955	416	44,610	168,229
総計	68,513	89,206		21,062	70,519	168,510	91,344	56,449	260,955	12,897	443,044	802,420	2,084,919

(出所：財団法人入管協会『平成19年度在留外国人統計』2007年より作成)

表8-3 定住化する外国人の流入時期と形態

	時　　期	形　　態
第1期	1970年末〜1980年代前半	・風俗関連産業に従事する女性 ・インドシナ難民，条約難民 ・中国残留日本人 ・欧米系ビジネスマン ・外国人研修生
第2期	1980年後半〜1990年初頭	・アジア系系外国人労働者 ・日系人労働者

(出所：駒井洋「新来外国人の実態」『新来・定住外国人がわかる事典』より作成)

で，当時から引き続き中国に残留し成長した人」のことをいうものとする。

彼らに対し厚生省（当時）は1996年度までに帰国希望者すべてを国費帰国させる計画を出した。そしてそれに伴い1994年には「中国残留邦人等の円滑な帰国促進及び永住帰国後の自立の支援に関する法律」（帰国者支援法）が制定され，高齢の中国在留日本人は子世帯（二・三世）を同伴して帰国できるようになった[11]。

しかし，「中国残留日本人」は帰国時すでに50歳以上の高齢になっており，中国での生活環境とはまったく異なる日本での新しい生活になじめない人も多かった。そのようななかで「中国に置き去りにされ，帰国後も苦しい生活を強いられているのは国の責任」として，2200人の「中国残留日本人」が損害賠償を求めて全国15の裁判所に提訴した。

また，二世・三世は「自分は日本人だ」と確信している一世と違い，自分たちが日本人であるのか中国人であるのかという，自らのアイデンティティの揺らぎに悩んでいる人も多い。

第2期は1980年代の後半からバブルが崩壊する1990年までの時期である。1985年のプラザ合意以後の円高が進むなかで，大量の外国人労働者がパキスタンやバングラデシュ，イランなどのアジア諸国から流入してきた。また，1980年代後半の好景気は大手自動車，電気関係，建設・土木などの下請け企

第 8 章　人の移動

神戸市のモスクに集まる神戸在住のイスラム教徒
（撮影：小林裕幸）

業や中小零細企業の労働者不足問題を深刻化させており，外国人労働者に対する需要は一気に高まった。

　しかし，それらアジア系労働者の大部分が従事したのは，日本人労働者に敬遠され人手不足になっていた3K労働の非正規就労であった。なぜなら，日本政府は外国人の国内での就労を原則的には認めていないからである。つまり，彼らは「不法就労」者として働くこととなり，そこにつけ込んだ雇用主は彼らを無権利状態や低賃金，長時間労働など過酷な労働条件のもとで働かせたのであった。そしてその結果労働災害が多発し，そのことは当時，社会的問題となった。

　その後，1990年6月，改定し入国管理法が施行されたことにより，外国籍の日系二世・三世の日本滞在が「日本人の配偶者等」および「定住者」の資格で許可されるようになった。規制が強化されたアジア系非正規労働者の代わりに，かつて海外に移住した日本人の子孫のみが合法的な労働者として受け入れられるようになったのである。そしてその結果，ブラジルを中心とするラテンアメリカ諸国から日系人が大量に流入することとなった。

　とくにブラジルでは，1985年に軍事政権が終わったあと，対外債務の増加

や輸出品の国際競争力の低下により，国内経済は危機的状況に陥っていた。生活環境がますます悪化するなかで，アメリカやヨーロッパ，日本へと出稼ぎに行くブラジル人が増えていった。そのような状況にあるブラジルにおいて，労働力の不足に悩んでいた日本企業が積極的に日本向け労働者の募集を行ったということもあり，日系ブラジル人の日本への流入は急増した[12]。「デカセギ」はブラジル人が使うポルトガル語にもなっている。こうして来日した日系ブラジル人は1990年代当初，愛知県（とくに豊田市と豊橋市），静岡県（とくに浜松市），群馬県（とくに太田市と大泉市）など自動車産業や電機産業の工場が集中している地域に集まって住んだ。そして，彼らの多くは一定の収入を得ると本国へ帰国していった。

しかし1990年代半ば，つまりバブルが崩壊してからの平成不況のもとで，彼らは以前のような収入を得るためには時間がかかり，やがて定住を余儀なくされるようになっていった。雇用状況も悪化し，彼らは仕事を求めて全国に拡散し，その多くは3K労働に就かなければならなくなった。ここで彼らにとって大きな問題となったのは，日本企業が彼らをその学歴や能力で判断するのではなく，日本語能力や日本文化への親密度から判断して仕事を与えることが多かったということである。本国で教師やエンジニアなどをやっていた高学歴の者が，特別な技術をもたない労働者と同様に扱われた。このため，やりがいや生きがいを見いだすことができずに悩む人々が増加することとなり，その問題は今も解決されていない。

(4) 難　民

1975年ベトナムを脱出したボートピープル9名がアメリカ船に救助され，千葉港に到着した。日本に到着した最初のベトナム難民であった彼らに対して，日本政府は「水難上陸」の許可しか与えなかった。その後も何組かのベトナム難民が日本にたどり着いたが，いずれも第三国への出国までの「一時滞在」が許可されたにすぎなかった。

そういった日本政府の態度に対して内外から厳しい批判が寄せられ，日本政府は「一時滞在」を認めるだけではすまなくなった。そのため1978年，日本政府はついに閣議了解により日本に「一時滞在」するベトナム難民の「定住許可」を認めた。そして1979年には「500人」の定住枠を設け，その対象もベトナム難民からインドシナ難民に拡大した[13]。また，海外のキャンプに滞在するインドシナ難民の受け入れも開始することとなった。
　このように難民を受け入れるようになった日本政府は，人権に関する国際条約にも加入せざるをえなくなり，1979年国際人権規約に加入，1981年には難民条約に批准（1982年発効）し，難民認定制度を設けることとなった。つまり，日本政府が受け入れる難民はインドシナ難民だけではなく，条約難民[14]も受け入れるようになったのである。
　また，難民条約への批准は定住外国人に社会保障の道を開くことにもなった。なぜなら難民条約は社会保障について，難民に対しては「自国民に与える待遇と同一の待遇を与え」ることを原則としており（第24条），排外的であった日本政府はこの条文に適応するように国内法の改正を余儀なくされたからである。そして1982年，国民年金法などの国籍条項が撤廃され，在日コリアンをはじめとする定住外国人は年金に加入することができるようになったのであった。しかし，このことに関して問題点もある。それは経過措置がとられなかったということである。そのため，国籍条項が撤廃された時点で，すでに35歳を越えている外国人および20歳を越えている外国人障害者は年金をもらうことができず，その問題解決に向けての訴訟は2008年現在も継続中である。
　このような経緯のうえに，現在日本には1万1000人以上の難民がいる。ボートピープル，また彼らの呼び寄せにより日本に来た人，法務大臣により難民と認められた人，日本で生まれた難民の子どもたちなど，それぞれがさまざまな経験をして，今日本で生活をしている。しかし彼らの多くはなんらかの問題に直面しているといえる。たとえば就職差別や入居拒否にあうことは珍しいことではない。学校においては学習言語が十分に理解できないために学業不振に

陥ったり，いじめにあうケースもある。家庭においても日本で育った子どもとその親との間にはコミュニケーション・ギャップも生じている。もちろん，こういった問題は日本に仕事を求めてやってきた外国人労働者にも当てはまることであろう。しかし，難民の場合は日本での生活がどんなに辛くとも，母国の情勢が変わらない限り帰国することはできないのである。

東シナ海で救助された難民船（写真提供：難民事業本部）

4 日本における多文化共生社会の実現に向けて

　このように日本社会はさまざまな人々の移動によりかたちづくられてきたといっても過言ではない。しかしこれまで私たちは，日本が単一民族国家であるという迷信を信じ，自分たちの都合のいいように外国にルーツをもつ人々に同化を強要し，またある時は排除してきた。つまり，私たちは「人の移動」による影響を受けながら日本文化が築かれてきたという事実から目を背け，外国にルーツをもつ人との接触をできるだけ避けようとしてきたのである。

　今，日本において多文化共生社会の実現に向けての努力が求められている。では，具体的に私たちは今，何をすることができるだろうか。それは「みんなで仲良く暮らそう」というような表面的なことではないはずである。意見や考え方が違う人，異なった習慣をもつ人，一緒にいると居心地の悪い人とでもともに暮らしていこうという覚悟がまず必要なのではないだろうか。そして，そのうえで現実に生起する個人間および集団間にある社会的な不平等や差別など

第8章　人の移動

の問題を明らかにし，その問題の解決をともに考える場をつくろうとする努力が求められているのではないだろうか。

　私たちにとって不都合なことに目を背けず，耳を傾け，自分たちの社会のあり方を変えていく取組みこそが，多文化共生社会を築くために求められていることなのであろう。

[山中　信幸]

学習を深めるための課題

(1) 日本にいる「無国籍者」とはどのような人のことをいうのか，具体的に調べなさい。
(2) 2006年の通常国会において成立した「改正入管法」の内容について調べなさい。またその問題点について述べなさい。
(3) 日本において多文化共生社会を実現させるために，どのような取組みができるか。具体的なアクションプランを述べなさい。

注
(1) Jimmy Bosco Oryema「決して忘れない日」『傾いた鳥かご　アフリカ難民達が綴る詩と物語』わかちあいプロジェクト，2000年，111-113頁
(2) 杉原薫「近代世界システムと人間の移動」『岩波講座　世界歴史　19　移動と移民—地域を結ぶダイナミズム』岩波書店，1999年，6頁
(3) 前掲 (2)
(4) 栗野鳳編『難民　移動を強いられた人々』アジア経済研究所，1992年，3-4頁
(5) 井口泰『外国人労働者新時代』ちくま新書，2001年，50頁
(6) 日本とハワイの政府間の契約により進められた移民。1894年までの9年間に合計26回，総計2万9084人が日本からハワイに渡った。
(7) 山中速人『ハワイ』岩波新書，1993年，138頁
(8) 財団法人海外日系人協会発表（2004年現在）。海外の日系人の人数についてはホームページ（http://www.jadesas.or.jp/aboutnikkei/index.html）で調べることができる。
(9) 日高六郎監修『国際化時代の人権入門』社団法人神奈川人権センター，1996年，28-29頁
(10) 愼あやこ「在日コリアン」『多文化共生キーワード事典』明石書店，2004年，55頁
(11) 厚生労働省は中国残留日本人とその養父母，配偶者及び二世・三世となる子どもた

ちを含む全家族に対する総称を「中国帰国者」としている。
(12) 独立行政法人労働政策研究所海外労働情報によると，ブラジル人の外国人登録者数は，1990 年の約 12 万人から 2003 年には約 28 万人になった。この数にブラジルに帰国した者の数約 14 万人を加えると，ブラジルの日系人 130 万人の約 3 分の 1 がデカセギ経験者であるということになる。
(13) 日本政府は定住枠をその後徐々に拡大し，1994 年には 10,000 人の枠もはずし，以後枠を設けることなく受け入れることとした。その後離散家族の呼び寄せも行われるなかで，1 万 1319 人 (2005 年度，外務省発表) のインドシナ難民を受け入れている。
(14) 法務大臣により難民認定を受けた難民を条約難民という。日本政府は条約難民の受け入れに対してはあまり積極的ではなく，1982 年から 2006 年までの間に 4882 人が難民申請をしたが，認定者数は 410 人にとどまっている (2006 年 12 月 31 日現在，法務省入国管理局 統計)。

参考文献

Guy Richard 監修，藤野邦夫訳『移民の一万年史　人口移動・遙かなる民族の旅』新評論，2002 年
小倉充夫編『国際移動論　移民・移動の国際社会学』三嶺書房，1997 年
杉原薫「近代世界システムと人間の移動」『岩波講座　世界歴史 19　移動と移民――地域を結ぶダイナミズム』岩波書店，1999 年
小林孝信『民族の歴史を旅する　民族移動史』明石書店，1996 年
Mike Parnwell 著，古賀正則監訳『第三世界と人口移動』古今書院，1996 年
日高六郎監修『国際化時代の人権入門』社団法人　神奈川人権センター，1996 年
田中宏『在日外国人新版――法の壁，心の溝――』岩波新書，1996 年
駒井洋編『新来・定住外国人がわかる事典』明石書店，1997 年
多文化共生キーワード事典編集委員会編『多文化共生キーワード事典』明石書店，2004 年
中島智子『多文化教育と在日朝鮮人教育』全朝教ブックレット，1995 年
『詳説日本史教授資料』編集部『詳説日本史教授資料』山川出版社，1996 年
山中速人『ハワイ』岩波新書，1993 年
矢口祐人『ハワイの歴史と文化　悲劇と誇りのモザイクの中で』中公新書，2002 年
中岡三益編『難民移民出稼ぎ　人々は国境を越えて移動する』東洋経済，1991 年
わかちあいプロジェクト『傾いた鳥かご　アフリカ難民達が綴る詩と物語』わかちあいプロジェクト，2000 年
栗野鳳編『難民　移動を強いられた人々』アジア経済研究所，1992 年
緒方貞子監修，創価学会青年平和会議訳『難民化の力学　人はなぜ追い立てられるのか』第三文明社，1991 年
アムネスティ・インターナショナル日本支部『難民からみる世界と日本　アムネスティ・インターナショナル日本支部人権講座講演録』現代人文社，1998 年
梓澤和幸『在日外国人　弁護の立場から』筑摩書房，2000 年

第8章　人の移動

井口泰『外国人労働者新時代』ちくま新書，2001年
会沢勲編著『アジアの交差点　在日外国人と地域社会』社会評論社，2000年
山田鐐・黒木忠正『わかりやすい入管法』有斐閣リブレ，2004年
藤原孝章『グローバル時代の国際理解教育　外国人労働者問題をどう教えるか』明石書店，1994年
DAWN編 DAWN-Japan訳『フィリピン女性エンターティナーの夢と現実　マニラ，そして東京に生きる』明石書店，2006年
仲原良二『知ってますか？　在日外国人と参政権　一問一答』解放出版会，2000年
財団法人 入管協会『平成19年度在留外国人統計』財団法人 入管協会，2007年

教材紹介

多文化共生を考えるワークショップ「ビンくんに何が起きたのか？」

「ピン君に何が起きたのか？」は参加者が「新任採用され中学3年生の担任となった教師」の役割を担うロールプレイである。参加者が担当するクラスには，ピン君というベトナム人の生徒がおり，野球部に所属する将来有望な選手として高校からも注目されている。しかし，そのピン君はゴールデンウィークのあと，突然学校に来なくなり，家庭訪問をしても会えなくなってしまう。その後，ピン君は学校に出てくるようになるものの，休んでいた理由は話してくれない。そこで担任教師は最近のピン君のことを知るために，ピン君の周囲の人々に対して聞き取り調査をするというストーリーである。

「ビン君の周辺の人々の言葉」

ビンの父親　トアンさん
　私は，毎日残業（ざんぎょう）で，家に帰るのはいつも9時頃になります。夜勤（やきん）の時は，昼間は寝ています。妻は仕事から帰ると，食事を作ってくれます。食事は私が帰るのを待って，みんなでそろってから食べるようにしています。でも，家族では話はしません。なぜなら，子どもたちはあまりベトナム語があまりわからないからです。私たちも，あまり日本語は上手で話せないですし…．

弟タン君の友達
　タン君は最近，クラスの何人（なんにん）からいじめられていました。いつも「おまえは何で日本にいるんだ？ベトナムへ帰れ！」って言われてました。この前の遠足（えんそく）の時，「お弁当がくさい」って言われて，それからずっと，嫌（いや）がらせを受けているみたいです。昨日も泣いていました。

ビン君の母親　ミーさん
　あの子の父親は，いつも夜帰ってくると，食事を食べながらお酒を飲みます。そしてお酒を飲むと，ベトナムにいた頃のことを思い出して，愚痴（ぐち）を言うんです。時には泣き出すこともあります。あの子の父親は，ベトナムにいた頃は，設計技師をしてました。あの人もその仕事を誇（ほこ）りにしてました。でも，今の仕事には誇りは持てないようです。「もう一度，昔のような仕事をしたい。」ってよく言ってます。そんな父親の姿をあの子はあんまりよく思っていないんですよ。情けないって思っているのかもしれません。

ビン君の友達
　ビン君はこのごろ，元気がないんだよね。最近，ビン君のいとこがぐれてしまったんだって。そのいとこは中学を卒業してから，ぶらぶらしてたみたい。暴走族（ぼうそうぞく）の仲間とつるんで，どうも麻薬をしてるみたいだってビン君が言ってたよ。ビン君はそのいとこのことが大好きだったんだって。小さい頃，ビン君に野球を教えてくれたのも，そのいとこなんだって。それでね，「俺たちベトナム人って，どんなにがんばってもだめなのかなぁ。」って寂しそうに言ってたよ。

ビン君のバイト先の社長
　ビンはほんとによく働いてくれるよ。そうそう，今年のテトの祭りの時には，ちょっとした騒ぎがあってね。自治会長さんが，気を利かしてベトナムの大使（たいし）を招待したんだよ。そしたらね。ベトナム人が大騒ぎをしだしてね。なんでも，難民としてきているベトナム人っていうのは，今のベトナム政府のことを認めていないんだってさ。自分たちの敵だっていうんだよ。ビン君は，それをじっと見ていて，その後，「僕は何人（なんじん）なんだろう」って考え込んでいたよ。

野球部の顧問の教師
　去年のことなんだけど，彼の父親と野球部の保護者会とがもめたことがあったんだ。だいじな試合の時に，保護者会で応援用の小さなベトナムの国旗（こっき）を作ってくれたんだよ。ところが，お父さんは突然，怒り出したんだ。「こんな旗を振ってもらっても応援にはならない。あなた達は何を考えているんだ。私たちはこの政府に，国を追い出されたんだ！！」って。保護者会の皆さんは，あわててその旗を回収して，会長さんが，お父さんに謝ったんだ。

　ビン君の父親・母親・友だちなどから最近のビン君の様子を聞いていくうちに，ベトナム難民として日本で生活する人々が直面するさまざまな問題が明らかになる。そこで参加者は彼らがどんな問題に直面しており，その問題を解決するために何が必要かについて考える。そして，彼らが直面している問題を自分自身の問題としてとらえることの重要性を確認する。

第 8 章　人の移動

[参加者の感想]
○難民の方や，開発途上国の人たちへの支援は，「かわいそうだから」「貧しいから」という同情的な感覚で考えてしまう傾向があります。あらためて，相手の立場を考え，自己発展していける支援の大切さを感じました。ピン君のワークショップでは，情報収集し，分析し，方策を考えるという流れがよかったです。ピン君の姿が想像しやすく考えやすかったです。
○日本では難民認定の基準が厳しく，難民といわれる人の数はそれほど多くないのかもしれない。でも，同じような問題が外国人労働者やニューカマーの問題として起こっているので今後も考えていかなくてはならないと思った。
○あらためて解決が難しい問題だと感じた。実際に同じようなことが起こったときに，個人で悩まずに共に話し合い，解決していこうとする仲間を増やしたいと切実に思っている。担当者任せにする傾向があるので。

第9章
子ども

　1996年4月，私はインドのバンガロールで働く子どもたちの全国大会に参加した。主催は，CWC (The Concerned for Working Children) とビマサンガ。CWCは，インドのローカルNGOで，子ども主体の理念に基づいてインドの児童労働問題に取り組んでいる。ビマサンガはCWCから支援を受けてつくられた働く子どもの団体だ。

　バンガロールは，インドのシリコンバレーと呼ばれているほどIT産業が発達している都市で，カルナタカ州の州都である。しかしこの町にも働く子どもたちはたくさんいる（2006年現在，NGOによるとインドには4000万人の児童労働者がいるといわれている。）

　ここで開かれた大会に，州内から40のグループ，州外からは35のグループが参加し，合計3000人の働く子どもたちが集った。子どもたちが自分たちの体験や，自分たちの直面している問題をどのように解決したらいいかを話し合っていたのだが，そのときに子どもの参加の権利が保障されている場面を目のあたりにしたことは，私が『子ども参加』を提唱していく大きなきっかけとなった。

　国連子どもの権利条約では，子どもに意見表明権（第12条）と集会・結社の自由（第15条）を認めている。その集会で中心的な役割を担って

第9章　子ども

地元で開いた「働く子どもたちの国際会議」に参加するビマサンガの子どもたち（写真提供：©CWC）

いたおとなの多くが，この二つの子どもの権利を最大限尊重していた。カルナタカ州以外の地域からきた子どもたちには，おとなが付き添ってきていた。そして，子どもたちが意見を述べているとき，ついついそうしたおとなも意見を言いだす場面があった。しかしそれに対して，ほかの団体のおとなが「この集会は子どもたちのための集会だ。おとなは口をはさまず，子どもの意見を聴かなくてはいけない」とすばやく制していたのだ。

　さらに，別のセッションでは，ある自治体におけるストリートチルドレンのための事業予算についておとなが説明していた。そのような情報を得た子どもたちが自治体の施策について，自分たちストリートチルドレンにとって必要なものはもっとほかのところにある，と堂々と意見を述べていたのもとても印象的だった。そのときのおとなは，子どもの権利条約の子どもが適切な情報を十分に受ける権利（第17条）を保障していたわけだが，子どもが意見を述べるようになるためには，このように「適切な」情報を「十分」提供されることが不可欠であることを，その後，何度もこの場面を思い出すことで確認している。

　子どもの権利条約が国連で制定されたのは1989年。インドが批准したのは1994年なので，当時は，インドのNGOのなかでも，子どもを支援の対象としてしかみていないNGOがまだ多かったと思う。まだ子ども参加の実践も少ないなか，子どもの意見表明権を保障するとはどういうこ

とを意味するのか，十分理解していなかったNGOスタッフも多かったのではないだろうか。そんななかで，CWCなど子どもの参加をすでに実践していたいくつかのNGOでは，豊かな経験をもとに子どもが自由に意見を述べられるような機会を保障し，そのための情報を提供することが自然にできていたのだろうと想像する。あとからふりかえってみるとその実践の差が，おとなたちの態度の差に表れていたように思う。そして，そういうおとなが子どもの参加の権利を実現しようとしている環境では，子どもがじつに活き活きとし，自信に溢れていた。この大会の最後にピマサンガの代表の14歳の女の子，ラクシュミは，次のように発言していた。

「今回はおとなにたくさん助けてもらったけど，今度大会を開くときは自分たち子どもだけでやろう」

子どもの権利条約が制定されて以来，子どもの参加の権利を保障しようと各国のNGOでは努力と実践を重ねている。生きる権利，発達する権利，保護される権利の領域においては比較的子どもの権利が保障されている日本だが，こと子どもの参加の権利となると非常に理解が遅れているし，子どもに参加する力なんてあるのかと反論されることが多い。そのたびに，私は，インドで出会った働く子どもたちやさまざまな場所で意見を表明し，問題を解決しようとしている子どもたちのことを思い浮かべ，多くの人が社会参加する子どもたちに直接出会ってほしいと強く願うのである。

---

1 子どもの権利条約と子どものおかれている状況

1989年，国連で採択された子どもの権利条約は，現在，締約している国と地域の数が193となり，国際条約のなかで最も支持されている条約である[1]。条約は54条からなり，最初の40条には子どもに保障されている権利の一つひ

とつが記されており，41条以降はさまざまな手続きを定めている。

　子どもの権利は，第一次世界大戦後のジュネーブ宣言（1929年），第二次世界大戦後の子どもの権利宣言（1959年）という国際的な場で謳われてきた。子どもの権利条約がこれらの宣言と違うのは，締約国に対して法的拘束力があり，条約は憲法と同様に遵守されなければならないということである。さらに，この条約を批准した政府は，その国で子どもの権利をどのように実施したかについて，定期的に国連子どもの権利委員会に報告する義務がある。そして子どもの権利委員会は各国政府から出された報告書だけでなく，市民から出された報告書も審査し，各国政府に改善点について勧告をする。この総括所見（最終見解）は，法的拘束力をもたないが，子どもの権利をどこまでどのように実施すべきか，ということに関する国際的な水準が反映されており，条約締約国として道義的責務から尊重されるべきものなのである。

　子どもの権利条約は，世界の子どもの状況を示すインデックスとしてもみなすことができる。つまり，各条文で示された権利を一つひとつ見ることによって，世界ではどのような子どもの権利侵害が起きているかがわかる。たとえば，第32条の経済的搾取から保護される権利の条文や第38条の武力戦争から保護される権利の条文があることを知ることで，世界には経済的に搾取されたり武力紛争に使われたりする子どもがまだまだ数多くいることを知ることができるのである。

　子どもの権利条約の最も大きな特徴は，子どもを権利行使の主体とみなしていることである。前文には，子どもの権利保障のために国際協力が必要だと明記されているが，この条約がきっかけとなり，「慈善型」国際協力が「権利保障型」国際協力へと変わっていった。

　子どもの権利をベースにしたアプローチ（ライツ・ベース・アプローチ）は，ユニセフなどが2000年代初めごろから提唱してきたものである。

　このアプローチは，第1に，国際人権の原則（説明責任，不可分性，普遍性，参加）に基づいて働きかけることであり，従来のニーズに基づいたアプローチ

に対比される。第2に，「権利保有者 Right-holder」を要求できるようにエンパワーすること，そして第3に，「責務を負っている責務履行者 Duty-bearer」の権利保障の能力をエンパワーすることである。

　子どもの権利ベース・アプローチということでいえば，権利保有者は子どもであり，責務履行者は，親，地域住民，地方自治体，政府，NGO，国連，国際社会など，すべてのおとなということになる。そして，第1点目の原則とは，国連子どもの権利条約[2]に明記されている，1. 差別の禁止（第2条），2. 子どもの最善の利益（第3条），3. 子どもの生きる権利・発達する権利の保障（第6条），4. 子どもの見解を考慮する（第12条）という四つの原則である。この条約を批准した締約国は，開発，国際協力，教育，福祉，立法・行政・司法など施策を進めなければならない。

　このアプローチは，貧しい恵まれない子どもたちにチャリティ的に手を差し伸べるという従来のアプローチに対して，すべての子どもには本来権利があり，それを保障するのは，政府，自治体，市民社会の責務であるという考え方に基づいている。つまり，それまでのようにこれらの子どもたちは貧しいから働かなければならず，学校に行けないのは仕方がないとみなすのではなく，農村やスラムなど最も貧しい子どもたちにとくに焦点をあわせ，それらの権利が実現されていないのはなぜなのかに注目することである。そして，当事者の子どもたち自身が説明責任を求めていく力をもつことができるようにエンパワーしていくこと，および責務履行者である政府や自治体，地域社会，市民社会はその説明責任を果たし，子どもの権利を保障していけるようにその能力を高めていくことが不可欠であるとする考え方である。

2 生きる権利を奪われている子どもたち

　子どもの権利条約第6条では，子どもの生存する権利を保障している。しかし，今でも毎日平均して2万6千人の5歳未満の子どもたちが，多くの場合，

第9章 子ども

表9-1 5歳未満の子どもの地域別死亡率とその推移

	5歳未満死亡率（出生1000人あたりの死亡数）		5歳未満死亡数の年間平均削減率（％）		MDGs目標に向けての前進
	1990年	2006年	1990-2006年の調査値	2007-2015年に求められる数値	
サハラ以南アフリカ	187	160	1.0	10.5	不十分な前進
東部・南部アフリカ	165	131	1.4	9.6	不十分な前進
西部・中部アフリカ	208	186	0.7	11.0	前進なし
中東と北アフリカ	79	46	3.4	6.2	不十分な前進
南アジア	123	83	2.5	7.8	不十分な前進
東アジアと太平洋	55	29	4.0	5.1	達成可能
ラテンアメリカとカリブ海諸国	55	27	4.4	4.3	達成可能
CEE/CIS	53	27	4.2	4.7	達成可能
先進工業国	10	6	3.2	6.6	達成可能
開発途上国	103	79	1.7	9.3	不十分な前進
世界	93	72	1.6	9.4	不十分な前進

（出所：ユニセフ『世界子供白書2008』「子どもの生存　要旨」）

予防できる病気のために亡くなっている。2006年の1年間に亡くなった5歳未満の子どもの数は約970万人である[3]。乳幼児死亡率の削減は，ミレニアム開発目標4（以下MDGs4と表示。62頁参照）の「1990年と比較して5歳未満の死亡率を2015年までに3分の1に削減させる」というものである。しかし，表9-1のように，サハラ以南のアフリカや南アジアなど世界の半分の地域では，この目標を達成するには不十分な進歩しか見られない。

　国ごとに見てみると，1996年から2006年までの十分なデータが存在する191カ国のうち，18％にあたる35カ国の国では前進はしているが，MDGs4を達成するには不十分であり，27カ国では1990年からほとんど前進は見られていないか，横ばいか，1990年よりも増加しているとユニセフは報告している。このため，これらの国でMDGs4を達成しようとするならば，今後毎年10桁

② 生きる権利を奪われている子どもたち

の削減率が求められている。

　5歳未満児の死亡の半分近くは，栄養不良が原因となっている。開発途上国全体で，5歳未満児の4人に1人——約1億4600万人の子ども——が低体重である[4]。栄養不良はもちろん貧困と大きなかかわりがあるが，後発開発途上国50カ国のうち，約3分の1が5歳未満児の死亡率を40％以上削減するのに成功していることからもわかるように，貧困国であっても政治的意志とコミットメントがあれば乳幼児の死亡は減らすことができるのである。その一方で人権への取組みが足りないために乳幼児死亡率が高い地域もある。

　南アジアは，5歳未満児の栄養不良の割合が世界で最も高い地域である。子どもの栄養状態と女性の意思決定権限の間にははっきりとした関係がある。女性の地位が低く，家庭内での意思決定にかかわることができない地域では，女性自身の栄養状態が悪く，子どもの栄養状態をよくするためにお金や食料などを自由に使うことができないことが多い。南アジアでは，2005年に低体重で生まれた子どもの割合が45％にも達しているが，これは世界最高である。そもそも南アジアでは女性の4割から6割が低体重なのだが，この地域の女性は妊娠したあとも十分なケアを受けられないため，栄養状態が悪いまま出産をし，それが低体重の赤ちゃんが生まれる原因となっている。また，この地域で妊産婦死亡率が高いのも妊産婦の栄養状態の悪さが原因の一つである。現在，世界で年間約50万人の女性が妊娠・出産が原因で亡くなっているが，母親を亡くした新生児は，母親がいる新生児よりも2歳になるまでに亡くなる確率が高くなっている。

　さらに児童婚（早婚）の問題は，二重の意味で子どもの生きる権利の侵害と深くかかわっている。まず，早婚は身体が成熟していない少女たちにとって身体的な害を及ぼすが，早すぎる妊娠と出産により，赤ちゃんと母親が死亡する可能性も非常に高くなる。毎年，1400万人の思春期の女子（15〜19歳）が出産していると推定されているが，妊娠に関連した死亡は，世界中の15〜19歳の女子の死因のトップとなっており，15歳未満の少女が妊娠で死亡する確率

第9章 子ども

表 9-2 世界の子どもに関する基本統計

	5歳未満児死亡率の順位	5歳未満児死亡率		乳児死亡率(1歳未満)		新生児死亡率 2000	総人口 (1000人) 2006	年間出生数 (1000人) 2006	5歳未満児の年間死亡率 (1000人) 2006	1人当たりのGNI (米ドル) 2006	出生時の平均余命 (年) 2006	成人の総識字率 (%) 2000-2005	初等教育純就学/出席率 (%) 2000-2006	世帯当たりの所得の分布 (%) 1994-2004	
		1990	2006	1990	2006									最下位40%	最上位20%
オーストラリア	161	10	6	8	5	3	20530	255	2	35990	81	–	91	18x	41x
バングラデシュ	55	149	69	100	52	36	155991	4013	277	480	63	48	81s	21	43
ボリビア	61	125	61	89	50	27	9354	264	16	1100	65	87	78s	7	63
カンボジア	47	116	82	85	65	40	14197	377	31	480	59	74	75s	17	50
中国	101	45	24	36	20	21	1320864	17309	415	2010	73	91	99	13	52
エジプト	81	91	35	67	29	21	74166	1828	64	1350	71	71	94	21	44
エチオピア	30	204	123	122	77	51	81021	3159	389	180	52	36	45s	22	39
フィジー	119	22	18	19	16	9	833	18	0	3300	69	–	96	–	–
ドイツ	175	9	4	7	4	3	82641	683	3	36620	79	–	96	22	37
ホンジュラス	95	58	27	45	23	18	6969	199	5	1200	70	80	79s	11	58
インドネシア	83	91	34	60	26	18	228864	4427	151	1420	70	90	96	20	43
イラン	83	72	34	54	30	22	70270	1407	48	3000	71	82	95	15	50
イスラエル	167	12	5	10	4	4	6810	137	1	18580x	80	–	97	16	45
日本	175	6	4	5	3	2	127953	1087	4	38410	82	–	100	25x	36x
ラオス	50	163	75	120	59	35	5759	156	12	500	64	69	84	20	43
リベリア	5	235	235	157	157	66	3579	184	43	140	45	52	66	–	–
メキシコ	81	53	35	42	29	15	105342	2109	74	7870	76	92	98	13	55
ロシア	125	27	16	23	14	9	143221	1506	24	5780	65	99	92	17	47
タイ	151	31	8	26	7	13	63444	936	7	2990	70	93	98s	16	49
アメリカ	151	12	8	10	6	5	302841	4248	34	44970	78	–	92	16	46

(出所:ユニセフ『世界子ども白書2008』より抜粋)

は20代の女性の5倍にものぼる。そして，母親が18歳未満である場合，その子どもが生後1年以内に亡くなる確率は，20歳以上の母親から生まれた子どもよりも60%も高いのである(5)。

　このように，南アジアで女性の地位が低いことと，子どもの生きる権利の侵害とは深く関連している。この地域，とくにインドでは，女の子の誕生を望まない家庭で，胎児のときに中絶されることが多いが，中絶できない場合，娘が乳幼児のときにさまざまな方法で命を奪われてしまうことがある。たとえ，故意にではなくても，女子（娘）の価値が低いことで，十分な栄養を与えられず，病気のときも薬や保健ケアが与えられず，手遅れになってしまうことがある。このためインドのほとんどの地域では，通常の割合よりも極端に女性の割合が低く，いびつな男女人口比となっている(6)。とくに，パンジャブ州やハリヤナ州など深刻な地域では，男女人口比が1000対793にまで下がり(7)，花嫁の不足が深刻化し，少女たちが売買されて無理やり連れてこられるような状況が生まれている。

③ 発達する権利を奪われている子どもたち

　子どもの権利条約では，すべての子どもに教育を受ける権利（第28条）を保障しており，「2015年までに，世界中のすべての子どもが男女の区別なく初等教育の全課程を修了できるようにする」ことがMDGs2に掲げられている（62頁参照）。しかし，開発途上国では，農村やスラムに住む多くの子どもたちがいまだに小学校へ行くことができないでいる。最近の傾向から見て，初等教育の完全普及に達していない86カ国のうち，58カ国は2015年までにそれを達成できないことが推定されている(8)。

　また，MDGs 3では，「2005年までに初等・中等教育における男女格差を解消を達成し，2015年までにすべての教育レベルにおける男女格差を解消する」と掲げているが，ジェンダー格差は大きく，初等教育に就学する女子のほぼ5

第9章 子ども

人に1人は初等教育を修了することができていない。そして，中等教育を受けるべき年齢できちんと中等教育を受けている女子の割合は43％にすぎない。学校に通うことができない男子100人に対して，学校に行けない女子の数は115人である。

　女子が初等教育を終えることができない理由として，①娘のほうがより大きな家事の負担があること，②娘のほうが早い時期に賃金労働をさせられること，③伝統的価値観により，娘は結婚して家庭に入るために教育を受ける必要はないという考え方があること，などがあげられる。そして，それに加えて，女子が中等教育を受けられない理由として，近くに中等学校がないということがあげられる。中学校が家から遠い場合，思春期に達した娘をもつ親は，性的暴力の危険を心配して学校に送らなくなるのである。また，トイレなどの設備がないために思春期の女子が学校に通いづらくなることも原因としてあげられる。

　しかし，女子に教育の権利を保障することにより，女子のさまざまなほかの権利も保障することが可能になる。第1に，女子が学校に通っている間は，他人の家における家事労働や工場労働など，最悪の形態の児童労働に従事することから守ることができる。また，通学のために児童婚（早婚）を防ぐことができ，それはひいては初産年齢を遅らせること，つまり危険な出産を防止し，生きる権利の保障につながる。

　子どもの教育の権利に関して，子どもの権利条約では（第29条），その教育の内容に関しても「人権の尊重，民族的・文化的アイデンティティおよび，多文化の尊重，平和，男女平等」などを目的として明らかにしており，これは子どもの権利保障全体にとって非常に重要である。たとえば，女子の価値は父親や夫に従うことであるとする伝統的な教えから，女子にも男子と同じ権利があることを学べる教育に変えることによって，女子が自らの命，そして結婚・出産後に生まれてくる子ども，とくに娘の命を守っていくことができるようになる。実際，調査の結果，早婚によって年齢差が大きい夫と結婚する女子や権利

を認められない家庭の女性，教育を受けていない女性は，夫に従い，子どもたちの保健ケアに関して自ら決定できないでいることがわかっている[9]。

4 保護される権利を奪われている子どもたち

(1) 児童労働

　子どもの権利条約では，子どもが経済的搾取・有害労働から保護される権利（第32条）を保障しているが，世界では2億1800万人の子どもたちが児童労働に従事しており，危険で有害な労働に従事している子どもの数は1億2600万人にのぼる[10]。最も多くの子ども（5歳から14歳）が働いている地域は，アジア太平洋地域で，その数は1億2000万人である。子どもの人口の26%，5000万人が働いているサハラ以南アフリカでは子どもが働く割合が最も高い。

　1999年ILOで最悪の形態の児童労働を即時撤廃するための条約182号[11]が採択されたが，その「最悪の形態の児童労働」とは，以下の四つの分野で子どもが働くことと定義されている。①子どもの売買，取引，農奴，強制労働（武力紛争で強制的に使用することも含む）などあらゆる形態の奴隷制度，②売春，ポルノの製造またはわいせつな演技に子どもを使用・あっせん・提供すること，③不正な活動，特に薬物の生産・取引のために子どもを使用・あっせん・提供すること，④子どもの健康，安全，道徳を害する業務やそのおそれのある状況で行われる業務。このうち債務児童労働とは，借金の返済のため奴隷状態で子どもが働かされることであるが，子どもが地主，事業主，金貸し人によって完全に支配されるかたちをとる。インドでは，約1500万人の子どもが，自由を奪われ，レンガづくりや石切りなどの重労働をさせられ事実上奴隷として働かされている。

　児童労働に従事する子どもたちの7割が，農業で農薬や化学薬品を吸い込んだり，危険な機械を動かしたり，炭鉱のように危険な状況で働いている。しかも，この多くが10歳未満の子どもである。子どもは身体的に未成熟なため，

第9章 子ども

おとなよりも労働関連の病気にかかったり，ケガをしやすく，また，自分の仕事にどんなリスクがあるか，おとなほど理解していないことも多い。こうして，子どもたちは身体の一部や視力を失ったり，やけどや皮膚病，呼吸器・消化器の病気を患ったりする。

家庭内労働（家事労働）に従事している子どもは，世界で数百万人に達するとみられているが，公的機関による監視がされないため，雇い主の家族全員に搾取されることが多い。つまり子どもは四六時中待機し，朝は雇用主よりも早く起き，夜は雇用主よりも遅く寝る。賃金を支払われないことや粗末な食事しか与えられないことも多く，学校に通うこともできない。さらには，雇用主の家族からの暴力や性的虐待にあっている場合が多い。

このように，最悪の形態の児童労働に従事している子どもたちは，教育を受ける権利のみならず，遊び，休息する権利（第31条），健康を享受する権利（第24条），虐待から保護される権利（第19条）などさまざまな権利を侵害されているのである。

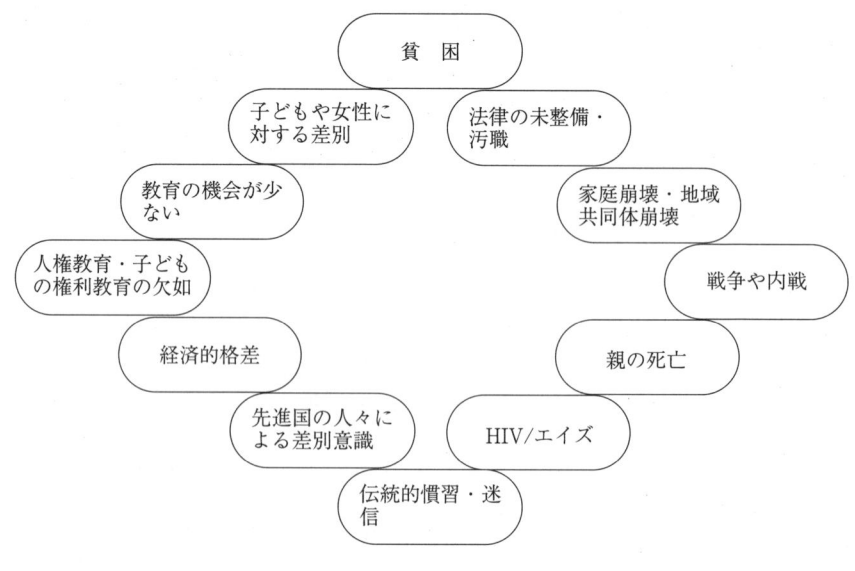

図9-1 子どもの性的搾取の要因

(2) 性的搾取・人身売買

　子どもの権利条約は，子どもが性的搾取・虐待から保護される権利（第34条），および，人身売買から保護される権利（第35条）を保障している。しかし，毎年，推定120万人の子どもが人身売買の被害にあっており，その多くが性産業に売られ，性的搾取されている。子どもたちは国内だけでなく国境を越えて売買され，言葉もわからない国で暴力の恐怖にさらされる。彼女たちの多くが自由を奪われ，性感染症などの病気にかかっても十分な医療サービスを受けることができない。HIV／エイズに感染する子どもも多く，人知れず亡くなってしまうこともある。

　子どもへの性的虐待は，「子どもよりも年長の人が力関係を乱用し，子どもに性的に接触すること，あるいはかかわることすべてをさし，子どもを性的満足の対象として使うこと」と定義されており，性的搾取との違いはほとんどない。それに対して，子どもの商業的性的搾取（Commercial Sexual Exploitation of Children　略してCSEC　シーセックと呼ばれている）については，1996年，ストックホルムの「第1回子どもの商業的性的搾取に反対する会議（ストックホルム会議）」で出された行動アジェンダによると，「子どもの商業的性的搾取は子どもの権利の根本的な侵害であり，子どもあるいは第三者に対する現金またはモノを与える見返りに子どもを性的虐待することで，子どもは性的および商業的対象として扱われる[12]」とあり，通常は，「子ども買春，子どもポルノ[13]，性的目的の人身売買」をさす。このストックホルム会議で子どもの商業的性的搾取がすべての国に存在することを政府は認めざるをえなくなり，各国政府はCSECを廃絶するための国内行動計画[14]を策定することを約束し，子ども買春，子どもポルノを規制する法制化が進んだ。とくに，日本は，この会議でセックスツーリストの送り出し国，および子どもポルノの発信国として国際社会から批判を浴び，これが1999年の「児童買春・ポルノ規制法」の制定につながった[15]。

　しかし，2001年に，横浜で開かれた「第2回子どもの商業的性的搾取に反

対する会議（横浜会議）」では，CSEC問題への取組みが一部では進展しつつも，深刻化している地域が多いことが各国政府，NGO代表から報告された。この会議には，136カ国の政府代表だけではなく，3000人近くのNGOや市民，そして，93名の子ども若者代表が参加し[16]，この問題の解決には子ども若者の参加が欠かせないことが確認された。子どもの商業的性的搾取の被害を受けた子どもたちを単なる被害者とみなすのではなく，サバイバーとして，また，CSECを廃絶する闘いのリーダーとしてみなすことが重要だとされたのである。

今年2008年11月には，各国政府，NGO，国際機関，研究者，メディア，子ども若者代表によってCSECをなくすための詳しい行動計画を立てるために「第3回子どもの商業的性的搾取に反対する会議」がブラジルで開かれる。

(3) 武力紛争における子どもの保護[17]と子ども兵士

子どもの権利条約（第38条）では，15歳未満の子どもが兵士として強制的に採用されたり，戦闘に参加させられたりしない権利を定めている。しかし，その最低年齢が子どもの定義である18歳未満よりも低い15歳未満となっているため，2000年，国連は「武力紛争への子どもの関与に関する子どもの権利条約の選択議定書」を採択した[18]。これによって，戦闘への直接参加および兵士として強制的に集められることが禁止されるのが18歳まで引き上げられた。また，自発的入隊に関しても，最低年齢を子どもの権利条約に定められた年齢から引き上げ，かつ，18歳未満の子どもは特別な保護を受ける権利があることを認めた。

武力紛争において，子どもたちは戦闘に利用されるだけでなく，伝令，運搬，料理，そして性的奴隷としても使われる。こうした子どもたちを家族やコミュニティに戻すため「武装解除・動因解除・社会復帰（DDR）プログラム」が実施されているが，コミュニティの偏見などにより，子どもたちの社会復帰は困難である。とくに拉致などにより強制的に徴用された女子の子ども兵士の

問題は非常に大きい。女子は戦闘員以外の役割を担っているために兵士とみなされないことが多くこうしたプログラムの対象からはずされてしまう。また，彼女たちが囚われの身となっている間に産んだ幼子と一緒に村に戻る場合，「レイプで生まれた子ども」という偏

カンボジアの人身売買防止ネットワーク（写真提供：© 国際子ども権利センター）

見のために家族やコミュニティから拒絶されることがあるのである。

　子どもはあらゆる暴力から保護される権利をもっているが，安全なはずの家庭内で暴力を受ける子どもの数は，毎年 2 億 7500 万人にも上る。前述のジェンダー差別による新生児（女子）殺害，虐待，ネグレクトのほか，家庭で性的暴力の被害に遭う子どもも多い[19]。2006 年に「子どもに対する暴力による調査報告書」が国連から出されたが[20]，報告書では，家庭内暴力や法にふれる行為を犯した子どもたちの施設における暴力にも焦点をあて，いかなる暴力も正当化できないという原則を打ち出している。

5 参加する権利を行使している子どもたち

　子どもの権利条約では，子どもに意見表明権（第 12 条），表現の自由（第 13 条），集会・結社の自由（第 15 条）の権利を保障している。1989 年にこの条約が採択されてから，世界各国で子どもにこの権利を行使することを認め，その機会を提供する努力がなされてきた。とくに児童労働の分野では，働く子どもたちやストリートチルドレンが，国境を越えてネットワークをつくり，話し合い，国際レベルで積極的に ILO の児童労働条約などについて政策提言活動を

第9章　子ども

している。

　働く子どもたちが当事者として意見を表明することを重視してきたNGOは子どもの権利条約が採択される以前からあった。たとえば，インドでは，二つの地域の働く子どもたちが，参加する権利を大切にするNGOの支援によって力を発揮してきた。一つは前述のCWC（1985年設立）によって支援されているカルナタカ州のビマサンガの子どもたちである。このNGOによって機会を与えられた子どもたちは，児童労働を規制する法案が政府に提出される際に意見を述べている。その後，児童労働のない村づくりをめざして，子どもの立候補と投票による「子ども村議会」をつくったり，子どもたち自身で子どもの発達に有害な児童労働とそうでない子どもの仕事の区別を行ってガイドブックをつくったりしている。また，2005年からは児童婚に反対する運動「児童婚にノーと言おう」キャンペーンに子どもたちが参加し，署名を集めたり，カルナタカ州知事にあてて1000通近くの嘆願書やはがきを書いたりしている[21]。

　また，デリーのNGO，バタフライズ（1988年設立）によって支援を受けている働く子どもたちやストリートチルドレンは，集会・結社の権利を行使して，「子ども労働組合」を組織化し，定期的に「子ども評議会」という会合を開いたり，公園で集会を開いたりしている。とくに，自分たちの問題を表現し社会に理解してもらうために，かつては「働く子どもの声」という壁新聞を，現在では，「ナショナル・チルドレンズ・タイムズ」というニュースレターを子どもたち自身で発行している。

　ラテンアメリカのペルーでは，ナソップ（MNNATSOP：ペルー働く子どもと若者の全国運動，1986年設立）に所属する子どもたちが，生活の糧を得て，学校に行けるようになるために適切な仕事を求める運動を行っている。全国で約30以上の子どもと若者の組織をつくり，約1万人が参加している。

　アフリカのセネガルでは，ENDA[22]（1985年設立）というNGOの子ども若者アクションチーム（Children and Youth in Action Team）の子どもたちが児童労働や教育の問題に取り組んでいる。2004年には，セネガルで最も就学率の

⑤ 参加する権利を行使している子どもたち

低い四つの地域に焦点をあてて，調査して作成した地図（「取り残された子どもたちの地図」）を国会に提出したり，大統領に手紙を書いて政策提言活動をし，また，「すべての子どもに教育を」というウォークに参加したり，地域のリーダーと話し合って社会に訴える活動をしている。

子どもの性的搾取，人身売買の分野でも子どもたちが防止活動に参加したり，政策提言を行っている。カンボジアでは，村レベルや学校レベルで子どもたちが人身売買の手口やその危険性，人身売買に関する法律を意識啓発する活動を行っている。また，メコン川流域諸国の6カ国の子どもたちが集まって，2004年にはメコン子どもフォーラムを，2007年にはメコン若者フォーラムを開き，各国政府に対して人身売買の被害者保護や防止策について政策提言活動を行った。

国際レベルでの子ども参加の事例としては，2002年5月には国連子ども特別総会が開かれ，政府代表だけでなく，150カ国以上の国から400名以上の子どもが参加した。子どもたちは3日間にわたり，子どもたちだけの会議「子どもフォーラム」を開催し，世界の大人たちに向けたメッセージ，『A World Fit for Us（わたしたちにふさわしい世界）』をまとめ，そのメッセージを全世界に向けて発信した[23]。

これらの事例で示されているように，子どもの権利を実現するには子どもの声を聴くことが不可欠であることが国際的には認識されており，子どもの権利実施状況のモニタリングにおいても子どもが参加する実践が各国で見られるようになってきている[24]。そして，これらの子ども参加を実現するためには，おとなの能力強化が求められている。

すなわち，一時的ではなく，長期的に子どもの権利を実現する社会を持続できるようにするため，各国政府および子どもにかかわるすべての人々の能力を高め，地域コミュニティの参加を重視する子どもの権利ベースアプローチを採用することが必要とされているのである。

[甲斐田 万智子]

第9章 子ども

> **学習を深めるための課題**
>
> 1. 開発途上国の国一つを選び，その国の子どものおかれている状況を調べ，160, 162頁にある『世界子供白書2008』（表9-1, 2）の資料などを参考にしながら，子どもに関するデータを他国と比較して考察したことを述べなさい。
> 2. 開発途上国の子どもが直面している問題を一つ選び，それが子どもの権利条約で保障されているどの権利の侵害にあたり，誰がその権利の実現に責務を負っていると考えられるかを述べなさい。
> 3. 子どもが参加の権利を行使して，開発の問題を解決している事例を調べて，それがなぜ重要かを述べなさい。

注

(1) 子どもの権利条約条文とその解説は次のサイト（http://www.unicef.or.jp/about_unicef/about_rig.html）で見られる。

(2) 国連子どもの権利条約は1989年に国連で制定され，現在193カ国が批准している（日本は1994年に批准）。

(3) 日本ユニセフ協会『世界子供白書2008年 子どもの生存』2008年，1頁。5歳未満児童の年間死亡数が記録をとりはじめて以来初めて1000万人を下回った。

(4) 日本ユニセフ協会『世界子供白書2007 女性と子ども』2007年, 24頁

(5) 日本ユニセフ協会『世界子供白書2006 存在しない子どもたち』2006年, 45頁

(6) 通常の社会では，男性1000人に対して女性1040人という人口比であるのに対し，インドの全国平均は1000対933。

(7) 2001年の国勢調査。パンジャブ州のパタラのある村では，1000対438まで下がってしまっている（ヒンドゥスタン・タイムズ 'Where have all the girls gone?' 2007年11月11日）。

(8) EFA『グローバルモニタリングレポート2008』4頁（http://jnne.org/img/GMR2008SumJap-1.pdf）

(9) 穂積智夫「女性の社会参加と開発」『NGOが変える南アジア 経済成長から社会発展へ』斉藤千宏編著，コモンズ，1999年。日本ユニセフ協会『世界子供白書2007』26頁

(10) ILO/IPEC, *The end of child labour : within reach*, 2006.「児童労働グローバル・レポート概要」（http://www.ilo.org/public/japanese/region/asro/tokyo/downloads/pr06-grcle.pdf）

(11) 「最悪の形態の児童労働の禁止及び撤廃のための即時の行動に関する条約（第182号）」はILOのホームページ（http://www.ilo.org/public/japanese/region/asro/tokyo/standards/st_c182.htm）で見ることができる（1999年ILO総会で採択。カンボジアは2006年に批准。日本は2001年に批准）。

「就業が認められるための最低年齢に関する条約（第138号）」(http://www.ilo.org/public/japanese/region/asro/tokyo/standards/st_c138.htm)
(12) 外務省の児童の商業的性的搾取に反対する世界会議「宣言」(http://www.mofa.go.jp/mofaj/gaiko/jido/96/index.html) に記載されている以下の訳をわかりやすく言い換えている。「児童の商業的性的搾取は児童の権利の根本的な侵害である。これには，大人による性的虐待及び児童あるいは第三者に対する現金又は現物による報酬を伴うものである。児童は性的及び商業的対象として取り扱われる。児童の商業的性的搾取は，児童に対する強制及び暴力の一形態であり，強制労働及び一種の現代的奴隷制に当たる。」
(13) 横浜会議でのテーマペーパー「児童ポルノとは何か」「性的搾取を目的とした児童のトラフィッキング（密輸）」の訳が外務省の以下のサイト (http://www.mofa.go.jp/mofaj/gaiko/jido/pdf/jido_p.pdf) (http://www.mofa.go.jp/mofaj/gaiko/jido/pdf/jido_t.pdf) でそれぞれ読むことができる。
(14) 日本の国内行動計画は以下のサイト (http://www.mofa.go.jp/mofaj/gaiko/csec01/j_kodo.pdf) で読むことができる。
(15) 行動アジェンダの国別の実施状況については，エクパット・インターナショナルから毎年報告書が出された。そして，2001年に発行された「ストックホルムから5年」では，世界の各地域が行動アジェンダにそれまでの5年間にどのように取り組んできたかを評価している。CSECの世界の取組みに関しては，エクパットインターナショナルのホームページ (http://www.ecpat.net/EI/main/front/index.asp) 参照。
(16) http://www.mofa.go.jp/mofaj/gaiko/csec01/global_comm.html
(17) 武力紛争下の子どもについては，グラサ・マシェルが1996年に調査報告書を国連に提出したが，それに続くものとして，子ども兵士についての報告書が2007年にラディカ・クマラスワミによって国連に提出された (http://www.news.janjan.jp/world/0711/0711045170/1.php)。
1996年の調査報告書の抜粋は次の冊子に記されている。国際連合広報センター『戦争と子どもたち―武力紛争が子どもにおよぼす影響』1996年 (http://www.un.org/children/conflict/english/childsoldiers21.html)。
(18) この選択議定書は次のサイト (http://www.unicef.or.jp/about_unicef/about_rig_pro.html#gitei2) を参照。
(19) 世界保健機構（WHO）が行った調査によると，最高21％にものぼる国もある。日本ユニセフ協会『世界子供白書2007』24頁
(20) 「子どもに対する暴力」の報告書は，次のサイト (http://www.unicef.or.jp/library/pres_bn2006/pres_10_3.html) を参照。
(21) 子どもの主張が含まれているカルナタカ州の首相にあてた要望書は次のサイト (http://www.workingchild.org/PetitionCM.htm) を参照。
(22) ENDAのホームページ (http://www.enda.sn/)「子どもの参加なくして子どもの権利はありえない」という理念をもっている。
(23) このメッセージは次のサイト (http://www.unicef.or.jp/about_unicef/about_fit.

第9章 子ども

html）を参照。2007年12月には国連総会ハイレベル会合（子どもたちにふさわしい世界+5）が開かれ，子どもたちの視点も含め2002年特別総会以降の成果と課題をまとめた報告書，「A World Fit for Us＋5（わたしたちにふさわしい世界：あれから5年）」が発表された。
(24) カンボジアでは，子どもが子どもの権利実施状況のモニタリングに子どもが参加しているが，子ども権利基金（Child Rights Foundation）はそのためのガイドブック「子どもによる子どもの権利条約実施状況のモニタリング」を2005年12月に作成している。『子夢子明54号』国際子ども権利センター，2006年

参考文献

甲斐田万智子「子どもと人間の安全保障―子ども参加に焦点をあてて」『グローバル化と人間の安全保障』日本経済評論社，2001年
甲斐田万智子，平野将人『カンボジアの子どもの人身売買の現状とその取組み』国際子ども権利センター，2006年
甲斐田万智子「子どもの権利ベース・アプローチで子どもはどう変わるか～カンボジアの事例から」『DEAR News 127号』，開発教育協会，2007年
甲斐田万智子「子どもの権利実現における人権基盤型アプローチの有効性～カンボジアの事例から」アジア太平洋人権情報センター『アジア太平洋人権レビュー2008』現代人文社，2008年
国際子ども権利センター『横浜会議報告書　子ども買春・子どもポルノにNO！～加害国日本から世界へ～』2002年
国際子ども権利センター『誰にもうばえない子どもの権利　性的搾取されたアジアの子どもたちとエンパワーメント』2002年
児童労働を考えるNGO＝ACE　岩附由香ほか『わたし8歳，カカオ畑で働きつづけて。』合同出版，2007年
ソマリー・マム著『幼い娼婦だった私へ』文藝春秋，2006年
田上時子・エクパットジャパン関西編『知っていますか？　子どもの性的虐待』，解放出版社，2001年
東京シューレ『ペルーの働く子どもたち　ある遺言の行方』東京シューレ，2002年
永井憲一ほか編『新解説　子どもの権利条約』日本評論社，2000年
長谷川まり子『少女売買　インドに売られたネパールの少女たち』光文社，2007年
日本ユニセフ協会『世界子供白書』
ヒューマン・ライツ・ウォッチ著　甲斐田万智子・岩附由香監訳『インドの債務児童労働　見えない鎖につながれて』明石書店，2004年
UNICEF, *A Rights-Based Approach to Programming for Children*, 2001.
UNICEF, *Child and Youth Participation Resource Guide*, 2006.
国際子ども権利センター『ドメスティックバイオレンスと人身売買をなくすために』2007年（DVD―カンボジアの高校生が人身売買の手口について啓発するために上演した劇）
アムネスティ・インターナショナル日本『未来をみんなに，世界のこどものためにあなた

は何ができますか』（ビデオ―誘拐されて子ども兵士として戦わされているウガンダの子ども）

教材紹介

感じよう―子どもの気持ち　子どもの権利から見る子ども買春

　この教材は「子ども買春」「子どもの権利」を考えるために作成されたものであり，この章で述べられた子どもの「保護される権利」「発達する権利」「参加する権利」について，ロールプレイなどを用いながら体験的に学ぶことができる。

◆用意するもの：教材セット（物語，進め方，支援プログラムカード）［入手先：（特活）国際子ども権利センター：info@c-rights.org］。模造紙，大きめのポストイット

◆ねらい
　参加者が，子ども買春の被害にあった子どもたちに共感し，子どもの権利を実現するための具体的な方法を考える。

1．物語の場面1をグループごとに読む
【場面1】
　スーダは農村の10人きょうだいの2番目です。家や畑の手伝いをしながら，小学校に通っていました。スーダの夢は，将来，貧しい村の子どもたちがみんな学校に通えるようになること，そして，そんな村の学校の先生になることでした。
　12歳になったとき，スーダは中学校に進学して勉強を続けたいと思いました。しかし，食べることもやっとのスーダの家では，とてもその費用は出せません。スーダは両親を助けるために，また，いつかは先生になりたいという夢を実現させるために，都会で仕事をする決心をしました。
　小学校を出たばかりで，特別の技術も身につけていないスーダが都会ではじめたのは，くず拾いの仕事でした。ごみ捨て場や路上に捨てられたものの中から，ビニールや空き缶やビンなどを集めると，それが少しのお金になるのです。寝るのは路上で，自分より年上の子や，大人にどなられたり，乱暴をされることもありました。
　ある日，スーダがいつものようにくず拾いをしていると，きれいな服を着たおばさんが，スーダに声をかけました。お金持ちの家の住みこみのお手伝いの仕事を紹介してくれるというのです。これで屋根の下で眠れるし，両親にももっとたくさん仕送りができるようになる，とスーダはとても喜びました。
　その家には両親と娘の3人が住んでいました。しかし，妻と娘が2人だけで出かけると，家の主人はスーダのところにきて，体をしつこくさわったり，いやがるとたたくようになりました。そのたびに「誰かにこのことを言ってみろ。おまえもおまえの家族もただではおかないからな！」と，おどされます。スーダ

175

第9章　子ども

は家の主人が怖くて怖くて，ついに，主人の妻と娘が2人で出かけたある日，家の主人が近づいてきた足音を聞いたスーダは家から逃げ出しました。
　お金を一銭ももたないで逃げてきたスーダは途方にくれました。家の主人から性的な虐待を受けたスーダは大人の人がみんなおそろしく思えたのです。
　「お父さんとお母さんに会いたい。でも，家に帰るお金もないし，わたし（ぼく）が仕送りをしないと家族は困ってしまう。」
　するとそこへ，以前いっしょにくず拾いをしていた友だちのアローが通りかかりました。スーダはこれまで起こったことを全部アローに話しました。すると，アローはスーダに家に仕送りができるように「体でお金を稼ぐ仕事」があることを話しはじめました。
　アロー：「スーダ，ほかの仕事よりお金になるんだ。家族にもっと仕送りもできるようになるし，君の夢だってお金がなければ実現できないよ。みんなを集めているおばさんを紹介してあげるから，やってみない？」

2．グループディスカション
　スーダはアローのすすめに従おうとするのか，スーダが次にどうするか，物語の続きを考える，どうしてそうすると思うかを話し合う。出された意見を模造紙に貼りつけ，似ているものを分類する。

3．物語の場面2を各グループで黙読する。

【場面2】
　そこへ，路上で仕事をしている子どもたちの所に定期的に足を運んでは，彼らの話しを聞き，状況を変えていこうと働いているNGOワーカーのアンジェラが来ました。アンジェラは，路上で生活する子どもたちに，自分たちの持っている権利をまず知ってもらいたいと思っています。そして，子どもたち一人ひとりの権利を実現させるための支援を続けています。アンジェラは深刻そうに話しをしている2人を見て，声をかけました。
　スーダとアローは今までの事情を話しました。
　「もしよかったら私たちが行っているプログラムに参加してみない？」アンジェラはいくつかのプログラムを紹介してくれました。そのプログラムはすべて，子どもの権利条約に基づいてつくられているものでした。

4．支援プログラムを読む
　NGOが提供しているプログラムカードを参加者が読み，このなかで2人にとって最もいいと思われる三つのプログラムを考える。選んだプログラムとその理由を模造紙に貼る。それらが子どもの権利条約のどの権利を実現することになるかを考える。グループごとに発表する。
（本田涼子，渡邊奈美子「感じよう─子どもの気持ち─子どもの権利から見る子ども買春」Ⓒ国際子ども権利センター）

176

第10章
ジェンダー

　「男女平等」なんて，小学校のときから，当たり前のこととして学んだし聞いていた。もちろん信じていた。だけど，どうなることが男女平等なのかについては聞いたことも考えさせられたこともなかった…。

　これは，私自身の経験である。そして，じつは，これに気がついたのは，ジェンダーについて学び，その分野で開発協力にたずさわって，かなりの期間が経ってからのことだった。最初の就職先では女性には名刺が与えられず，女性と男性には明確に異なる役割と貢献が期待されていることに気づかされ，そんな経験からジェンダーに目覚めた私だったが，学校に存在していた「隠れたカリキュラム」[(1)] には気づいても，長い間，学校で教えられた「男女平等」の内実に思いがいたることはなかった。そして，このことに気がついたときは，かなりショックだった。

　このことは，「平等」といった概念が，「自由」や「権利」同様，お題目として伝えられがちな教育の問題であり，そのなかで疑問を感じることなく，そして現実の状態と結びつけることなく，安易に「お題目」を信じてきた私個人の問題である。同時に，現実と理想両方の具体的な姿を伝えずに，理念だけを教えることの危険性にも気づかされる。さらに，自分自身が育ったジェンダー環境をふりかえることの難しさも，改めて痛感するこ

第10章　ジェンダー

ととなった。

　男女平等は，一人ひとりの人間が，性によって異なる扱いを受けず，安心して自信をもって自由に生きるための重要な基礎理念である。その意味で，学校教育の場で，男女平等について伝えることの必要性と重要性は，いくら強調してもしすぎることはないが，しかし，それが「お題目」にとどまっていては，実質的な効果は発揮しないだろう。「隠れたカリキュラム」についての研究が私たちに教えてくれるように，むしろ，「不平等を隠蔽（いんぺい）した平等の刷り込み」になる可能性もある。「平等だと繰り返し教えられたから平等だと思っていた」というわけである。

　学校の先生方にセミナーやワークショップをしたあとで，「どうなることが男女平等なんですか」と聞かれることがある。「どうしたらいいのか答えをくれ」ということなのだろうが，男女平等への手っ取りばやい処方箋を提示するのは簡単ではない。確かなことは，現在，男女間に機会や扱いの差があり，そのことによって不都合をこうむっている女性，男性がいることであり，試行錯誤を繰り返しながら，そのような状態を，一歩一歩是正していく取組みが男女平等への道だろう。

　ジェンダーは，男女平等を考えるうえで重要な視座を与えてくれる概念である。私たちの日々の生活のなかの男女の関係，そして，世界のさまざまな国や地域における男女の関係を理解するために，ジェンダー理解は欠かせない。ほかの社会，ほかの地域におけるジェンダーについて学ぶことは，私たち自身の社会を相対的にとらえることを可能にしてくれるし，また，さまざまな地域で積み重ねられているジェンダー関係の変革に向けた取組みから学ぶことは数多い。意識や行動の変容を促したり，力関係の変化を伴うこともあるので，ジェンダー理解は時として，摩擦や軋轢（あつれき）を生むこともある。それでも，お互いを尊重するコミュニケーションに基づいた個人と個人の豊かな関係をつくり，それによって支えられる社会や制度を考えるうえで，ジェンダー理解は重要である。そうした関係の積み重ね

が，民主的で公正な社会の構築につながり，ひいては持続可能な社会をつくる土台になっていくのだと思う。

---

1 ジェンダーとは

　ジェンダーが，女性にかかわる用語であり概念であるという認識は，相変わらず根強い。ジェンダーが，女性研究やフェミニズム[2]の展開のなかで登場した概念であること，世界の多くの場所で，法律上あるいは制度上，性を理由とする異なる扱いにより不利益を被っているのは女性である場合が圧倒的多数を占めることを考えれば，理由がないことではないのだが，「女性」ではなく「ジェンダー」という言葉を使うには，きちんとした重要な理由がある。
　ジェンダーという言葉は，一般的には「男女の社会的性差」と説明されている。ジェンダーという概念の最も重要な点は，性差には二種類あることが明確に認識できるようになったことである。すなわち，男女間の生物的な違いによって規定されている性差と，社会や文化や慣習によって規定される性差である。後者をジェンダーと呼ぶのに対して，前者はセックスと呼ばれる[3]。
　セックスによる性差が，少なくとも現在の世の中では「普遍的」，つまり場所によっても時代によっても変化しないのに対して，ジェンダーによる性差は，場所，そして時代が変われば変化する。男性しか着ないとされていたシャツやコートを女性が着るようになったり，女性の職業とされていた看護職や保育職に男性が就くようになったり，男性にしか認められていなかった選挙への参加が女性にも開かれたり…。ジェンダーと，ジェンダーに基づく意識や制度は，時代と社会の変化のなかで，どんどん変容を遂げている[4]。この二種類の性差の違いを簡単に表にする（表10-1）。
　私たちは，好むと好まざるとにかかわらず，ジェンダーに囲まれて育ってきている。生まれたとき，場合によっては胎内にいるときから，家庭，地域，メ

第10章　ジェンダー

表10-1　ジェンダーとは

	セックス（Sex）	ジェンダー（Gender）
何に基づく？	生物的な違い	文化的，習慣的，宗教的，経済的な違い
場所によって？	変化しない	変化する
時代によって？	変化しない	変化する
簡単に言うと？	（一般的な意味での）性別	女らしさ／男らしさ
たとえば？	（生物的な意味での）父／母，妊娠，出産，授乳，卵子／精子	女子は文系，男子は理系／女性はうわさ話が好き／清書は誰か字のきれいな女子に頼んで／男の子は，そんなに泣かない／女の子なんだから部屋の掃除くらいしなさい／やっぱり男はちゃんと就職しないと／（成績の良い娘に向かって）あんたとお兄ちゃんが逆だったらよかったのに／女性とは政治や経済の話はできない／男に入れてもらったお茶なんて飲む気がしない／（赤い服を着ている赤ちゃんに）えっ，女の子かと思った／（電話で担当事項を説明する女性に対して）誰か男の人に代わってください／スコットランドの男性用正装は，キルトスカートである／バングラデシュでは，市場に買い物に行くのは男性の役割である／マラウィでは，水くみは女性の仕事である

（出所：筆者作成）

ディア，学校にさまざまなかたちで存在するジェンダーの影響を受けている。一人ひとりがもっているジェンダー意識やジェンダー経験を探るために，セミナー等で，ワークショップを行うことがある。「女性／男性だからといって，やらされたり，言われたりして，いやだったことはありますか」「男性／女性に生まれ変わったら，是非やってみたいことはありますか」との問いかけに対し，必ず出てくる意見には，「部屋に友人を連れてきたら，（ちらかっていて）女の部屋とは思えないと言われた」「男だったら泣くなと言われた」「飲めないのに，男なら飲めと言われ，一気飲みを強要された」「兄や弟には外泊が許されるのに，女である自分には許されない」「女の子がとんでもないと言われ，一人旅を許してもらえなかった」などがある。

1 ジェンダーとは

　どんなことであれ，他人に強制することは望ましいことではないが，もし，「やらされたり，言われたりして，いやだったこと」が，ジェンダーに基づくものであれば，変えられる可能性がある。「男性／女性に生まれ変わったらやりたいこと」も，ジェンダーに基づくものなら，性が変わらなくても実現するかもしれない[5]。そのような思いや努力によって変容してきたジェンダーも，たくさん存在する。

　表10-1でも示したように，ジェンダーが場所によってさまざまに異なるという事実は，ほかの地域の開発を考えたり，さまざまな場所の開発にかかわったりする際に，とても重要になる。私たちが住んでいる社会とは異なる社会における人々の生活を理解する際に，民族，宗教，社会階層等の視点と並んで，ジェンダーの視点は欠かせない。ジェンダーの視点をもつことにより，それぞれの地域や社会における女性と男性の役割や貢献を明確に認識できるようになるからである。その際に，静的な概念でなく，常に変化し続ける動的な概念としてジェンダーを認識しておくことも重要である。ある時点での調査で明らかになったジェンダーが，年月とともに変化している可能性は大いにある[6]。

　「女性」でなく「ジェンダー」を使うことの意義は，男女双方の役割（期待される役割と現実の役割）と働きが視野に入り，男女の関係が見えやすくなることにある。女性問題は，ほとんどの場合，女性だけの問題ではない。「女性に対する暴力」でも明らかなように，女性と男性の関係性に目を向け，働きかけないかぎり，解決の糸口が見えない問題である。だが，問題を提起してきたのが

マラウィの農村（筆者撮影）井戸は，水をくみ，洗濯をする場であると同時に，女性たちのコミュニケーションの場でもある。

多くの場合，女性であったことにより，「女性の問題」であり，「女性が考える問題」ととらえられがちである。冒頭で記したように，ジェンダーという言葉にしても，女性と同義語のように扱われがちな現実はあるが，しかし，ジェンダーという言葉を正確に理解して使うことによって，男性がおかれている状況も，よりよく認識できるようになる。先に紹介したワークショップで出てきた，「泣くなと言われる男の子」「安定した世間での評価の高い就職に駆り立てられる男性」などは，今の日本に存在する男性に関するジェンダーの代表的なものだと思うが，こうしたジェンダー意識によって，感情を抑えることを学んだり，自分の気持ちに枠をはめてきた男性は多い[7]。ここのところ，毎年メディアで話題になり，日本人の平均寿命を下げる要因にもなっている中高年男性の自殺の多さも，「泣いたり弱音を吐いたりできない」男性のジェンダーが影響しているのではないだろうか。男性たちが，リストラされても家族にさえそのことを打ち明けられずに一人で悩みをかかえ込んでしまう背景には，泣くことを含めて，自分の感情を素直に表現するのは「男がすることではない」としてきた男性のジェンダーが関係しているように思われる。ジェンダーを理解することにより，このような男性に刷り込まれた「男性性」に気づくことも可能になる。ジェンダー理解は，人が，性別の枠にとらわれずにコミュニケーションをはかり，自由で親密な関係を築くことを促してくれる。

　一点，ジェンダーについて考える際の留意点にふれておきたい。ジェンダー概念が提起してきた重要なポイントとして，女性，男性ということで期待される役割や性質の枠に人間をはめずに，一人の個人としてみようという理念と姿勢がある。したがって，ジェンダーは，個々人の資質と可能性と希望を何より重視する概念であるということができる[8]。いっぽうで，現在の社会では，女性が男性よりも不利益を被る立場におかれていることが多いことを反映して，ジェンダーの問題として扱われてきた課題の数々は，女性にとっての問題，あるいは女性が提起してきた問題であることが多い。そして，そうした問題を扱う際には，集団として女性について語らざるをえないことも多い。

以上の二つの姿勢は，時として矛盾する印象を与えることがあるし，ジェンダーへの反発を招く要因になることもある。ジェンダーの課題を俎上にのせるときには，性別が原因となって起こっている不利益の現状を明らかにし，どのような状態にもっていくべきかを説明するために，便宜上，女性あるいは男性を集団として扱わざるをえないことがある。そのことにより，ジェンダーに基づく主張を展開することが，あたかも女性／男性を一枚岩のグループとして扱い，個々の女性／男性の意思や希望をないがしろにしているかのような誤解を与えることがある。集団全体にかかわる問題として課題を扱うことが必要な場合はあるが，そのめざす先は，個々の人間の意思や可能性が活かされる社会であることを丁寧に注意深く伝える必要がある。

2 ジェンダーに配慮した開発とは

　ジェンダーという概念が開発の分野に登場してきたのは，1980年代のことである。「ジェンダーと開発（Gender and Development : GAD）」といった呼称により，開発のプロセスにジェンダーの視点を反映させることの重要性が主張されるようになった。「ジェンダーと開発」という視点に先立ち，1970年代には，「開発と女性（Women in Development : WID）」と呼ばれるアプローチが導入されていたが，「開発と女性」が，開発のプロセスに女性を統合的に参加させ，開発の受益者として位置づけられていた女性を開発の参加者としてとらえ直すことに重点をおいていたのに対して，「ジェンダーと開発」は，それぞれの社会での女性と男性の関係性に着目し，当該地域の女性と男性の役割をふまえ，公正で効果の高い開発を考えようとするところに特徴があった[9]。

　こうしたアプローチが必要になった背景には何があったのだろうか。開発そして開発協力が，国際社会にとっての課題になったのは，第二次世界大戦以後のことである。植民地の状態におかれていた国や地域が次々に独立を果たすなかで，政治面で自立をとげたそれらの国々を，社会経済面で支援することが，

国連を中心とする国際社会の課題となり，さまざまな国際機関や欧米諸国から開発協力が提供されるようになった。当初の，産業振興による近代化，およびマクロレベルでの経済成長に重点をおいた開発は，しばらくしてその効果に疑問の声が投げかけられるようになる。一国レベルで経済成長を達成すれば，その効果は富裕層からほかの人々に波及して，次第に国全体を潤すことになるという想定（トリックルダウン理論と呼ばれる）が，うまく働いていないことが認識されるようになったのである。また，「当然」開発の恩恵を被ると考えられていた地域の人々のなかに，恩恵を被るどころか，開発のプロセスからはじき出されてしまい，場合によっては，それまでよりも困窮した状態におかれるようになってしまった人々の存在が認識されるようになってきた。女性もそうしたグループの一つであった。

　「途上国」と呼ばれる場所で，女性は，家族や地域の生活に重要な役割を果たしている。厳しい状況で生活している世帯になるほど，女性の役割も大きく，女性は，水くみ，燃料用の薪集め[10]，農作業，食事の準備，洗濯，掃除と休む暇のない忙しい毎日を送っている。アフリカなどでは，家族のために，十分な量の食糧を確保するのは女性の役割とされているため，農業生産における女性の労働の重要性は，日本に住む私たちが想像するよりもはるかに大きい。欧米，そして，近代化や産業化により，核家族世帯や賃金労働を中心とする雇用形態が浸透した「先進国」にみられる，「主要な稼ぎ手である男性と，男性を支えて家事や育児を主に担当する女性，そして子ども」から成る世帯という認識は，まったく成り立たないことが多い[11]。しかし，過去には，世帯や家族関係をこのように認識し，その前提に立って行われた開発協力プロジェクトも多かった。結果として，女性が担っている役割や働きは考慮されず，新しいプロジェクトで導入された生産方法により，女性は，責任を担うとされていた農業生産からはじきだされてしまうといった事例が起こるようになった。女性（妻）が一家の食糧の確保に責任をもつとされる地域では，男性（夫）が手に入れた作物や所得は，必ずしもその家族に分配されることにはならないた

め，女性や子どもの栄養状態が悪化するといった事態も報告されるようになったのである[12]。

こうした事例を引き起こした要因としては，開発協力にたずさわる人たちが，支援を受ける社会や地域の人々の文化や生活を理解することなく，支援を提供する側の勝手な認識で協力プロジェクトを実施してしまったことがあげられる。私が，開発協力プロジェクト関連の調査や実施支援にたずさわっていた1990年代に，在外の大使館などで開発協力担当官と話す機会があったが，そうした際によく耳にした言葉に「農村部の主婦の方」という表現があった。しかし，実際に「途上国」の農村部を訪れて，地域の人々の暮らしに接する機会をもつと，「農村部の主婦」という表現は，ごく限られた一部の女性にしかあてはまらないことがわかる。主婦という言葉からは，「家事労働や育児を中心に，一家の稼ぎ手である夫と子どもたちの面倒をみることを主な役割として毎日をすごす女性。働いて収入を手にすることはあるかもしれないが，あくまでそれは家計補助的なもの」といった姿が浮かんでこないだろうか。前述したような，農村部の女性たちの忙しい日常生活とは，かなりかけ離れたイメージになってしまう。「女性＝主婦」と考えることは，現実の姿を見誤ることであり，そのような認識に基づいた開発協力は，女性，家族，そして地域にとって効果的ではないものになってしまう可能性が大きい。

開発が女性に及ぼした，このような影響を是正し，それぞれの地域や社会の女性と男性の役割をきちんと認識することが，公正で持続的な開発につながるとの認識が，「ジェンダーと開発」の背景にはある。担う役割が違えば，日々の生活で直面する問題点やニーズも異なる。地域に住む多様な人々の課題とニーズを理解し，それらに適切に取り組むことが開発の重要なプロセスであるが，そのための重要な配慮の一つが，ジェンダーに目を向けて，当該地域の女性と男性の役割を把握することである。女性と男性の貢献に着目して，それぞれの課題とニーズを把握することにより[13]，ジェンダーに配慮した開発プロセスがつくられていくことになる。

③ 見えない女性たち──女性の状況を把握し，貢献を正当に評価する

　前項までで述べたように，あらゆる社会で働き，自分と家族や地域の生活を支えているにもかかわらず，女性の働きと貢献は見えにくく，正当に評価されないことが多い[14]。そのような認識に立ち，女性そして男性の状況を正確に認識することによって地域の状況を理解し，それによって，地域の実情を反映した公正で効果的な開発を実現しようとの認識が，性別統計の整備に結びついた。性別統計は，ジェンダー分析の重要な基礎データである。

　たとえば，ある国の成人識字率が60％であるとしよう。この数字からは，その国に住む，およそ3人に2人は簡単な読み書きができることが読み取れる。しかし，教育を受ける機会について，人々のなかでとくに不利な状況におかれているグループがあるかどうかといった課題は，この数字からはまったく見えてこない。では，成人識字率を性別に収集したところ，男性は80％であったのに対して，女性は40％という結果が出てきたとするとどうだろうか。60％という国単位の成人識字率からはまったく見えなかったことが見えてくる。教育を受ける機会に男女間でかなりの格差があることが理解でき，教育の普及を進めるためには，ジェンダーに配慮して，女性に対し特別な働きかけを行わないかぎり，うまくいかないことが認識できる。

　1990年代の前半までは，とりわけ「途上国」では，政府の統計が男女別に収集されることはまだ珍しく，国連機関の統計集でも，性別に整備された統計は少数であった。1995年に北京で開催された第四回世界女性会議に向けての準備プロセスのなかで，国家レベルを始めとするあらゆるレベルの開発計画にジェンダーの視点を盛り込んで，ジェンダーに配慮した開発を実現するためには，性別統計の整備が不可欠との認識が広がり，国連女性開発基金（United Nations Development Fund for Women：UNIFEM, ユニフェム）やスウェーデン政府等が，女性と男性の状況と課題の把握を可能にする性別統計の整備支援に

積極的に取り組むようになった。国連開発計画（United Nations Development Programme：UNDP）が，1990年以降，毎年発行している『人間開発報告書』など，開発を経済面にとどまらないさまざまな側面から把握する試みの浸透もあって，現在では，多くの国で，ジェンダー統計の整備が進んできている。このような統計によって，ジェンダーの状況がさまざまな角度から理解できるようになり，「途上国」の課題とともに，「途上国」と「先進国」に共通する課題も認識できるようになった[15]。表10-2「ジェンダーに関する主要指標〜世界的な視野でジェンダーを理解する」は，教育，保健医療，経済参加，政治参加の4分野の統計を用いて，ジェンダーの状況を明らかにしている[16]。「先進国」から日本とノルウェー，「開発途上国」からフィリピンとホンジュラス，「後発開発途上国」からバングラデシュとタンザニアを選んでいる。一国レベルの統計指標による理解という限界はあるものの，経済参加，政治参加の両分野では，「先進国」「途上国」の差は驚くほど小さいことが読みとれるだろう。両分野における日本のジェンダーの課題の大きさにも改めて気づかされる[17]。

4 女性の声を聞く

社会を構成するさまざまな人たちの声を開発の取組みに反映させることは，「参加型開発」とも呼ばれる公正で民主的な開発のプロセスをつくりだしていくために，何より重要なポイントである。ジェンダーの観点からは，女性と男性の声に耳を傾け，そしてその声を開発の実践に反映することが大切になる。これは，前項で述べた統計整備と併せて，ジェンダー分析の主要な要素である。

男性の声と同等に「女性の声を聞くこと」そして「女性の声を反映した開発のプロセスをつくりだしていくこと」を，実際に丁寧に行うためにはさまざまな配慮が必要になる。なぜならば，多くの地域や社会で，女性の声を聞くことは，想像するよりも難しいことが多いからである。どうしてそのような事態が

第10章 ジェンダー

表10-2 ジェンダーに関する主要指標〜世界的な視野でジェンダーを理解する

		先進国	開発途上国	後発開発途上国	日本	ノルウェー	フィリピン	ホンジュラス	バングラデシュ	タンザニア
成人識字率 (%)	女性	99.0	71.7	50.4	99.0	99.0	92.7	80.2	33.1	62.2
	男性	99.0	85.4	70.0	99.0	99.0	92.5	79.8	51.7	77.5
総就学率 (%)	女性	―	―	―	84	105	84	74	58	47
	男性	―	―	―	86	96	79	68	56	49
出生時平均余命 (歳)	女性	―	―	―	85.6	82.0	72.8	70.2	64.2	46.2
	男性	―	―	―	78.6	77.1	68.6	66.1	62.5	45.6
妊産婦死亡率		―	―	―	10	16	200	110	380	1,500
乳児死亡率		5	57	94	3	4	26	31	56	78
合計特殊出生率		1.6	2.9	5.0	1.3	1.8	3.2	3.7	3.2	5.0
男性労働力率に対する女性労働力率の比率 (%)		75	64	72	65	87	65	59	61	95
推定勤労所得 (PPP US$)	女性	―	―	―	18,130	33,034	3,449	1,771	1,170	569
	男性	―	―	―	40,885	43,950	5,763	3,964	2,540	781
女性議員・高官・管理職比率 (%)		―	―	―	10	29	58	22	23	49
女性国会議員比率 (%)		―	―	―	10.7	37.9	15.8	23.4	14.8	30.4
女性閣僚比率 (%)		―	―	―	12.5	44.4	25.0	14.3	8.3	15.4

(出所:国連開発計画『人間開発報告書2006』国際協力出版会より作成(先進国等の分類は同報告書による。))

起こるのか。考えられる要因には次のような点があげられる。

① 女性は，地域や社会で，「権力」を行使できる地位にいないことが多い。村長，村の長老，宗教的リーダー，地域の有力者といった立場は男性によって占められていることが多く，そのために，女性は地域社会の意思決定の場にいないことが多い。

② 地域の人たちの意見を聞くためにミーティングなどが設定されることがあっても，女性は自分の考えを言うことに慣れていない場合が多い。就学年数が少ない女性にとっては，見知らぬ人や大勢の人の前で発言するのは初めてである場合もある[18]。話し合いの進行役が，地域外から来た，異文化圏の，しかも男性であれば，なおさら女性は声を出しにくくなる可能性は高い。

③ 女性は政治にかかわらない，政治に関心がない，政治には向いていないといった，政治や意思決定にまつわるジェンダー意識が，女性を意思決定の場から遠ざけることもある。

④ 地域の宗教や文化が原因となり，女性がそうした場所には姿を現さないこともある。

⑤ 女性，なかでも厳しい状況で生活している女性は，一日中，農作業，水くみや薪集めを含む家事労働，子どもの世話などで忙しく働いている。そのような女性は，呼びかけられたとしても，ミーティングに参加する余裕がない場合も多い。これまでそのような場に参加した経験がなく，自分の考えを言うことの意義を理解していない場合はなおさらである。

女性の声を聞くとは，このような要因を認識し，女性が発言しやすい状況を設定して，その声に耳を傾けることを意味する。注意が必要なのは，地域の人たち全員を集めてミーティングを設定して，その場に女性が確かに参加していたような場合である。女性が参加していたことで，「女性の声を聞いた」と考えるのは誤りであることもある。前述したように，外部からの訪問者に対して，率直に自分の意見を述べることができる女性は限られているといってい

い。そうした背景を考えれば、「その場に女性がいたこと」で「女性の声を聞いた」と考えるのは、あまりにも早計である。地域の有力者や、夫を含む家族の前では、自分の考えを述べることを躊躇する女性も存在する。

　女性が参加していても、あまり意見が出なかったような場合には、本当に意見がないのか、言いたくても言えなかったのではないかを考え、別の方法で確かめてみる必要がある。女性が集まりやすい日時を設定して女性だけのミーティングをもつ、あるいは、ミーティングという場の雰囲気に女性たちが慣れていないと思われる場合には、もっとインフォーマルな会のもち方や場所を設定するといった方法である[19]。「地域のさまざまな人々の声を聞く」ためには、当然ながら、ジェンダーの視点のみでは不十分であるし、絶えざる丁寧な配慮が必要になる。さらに、さまざまな声を集約して地域の合意形成に結びつけるのは簡単ではないことも多い。しかし、さまざまな地域からの経験が私たちに教えてくれるのは、このようなプロセスを通じることによって、地域の人たち一人ひとりが尊重され、自分の地域や社会に帰属感と愛着を感じることができる、満足感の高い開発プロセスが実現するということである。

5　21世紀の「ジェンダーと開発」

　開発や国際協力の分野で、「女性と開発」さらに「ジェンダーと開発」の視点が重要視されるようになって、約30年が経過した。国際女性年（1975年）、国連女性の10年（1976年〜1985年）、4回にわたる世界女性会議、会議で採択された戦略や宣言[20]に後を押されて進歩がみられた分野も多い。ジェンダーは、環境と並び、国際的にも国内的にもNGOの活躍がさまざまな進展を生んできた分野でもある。

　2000年の国連ミレニアムサミットで、2015年までの開発目標として採択されたミレニアム開発目標（Millennium Development Goals：MDGs）からも明らかなように、ジェンダー関連の開発課題はまだまだ多いものの、就学率、成人

5 21世紀の「ジェンダーと開発」

識字率，出生時平均余命，妊産婦死亡率等の教育と保健医療にかかわる基本的な指標は，少しずつ改善してきている。政治や経済における女性の意思決定レベルへの参加は，多くの国や地域でクリティカル・マスと呼ばれる30％に達してはいないものの，徐々に伸びてきた。前述したように，このような課題を明確に認識するために必要な，性別統計の整備も多くの国で進んできた。今では，さまざまな分野の国際会議で採択される宣言文や決議には，必ずといっていいほど，ジェンダーについての項目や文言が入るようになっている。2000年に採択された，女性・平和・安全保障に関する安全保障理事会決議第1325号では，保護や支援の対象ではなく，紛争解決から平和の回復にいたるあらゆるプロセスに，女性が積極的にかかわるべきとの認識が確認された[21]。1990年代の前半には，「ジェンダーを議題に載せる（Putting Gender on the Agenda）」ことが，国連などの場で目標として掲げられていたことを思えば，大きな進展である。

　基本的な理念あるいは方向性のなかで，ジェンダーの重要性が認識されたことは重要な進歩であるが，それにも増して重要なのは，具体的な取組みを進めることであり，そのための施策と予算である。そして，残念ながら，ジェンダー関連の取組みには，まだまだ十分な予算がついていない場合が多い。それでは，ジェンダー関連の公約の数々は，「絵に描いた餅」に終わってしまう可能性が高い。こうした観点から，1990年代の後半から，「ジェンダー予算（Gender Budget）」と呼ばれる取組み

2002年にコロンビアで開催された「女性と武力紛争に関する国際フォーラム」（写真提供：ユニフェム）
　武力紛争は，女性の生活に計り知れない影響を及ぼす。紛争解決と平和構築のあらゆるプロセスに女性が参加することが重要であることが認識されている。

が進められており，ジェンダーに関する公約が，実際に予算というかたちで具体化し，実施に移されているかを検証している[22]。

こうした取組みは，「ジェンダー主流化（Gender Mainstreaming）」と呼ばれる一連の取組みのなかに位置づけることができる。「ジェンダー主流化」は，開発のあらゆる課題をジェンダーの視点で検証し，ジェンダーに配慮した開発を実現することを目的とするプロセスである。だが，この言葉に関しても，ジェンダー関連の国際的な議論の場で一定の理解と地位を得た感はあるが，理念にとどまることなく具現化していくためには，具体的な計画への反映と予算化が求められる。

21世紀に入り，グローバル化の進展のなかで，貧困や格差の問題は，従来の「途上国」と「先進国」の間の構造に由来するものに加えて，各国内での課題が深刻化してきている。「ジェンダーと開発」の分野においても，新たな課題が明らかになってきている。まず，国際的にも国内的にも，労働者の人権よりも私企業の論理が優先する傾向がますます強くなっており，不安定雇用の増大に代表されるそうした傾向は，女性により顕著なかたちで影響を与えている。また，国境を越えた人とモノの移動が，以前とは比較にならない規模と範囲で活発化するにつれて，ケアや家事労働への従事といったジェンダー化された女性の移住労働が急速に増えており，雇用条件や労働環境の問題とともに，送り出し国の労働力や家族関係への影響が懸念されている。人の移動のなかでも，性的な搾取を伴うことが多い人身売買の広がりは，最も深刻な課題である。日本は人身売買の目的地の一つであり，これは私たち自身の社会の問題である。また，民族間や宗教間の対立や，民族・宗教のアイデンティティ確立を重視する政治勢力の台頭等を背景に，原理主義的思想の広がりが見られ，そのことが，女性にさまざまな制約を課す政策となって現れてきていることも懸念される。さらに，「伝統」や「文化」を理由として，女性の人権侵害につながる制度や慣習の改革に抵抗するような動きも存在する。そうした場合には，地域の人たち自身の声であっても，「欧米のフェミニストに影響された」「都市部

の一部のエリート女性による」運動だとのレッテルが貼られ，地域の声が封じ込められることもある。権利の実現を開発の目的そのものと考える権利アプローチ（Rights-Based Approach：RBA）は，HIV／エイズへの取組みを始めとして，ジェンダーの観点からも浸透と貢献が期待されているアプローチであるが，ジェンダーの視点に基づいて，女性の権利を実現するための取組みを進めるためには，場合によっては注意深い戦略が必要になる[23]。

　ジェンダーの視点は，確かに「変化を起こす（make a difference）」ことに貢献してきたとはいえるだろう。しかし，残念ながら，さまざまな制度やシステムに世界的な規模で根本的な変革をもたらすにはいたっておらず，従来の，男性を標準と考える思考方法や，国家の統治形態や雇用環境が大きく転換するまでの変革は起こっていない。多国籍企業に代表される私企業の論理がますます強力になるなかで，ジェンダーの視点や，多様性を尊重する視点は，社会システムのなかのセーフティネットに多少の充実をもたらす程度に終わっているのではないかとの思いも抱かされる。新たに顕在化している貧困と格差の問題を，ジェンダーの視点で分析し，より公正で包摂的な制度やシステムの構築に結びつけていけるのかどうかは，21世紀の「ジェンダーと開発」の重要な課題である。

　ジェンダーは，20世紀後半以降，私たちの社会や文化を見直す新たな視点を提供してきた概念である。ジェンダーに基づくさまざまな縛りやとらわれから自由になると，自分についての認識，自分と他人との関係，社会の諸制度を見直し，それらを新たに構築していくための視座を得ることができる。それは，多様で柔軟な関係性と，それを基盤にした個々人の意思や可能性が尊重される社会の構築につながる軸の一つになるだろう。一人ひとりの人間が平等に尊重され，安心して自信をもって自由に生きていくことができる持続可能な社会と開発をつくりだしていくために欠かせない視点の一つである。

　ジェンダーが主張するのは，女と男が同じになることではない。現在の社会に存在するジェンダーの枠から自由になり，柔軟で豊かな人間関係をつくるこ

とである。めざすのは、さまざまに多様な個々人の個性が尊重される社会である。「父権制の反対は母権制ではなくパートナーシップである（The opposite of patriarchy is not matriarchy, but partnership.）[24]」のだから。　　　　［三輪　敦子］

学習を深めるための課題

1. 「よく計画されたプロジェクトは、地域の人々全員に恩恵をもたらす。当然、そこには女性も含まれる」という見解について、どのように考えるか述べなさい。
2. 「貧困の女性化」と呼ばれる現象がある。どのような現象かを調べ、そのような現象を引き起こす要因について、日本の状況を視野に入れながら論じなさい。
3. 「女性性器切除は、この地域で伝統的に行われてきており、この地域の文化であって、女性への差別的慣行ではない」との立場について、どのように考えるか述べなさい。

注
(1) カリキュラム上、明示的に男女を分けたり、異なる扱いをしたりすることはなくても、教員からの意識的、無意識的な男女への異なる期待や役割分担の割りふりにより、実質的に男女間で機会や経験に差が生じ、その結果として成績や進路に差が出たり、固定的な役割意識を植えつけられたりすること。
(2) ベル・フックスは、「フェミニズムとは、ひと言で言うなら、『性差別をなくし、性差別的な搾取や抑圧をなくす運動』のことだ。」（ベル・フックス、堀田碧訳『フェミニズムはみんなのもの』新水社、2003年、p. 14）と説明している。フェミニズムについても、その理念を誠実に理解するなら、男女双方に関連する思想であることは明らかだろう。
(3) 性を男女の二分法でとらえる点は、ジェンダーの特徴であり、弱点であるともいえる。性同一性障害やインターセックスについての理解が広がるとともに、本来、性別は、明確に女性・男性に分けることは困難なのではないかとの認識が生まれている。そのような認識に立って、もともと、セックスによる違いがあって、ジェンダーが生まれたのではなく、ジェンダーという二分法が、現実には女性・男性に明確に分けることが困難なセックスを、男女の二分法に押し込んだとする立場も存在する。
(4) 専門家の間で議論がある点の一つに、「ジェンダーは中立的な概念か、それとも、それ自体が男女間の階層性や従属関係を現す概念か」がある。大沢真理は、「ジェンダーとは、男／女らしさについての通念、男／女とはこういうものという通念であり、社会

を階層的に区別するうえで一番もっともらしく使われる区別」であり，「タテの階層性を持つ（つまり，男が標準，主であり，女が特殊，従）。」と説明している。（大沢真理「「男女共同参画ビジョン」の特徴と意義」『女性と労働21』Vol. 5 No. 18, 1996 年）。
(5) ワークショップで常に出てくる答えで，ジェンダーに基づくものでありながら，最も変革が難しいのが，「女性だけ門限」「男性だけ野宿あるいはバックパックで一人旅」等である。「女性に対する暴力」が，ジェンダーに関連する最大の課題であることに，ここでも気づかされる。
(6) こうしたジェンダーの変化は，そこに住んでいる人たちからも明確に認識されていない場合もある。私が，1990年代半ばに，タイ東北部で住民による林業資源の利用に関する調査を行った際に，林野庁の地方事務所で働く職員からは，繰り返し，「この地域では，伝統的に農作業や林産資源の管理は男性の仕事で，女性は家のことをやっている」と聞かされた。しかし，当時，東北タイでは，多くの男性が出稼ぎ労働者としてバンコクやほかの都市に移住しており，村に残った女性と家族が，農作業をはじめとする生産労働に従事していた。このような「伝統」意識は，現実の変化から目を遠ざけてしまう一因になる。ジェンダーの視点で現実を見ることの難しさと重要性にも気づかされる。
(7) 「男の子なんだから泣くな」と言われて，「男は泣いたらいけないのかと思った」「男でも泣きたいときはあるのに」と感じた経験を記してくれる男性は多い。
(8) これは，筋力など，平均値では性別による違いが存在する分野について考える際にも重要なポイントとなる。
(9) 「開発と女性」「ジェンダーと開発」の歴史的経緯や，それぞれの特徴については，田中由美子他編『開発とジェンダー』（国際協力出版会，2002 年）の第 2 章を参照。
(10) 日本に住んでいると，想像することが困難かもしれないが，こうした力仕事は，多くの国や地域で女性の仕事とされている。
(11) 重婚が行われている地域では，家族関係や生計手段の確保の方法は，さらに私たちの社会とは異なるものになる。
(12) ワークショップ形式で，具体的な事例が学べる例として，Case study 57 : Mwea rice scheme, in Williams, Suzanne et al., *The Oxfam Gender Training Manual*, 1994, Oxfam UK and Ireland., p. 351-356.
(13) そのために用いられるのが，ジェンダー分析と呼ばれる一連の調査手法である。ジェンダー分析については，田中由美子他編，前掲（9）の第 3 章などを参照。
(14) そして，それは「先進国」でも同様である。女性の「見えにくさ」は，「途上国」に限った問題ではない。貨幣で賃金が支払われる雇用労働が浸透している「先進国」のほうが，女性の貢献が見えにくくなっているともいえる。
(15) 統計を収集する際の質問方法が，結果に大きく影響を与えるという興味深い事実も明らかになってきている。インドで国勢調査が行われた際に，「あなたは働いていますか」との質問では，女性は「働いていない」と答えることが多く，女性の経済活動への参加が見えてこないので，ラジオなどで流す歌にのせて，「畑で草刈りをやりますか，脱穀をしますか，店を手伝いますか，なら働いていると答えましょう」と呼びかけた結

第10章　ジェンダー

果，女性の労働力率が44.2％増加した（UNIFEM, *UNIFEM Annual Report1991.*）。
(16) 重要な課題でありながら，実情を把握できる統計の収集が進んでおらず，また収集自体が困難な分野として，「女性に対する暴力」がある。
(17) 国連開発計画が発行する『人間開発報告書』のなかの，人間開発指数（Human Development Index：HDI），ジェンダー開発指数（Gender-Related Development Index：GDI），ジェンダー・エンパワメント指数（Gender Empowerment Measure：GEM）も参照されたい。『人間開発報告書2007/2008』によれば，日本は，HDIでは8位だが，GDIでは13位，GEMでは，54位に落ち込んでしまう。人間開発報告書2007/2008（英文）は，ウェブサイト（http://hdr.undp.org/en/media/hdr_20072008_en_complete.pdf）から入手可能。
(18) 国連女性開発基金が，インドで実施していたプロジェクトのスタッフによれば，女性を組織化する際最初に行うのは，「他の女性たちの前で自分の名前を言う」ことだそうだ。初めて会う人たちの前に立って自己紹介をすることが，就学経験が乏しい女性たちにとって，どれほど大きな経験かがうかがえる。就学経験は，女性を社会化するうえでも大きな意味をもっていることに改めて気づかされる。
(19) 日本の国内で，町内会や農協・漁協との意見交換のような場をもつ際にも同様の配慮の必要性を感じることがある。女性は，実際の活動に活発にかかわり，組織の役職に就いているような場合でも，積極的に発言しない場合は多い。あらたまった場所では，後方に座り，場合によっては裏方に徹している場合もある。このような場合には，たとえば，会が終わったあとに，後片づけに加わって，「世間話」をするなかで，さまざまな意見や考えに接することができることもある。
(20) 国際的な合意のなかの主要なものとしては，1985年の第3回世界女性会議で採択されたナイロビ将来戦略，1995年の第4回世界女性会議で採択された北京行動綱領などがある。ナイロビ将来戦略については，http://www.gender.go.jp/2000statistics/5-6.html，北京行動綱領については，http://www.gender.go.jp/kodo/index.html を参照。
(21) 女性・平和・安全保障に関する安全保障理事会決議第1325号については，ウェブサイト（http://daccessdds.un.org/doc/UNDOC/GEN/N00/720/18/PDF/N0072018.pdf?OpenElement）を参照。
(22) ジェンダー予算に関する文献として，村松安子『「ジェンダーと開発」論の形成と展開──経済学のジェンダー化への試み』未来社，2005年。英文の文献については，ユニフェムのウェブサイト（http://www.unifem.org/gender_issues/women_poverty_economics/gender_budgets.php）等を参照されたい。
(23) ジェンダーの観点からRBAの可能性や課題を検証した文献として，橋本ヒロ子，三輪敦子『「権利をよりどころにするアプローチ」の展開とアジアの女性のエンパワメント』（財）アジア女性交流・研究フォーラム，2007年。
(24) Adopted from The Chalice and the Blade：Our History, Our Future, Riane Eisher, Harper & Row, 1988, p.28, quoted in Hope, Anne and Timmel, Sally, *Training for Transformation：A Handbook for Community Workers: Book 1*, ITDG Publishing, 1995, p. 48.

参考文献

荒木美奈子著『女たちの大地―開発援助フィールドノート』築地書館，1992 年
伊藤公雄・樹村みのり・國信潤子著『女性学・男性学―ジェンダー論入門』有斐閣アルマ，2002 年
岡真理著『彼女の「正しい」名前とは何か―第三世界フェミニズムの思想』青土社，2000 年
キャロライン・モーザ著，久保田賢一・久保田真弓訳『ジェンダー・開発・NGO』新評論，1996 年
国連開発計画『人間開発報告書』(各年) 国際協力出版会他
斎藤美奈子著『紅一点論』ちくま文庫，2001 年
斎藤美奈子著『物は言いよう』平凡社，2004 年
田中由美子・大沢真理・伊藤るり編『開発とジェンダー』国際協力出版会，2002 年
ベル・フックス著，堀田碧訳『フェミニズムはみんなのもの』新水社，2003 年
松井やより著『女たちがつくるアジア』岩波新書，1996 年
松井やより著『女たちのアジア』岩波新書，1987 年
村松安子著『「ジェンダーと開発」論の形成と展開―経済学のジェンダー化への試み』未来社，2005 年

第10章　ジェンダー

教材紹介

ネバーランド，ミハマ地区飲料水供給・衛生設備普及プロジェクト

アジアの小国，ネバーランドでは，安全な飲料水の普及率は45％にすぎない。農村部では普及率はさらに低く，農村の大部分の世帯では安全な飲料水が手に入らない状況である。

こうした状況を改善するために，日本のNGO，ウォーターフォーオール（Water for All：WFA）はネバーランド国のミハマ地区を選び，飲料水供給設備を建設することにした。ミハマ地区を選んだのは，この地域の飲料水普及率が全国平均をかなり下回っていることがあげられる。飲料水供給設備と同時に，衛生状態の改善をめざしてトイレも建設する。

ミハマ地区が位置するのは，ネバーランド国の低地地帯である。住民の多くは農業で生計を立てている。水源は川だが，そこにたどりつくには平均して片道1～2時間の距離を歩かなければならない。この仕事を担っているのは女性である。また，炊事，洗濯は女性の仕事とされている。

WFAは，村長と話し合ってミハマ地区の10村での施設整備を決定し，各村に井戸を一つ，トイレを一つずつ建設した。完成セレモニーには村長以下，村人が集まり，井戸から水を汲み上げて完成を祝った。

1年後，WFAのスタッフは，設備がきちんと使われ，村の衛生状態が改善したかを確認するために村を訪れた。ユリ村では，井戸が壊れたままの状態で放置されていた。村の広場につくられたトイレはきれいな状態だったが，どうやらほとんど使用されていないようだった。カキ村では，井戸は使用されていたが，村人の多くは，この井戸の水を利用していないようだった。カキ村のほとんどの女性は，これまでどおり，長い距離を歩いて，水くみに出かけていた。

【ワークシート】
1. どうして，このような事態が引き起こされたのでしょうか。想像できるさまざまな理由を考えてください。
   1-1　ユリ村では，どうして井戸は壊れたままだったのでしょうか？
   1-2　ユリ村のトイレは，どうして利用されていないのでしょうか？
   1-3　カキ村では，どうして村人は井戸を利用しないのでしょうか？
2. このような事態を招かないためには，どのような計画が必要だったでしょうか。

第 3 部
これからの開発教育の展開

　第 3 部では，今後開発教育の主たる実践の場として学校，地域，国際協力の 3 分野を扱う。それぞれの分野において，今後開発教育をどのように実践していったらよいか，についてその展望が語られている。これからの開発教育の進むべき方向と可能性がいくつか示唆されている。

第11章
学校での開発教育

　私が開発教育と出会ったのはもう20年も前になる。1989年に神戸YMCAが実施していた開発教育支援事業「アジア・アフリカ大好き先生」に選ばれ，タイ・ワークキャンプに参加させてもらったのがきっかけである。開発途上国の農村を初めてみた。また，国内での開発教育のセミナー（神戸Yや京都の関西セミナーハウス）にも積極的に参加した。学校の現場での日々の授業実践は，どうしても視野がせまくなりがちである。ワークキャンプとセミナーへの参加は，私の視野を広げてくれると同時に自分の実践の検証にもなって非常に新鮮であった。

　当時勤めていた私立報徳学園中・高校（兵庫県）では新しく「国際コース」が設置され，その特別科目「国際理解」を私は担当することになっていた。報徳学園は，勤勉や質実の社会倫理をモットーとする二宮尊徳の教えに則って創立された学校である（1911年）。戦前は誰でも知っていた二宮尊徳（金次郎）であるが，彼は，江戸後期の人物で，今風にいえば「農村開発コーディネーター」，まさに「地域と開発」の実践家である。今もそうかもしれないが，当時，国際理解といえば，「英語・異文化・国際交流」がキーワードだった。しかし，開発教育を学びはじめた私は，自身が農村の出身であり，尊徳の教えのこともあるので，「南北問題・開発・問

題解決」をキーワードに科目構想を練っていこうと考えた。こうして，開発教育の視点を導入した国際理解教育のコンセプトができていった。

授業単元としては，バブル経済で当時話題になっていた「外国人労働者問題」，世界最大の政府開発援助額であった日本の「援助と協力（ODA・NGO）」，インドや中国の経済成長を視野に入れた「地球環境問題」などを高校2年（2単位）で行なった。高校3年（2単位）では，時事問題を扱い「社会主義の崩壊」（まさにソ連が崩壊した），「アジアニーズの成長」などを扱った。外国人労働者問題の授業は，社会問題に関するロールプレイを実践に導入したもので当時としては大変斬新であった。その後，ロールプレイ教材の発展型である「ひょうたん島問題」もできていった。

このようななかで，当時，同様に兵庫県の高校教員であった大津和子と貿易ゲームを実践したり，岩﨑裕保ら関西セミナーハウスに集う現場教員やNGOの仲間たちと開発教育のあり方や教材開発のワークショップを行ったことは，非常に有意義であった。このような集いや研修は10年ほど続き，私にとって開発教育の核をなしている。全国的なネットワーク団体である開発教育協議会（現「開発教育協会」）ともかかわりも深めることができた。現在勤務する大学でも，国際理解や開発教育にかかわることを教えているのはこのような経緯からである。タイとのかかわりは，大学のフィールドスタディ科目である「海外こども事情」として現在も実を結んでいる[1]。

本章では，開発教育が，なぜ学校で必要なのか，実践可能な内容やテーマとは何か，どんな教材があり，どう進めればいいのか，どんな実践があるのか，述べていきたい。

第 11 章　学校での開発教育

1　なぜ，学校で開発教育なのか

　開発教育は，「私たちひとりひとりが，開発をめぐるさまざまな問題を理解し，望ましい開発のあり方を考え，共に生きることのできる，公正な地球社会づくりに参加することをねらいとした教育活動」と定義されている[2]。

　「開発」の概念は両義的である。工業開発も「開発」であるし，持続可能な開発も人間開発も，同じ「開発」で語られる（英語では development）。本章では，開発教育は，「望ましい開発」や「持続可能な開発」のあり方を検証し，お金など物質的な基準のみならず，人間としての選択の可能性を広げていこうとする「人間開発」の考えにそった教育であるととらえておく。

　もちろん，何が望ましい開発で，どのような開発を持続可能というのか，どのような選択が人間的なのか，これらは，豊かさとは，公正な社会とは，多様性を尊重するとは，個人が自由であるとは，といった価値にかかわっている。これらの価値は，地球的な相互依存関係が深まった現代を生き，未来を選択する若い人たちが，個人として追求し，他者とかかわる社会性としても検証していくべきものである（その権利と責任がある）。

　開発教育が取り上げるテーマやトピックは，貧困，人の移動，環境，子ども，ジェンダー，国際協力など，開発途上国の社会事象や国内の社会問題が多いが，それは，「人間開発」や「持続可能な開発」にかかわる問題の矛盾が集約的に現れる地域や階層を取り上げているからであって，開発教育が真にめざすのは，それらがまわりめぐって私たちの生活や開発途上国の人々の暮らしと深く結びつき，相互に影響を与えていることに気づくことであり，グローバルな視野（global perspectives）を獲得することなのである[3]。

　「自分と世界のつながりを発見し，関係のあり方を問うなかで，グローバルな視野を獲得し，地球社会に生きる市民としての権利と責任を果たす」，これが，私が考える開発教育の最も広義の意味づけである。学校は，若い人たち

に，グローバルな視野を獲得し，「開発」にかかわる諸価値について学習する機会を提供する必要がある。昨今，若者の社会参加意識を高めようとするシティズンシップ教育が注目されているが，開発教育は，この意味で，グローバル・シティズンシップを育成するものである。

② 開発教育で何を学ぶのか

開発教育協会では，先にあげた定義のあと表11-1のような教育内容を掲げている[4]。

私は，これらと学校の社会系教科（社会，地理歴史，公民）や家庭系教科（技術・家庭，家庭）との内容（知識・理解と資質の育成）の重複，および教科横断的な「総合的な学習の時間」（以下「総合」）との関係をすでに指摘したことがある[5]。

さらに，教科書から開発教育とその関連教育のテーマやトピックを拾うことも可能である。たとえば，藤原隆範は，中学校教科書（2007年，旧課程）から以下のようなテーマを拾っている（抜粋，科目・分野名および教科書会社名の表記は筆者による）[6]。

表11-1　開発教育の内容

知識・理解				態度形成・行動
1　文化の多様性	2　開発問題の現状と原因	3　地球的諸課題の関連性	4　世界と私たちのつながり	5　私たちのとりくみ
開発を考えるうえで，人間の尊厳性の尊重を前提とし，世界の文化の多様性を理解する。	地球社会の各地に見られる貧困や南北格差の現状を知り，その原因を理解する。	開発をめぐる問題と環境破壊などの地球的諸課題との密接な関連を理解する。	世界のつながりの構造を理解し，開発をめぐる問題と私たち自身との深い関わりに気づく。	開発をめぐる問題を克服するための努力や試みを知り，参加できる能力と態度を養う。

（出所：筆者作成）

第 11 章　学校での開発教育

・開発教育のテーマ

「エビとマングローブ」（公民・帝国書院），「もしも世界が100人の村だったら」（地理・教育出版，公民・東京書籍），「世界の食糧問題について考える」（公民・東京書籍），「身近な国際協力」（公民・大阪書籍），「パーム油とマレーシア」（公民・東京書籍），「『食』の問題」（公民・日本文教出版，東京書籍，家庭・東京書籍），「水をお金で買う生活」（家庭・開隆堂，保健体育・東京書籍），「身近な地域の多文化マップ」（公民・東京書籍）など

・環境教育のテーマ

「循環型社会―江戸時代のくらしに学ぶ」（歴史・東京書籍），「環境家計簿をつくろう」（公民・帝国書院，大阪書籍），「雨の酸性度を調べる」（理科2・教育出版，啓林館，大日本図書，地理・帝国書院），「分別し集められたゴミはどこに？」（理科2・啓林館，公民・帝国書院，扶桑社），「さまざまなリサイクル」（理科2・啓林館，東京書籍，学校図書，家庭・技術・東京書籍），「学校の空気は新鮮？」（家庭・開隆堂，保健体育・東京書籍，学研，大日本図書）など

・国際理解教育のテーマ

「世界をめぐったじゃがいも」（歴史・東京書籍），「カレーライス・歴史の旅」（歴史・日本書籍新社），「ネギをめぐる貿易摩擦」（公民・清水書院，地理・帝国書院），「なぜ広島県は移民が多いのか」（歴史・東京書籍）など

・平和教育のテーマ

「幻の大東亜共栄圏―日本とアジア」（歴史・日本書籍新社），「沖縄から見た日本と国際社会」（公民・東京書籍，日本文教出版，歴史・東京書籍），「カンボジアはかつて戦場だった」（公民・帝国書院），「核兵器の問題を考える」（公民・日本書籍新社）など

・人権教育のテーマ

「車いすで街に出てみよう」（公民・日本書籍新社），「男女共同参画社会を実現するために」（公民・東京書籍），「バリアフリーについて考える」（公民・東京書籍，清水書院），「ボランティアについて考える」（公民・東京書籍）

など

　旧課程の学習指導要領（1998年告示）では、「国際理解」が「総合」に入って注目された。新課程では、その「改善方針」に、社会、地歴、公民、理科、家庭などの教科内容を中心に「持続可能」という言葉が本文に10回も使われている[7]。その結果、学習指導要領（2008年3月告示）では、「持続可能」が、中学校の社会（地理的分野と公民的分野）と理科（第1分野と第2分野）にそれぞれ一つずつ（計4カ所）入った（小学校には見られない）[8]。

　「国際理解」という文言が入った旧課程で、「総合」および社会、技術・家庭、保健体育、理科などの教科学習において、開発教育に関連するテーマが中学校教科書で取り上げられているのだから、「持続可能」という言葉も加わる新課程の新しい教科書では、今後もっと多様なテーマが見られると推測できる。

　さらに、日本ユネスコ国内委員会（文部科学省国際統括官付）では、ESD（Education for Sustainable Development）を「持続可能な開発のための教育」から、「持続発展教育」に、ユネスコ協同学校を「ユネスコ・スクール」に名称を変更して、学校現場への普及をはかろうとしている[9]。

　また、最近では、NHKのみならず、民放テレビ局でも地球的な課題にかかわる番組制作を行っている。たとえば、「世界がもし100人の村だったら」（フジテレビ）という番組は、児童労働や少年兵、エイズ、路上生活の子どもの「かわいそうな、しかし、懸命に生きる」姿を映像化し、地球上の人類の苛酷な現実（貧富の格差、安全や健康の選択の不公平）を意味づけしている。私の勤務する大学では、番組が放映された翌年には、開発問題への関心が高い。

③ 開発教育は学校に浸透しているか

　このような外部条件がそろっているにもかかわらず、開発教育という「言

葉」や授業実践を聞くことはそれほど多くない。教科書にも取り上げるべき課題やテーマが多くあり，学校外のメディアなどが若い人に支持されているのに，教員は，そういった興味や関心を授業のなかで適確に取り上げることができていないのだろうか。開発教育は，果たして学校に浸透しているのだろうか。

　私は，次のような「言説」を聞くことが多い。
① 学校現場では，「国際理解」「環境」「人権」「平和」という言葉はよく聞くが，「開発教育」はあまり聞かない。
② 教科の授業や「総合」で，開発教育について，どのように取り上げていいのかわからない。授業で使える適切な教材が少ない。
③ 外国のことや地球的な課題について学ぶ学習単元やテーマは，社会系教科だけである。しかも社会系教科の国際的な内容の単元は，学年の終わり（教科書の最後）にあって教える時間が限られている。
④ 開発途上国をめぐる現代的，時事的な課題は，基礎・基本の量的学力重視の学校の方針にあわない。
⑤ ゲームやワークショップなど参加型学習はたしかに面白いが，単なる活動や「遊び」に終わってしまう。

　①，②は，学習内容にかかわることだが，開発教育を狭くとらえていたり，ほかの教育ですでに実践してるのに，開発教育と自覚していない場合である。実際，私の現場教員の経験でも，内容的には開発教育のテーマを取り上げていても，国際理解教育であったり，人権教育であったりする。

　これは，学校教育で流通している「言葉」の問題である。「開発教育」は，国際協力の NPO や JICA，外務省の人たちが使う「言葉」で，「国際理解教育」は文部科学省やユネスコ，教育委員会が使う「言葉」であった。今後も，こういった「行政の縦割り」に伴う「言葉」の問題は生じるだろう。だが，「開発，平和，環境，人権」に関する教育は，領域や内容が重なっており，それぞれが定義と領域を規定しても有益とは思えない。ましてや，本章で意味づ

けしたような「持続可能な開発」や「人間開発」，「グローバルな視野の獲得」という，より広義のかつ高次の次元からは，それらは包括されてしまうものである。「開発，平和，環境，人権」は，「山の頂上」にいたる登り口，あるいはより広い視野にいたる「部屋の窓」ととらえていったほうが，授業を実践する教員にはありがたいし，また有効である。

　③は，開発教育の学習内容に対する誤解も含まれている。先のテーマ例にみたように，開発教育は社会科の国際単元に固有のものではない。④，⑤は，学力論や「学び方・教え方」にかかわるものだが，学習指導要領が学習の大綱・基準を示したものであることを確認しておきたい。教科の基礎・基本をふまえた応用や発展学習が可能であるし，量的学力や基礎基本の知識と知識の活用能力や質的学力とを二項対立的にとらえ，どちらか一方を無視していいわけではない。両者は相互に影響しあい，かつ，らせん的に向上していくものだからである。

4 開発教育の教え方，学び方

　では，開発教育らしい教え方，学び方とはなんだろうか。
　よくいわれることだが，民主主義を教えるのに，疑問や話し合いを封じ，暗記を強要する教え方は，民主的ではない。同様に，開発教育も，教える（学ぶ）内容と教え方・学び方（方法）が統一的に実践されてこそ意義あるものである。私は，学習内容と方法を統一的にとらえた開発教育の方略として三つを指摘したことがある。
　① 世界を身近に理解する（相互依存アプローチ）
　② 自ら学ぶ・ともに学ぶ（参加型学習）
　③ 開発途上国での経験を生かす（PRAとアクション・リサーチ）
　世界を身近に理解する（相互依存アプローチ）とは，私たちの暮らしが，世界，とくに開発途上国の人々の暮らしとかかわりをもち，つながりがあるから

である。このような可視・不可視の関係性に気づいていくために，フォトランゲージ，ゲーム，ロールプレイ，ランキングなど活動的な手法を用いて，ともに学びあい，問題解決のためによりよい社会をつくっていこうとする参加型学習が生かされる。

　開発教育とほかの教育とのちがいは，開発途上国の経験を生かし，そこから学ぶ点にある。PRAとアクション・リサーチはその一つである。PRA（参加型農村調査法，242頁参照）は，外部・専門家・政府役人などの「上から」の調査に基づく開発プロジェクトとその失敗・誤りに対する自己批判から出発し，農村や都市コミュニティの貧しい人々の主体的な参加によるニーズ把握と調査によって開発問題をとらえていこうとする[10]。PRAにおける外部と農村，専門家と農民の関係は，学校における教師と生徒の関係と対比され，教師の一方的な教え込みではなく，学習者自身による問題の発見，課題の設定，問題の影響や広がり，背景の探究，解決への行動が，PLA（参加型学習行動法）として教育学の領域でも活用されている。このような学習のプロセスと主体的な学びを意図したものがアクション・リサーチである[11]（96頁参照）。

　私は，これらのアプローチを生かした授業を「開発教育における学びの文脈づくり」（図11-1）ととらえてみたい。それは，「計画（plan）→実践（do）→評価（see）」のらせん的カリキュラムのなかで展開される，子どもの経験と学びへの参加を重視した問題解決学習である。授業は，教師が，自らの専門性を

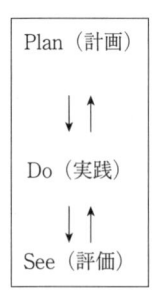

Plan（計画） ↓↑ Do（実践） ↓↑ See（評価）	1. 子どもの切実さ，リアルさ 2. 教師の計画性（学習内容の単元化・指導案） 3. 教材開発と「現実」〈開発問題〉のなげかけ	
	4. 授業場面の設定，適切な教材 5. 子どもの学び（参加型学習） 6. 開発をめぐる価値の吟味，検証，選択	参加する・行動する 解る・判る 気づく・知る
	7. 授業のふりかえり，学びの記録と評価	

図11-1　開発教育における学びの文脈づくりと学びの構造

生かした独創的な内容であれ，教科書にあるテーマやトピックであれ，子どもの切実さ，子どもの現実とクロスした「開発」問題を投げかけるところから始まる。それは，開発教育らしい教材を活用した「授業場面の設定」につながり，子どもの学びを創っていく。その際，「開発」問題にかかわる価値を検討する（吟味，検証，選択）ことを通して[12]，学びの文脈が生まれていく。そのためには，学習内容の単元化を含む教材開発が重要である。また，問題やテーマにかかわる学習内容にそった基本的な知識理解も必要である（図11-1）。そして，最後に，学びの記録と評価をもとに，授業のふりかえりが行われる。開発教育は，開発政策や援助機関や団体の広報やキャンペーンなどではなく，「学びの文脈づくり」を伴う自立的でかつ創造的な教育活動なのである。

5 開発教育の進め方・教材

　開発教育らしい学びの文脈が生まれるような進め方について，単元例を取り上げて説明してみよう。
　単元は，教科書にもあって，よく知られているテーマ「エビとマングローブ」とした。私たちの食とその海外への依存，それが相手先住民の暮らしや，まわりまわって私たちの暮らしや地球環境に影響を与えていることに気づき，問題解決のために何ができるかを考えるものである。表11-1の学習領域では，「私たちのくらしと世界の相互依存」にあたり，パーム油でもコーヒーでも実践が可能である。身近な食べ物や私たちのくらしの変化と遠い国での出来事とのつながり，そして地球環境や持続可能な社会への課題といった問題意識が，子どもたちにとってリアリティのある学びの文脈づくりにつながっていくだろう。図11-2に，この単元の学びの見取り図を示した（写真は藤原孝章研究室所蔵[13]）。
　なお，発展編として，「日本の消費者」「エビ養殖にかかわる輸入業者（日本の商社）」「マングローブ林とともにくらすタイの地域住民」「タイの養殖業者」

第11章　学校での開発教育

　　　　　　　　　　　　日　本

くらしの変化（地域）・日本 [1]　　　くらしを変える（地球）・日本 [4b]
・エビの大量消費　　　　　　　　　・食の安全，有機農業に関心をもつ
・家庭用冷凍冷蔵庫　　　　　　　　・環境や労働条件に配慮した適正な原料調達に関
・外食レストランの普及　　　　　　　心をもつ
産業の変化　　　　　　　　　　　　・適正な価格で購入する（フェアな貿易，エコ・
・食料自給率の低下　　　　　　　　　シュリンプ，粗放型・結合型養殖だと価格が高
・農林水産業の高コスト，高齢化，担い手不足　　くなる）
　　　　　　　　　　　　　　　　　・マングローブの植林活動

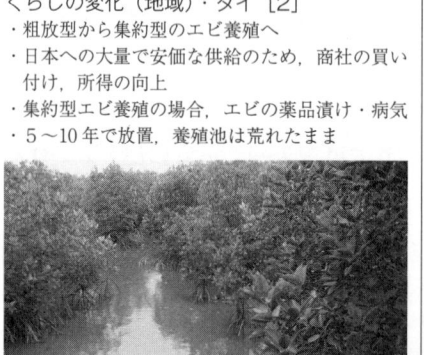

くらしの変化（地域）・タイ [2]　　　くらしを変える（地球）・タイ [4a]
・粗放型から集約型のエビ養殖へ　　　・集約型養殖（環境破壊）から粗放型養殖・結合
・日本への大量で安価な供給のため，商社の買い　型養殖へ
　付け，所得の向上　　　　　　　　・生産の減少と価格の高騰（エビの生産量は集約
・集約型エビ養殖の場合，エビの薬品漬け・病気　型に比べて減る）
・5～10年で放置，養殖池は荒れたまま　・持続可能な森林，マングローブ林の再生

　　　　　　　マングローブとくらし（地域）・タイ [3]
・薪炭や家屋の建築材，津波・風水害の防波堤，薬用植物など沿岸の熱帯樹林として有用
・スズ採鉱，集約的エビ養殖など伐採の歴史

　　　　　　　　　　　　タ　イ

図11-2　学びの見取り図

1. 単元テーマ（例）：「エビとマングローブ―タイを事例に―」
2. 単元計画　4時間程度
3. 学校段階：小学校高学年，中学校（家庭科でも社会科でも可能）
4. 単元のねらい：（中学校社会科公民的分野・国際単元として設定する）
    - 私たちが手軽に食べているエビ（冷凍エビ）が，アジアの国に依存しているだけでなく，エビ養殖と森林伐採のために現地の人々のくらしや地球環境に影響を与えていることを知る。
    - 適正な食料依存のあり方と地球に優しいエビ養殖のあり方を探ることをとおして，私たちに何ができるかを考える。マングローブ再生のための植林活動などに興味をもつ。
5. 授業構成（数字は時間）
[1] くらしの変化（地域）・日本
    - 統計，資料などから，私たちが食べるエビのほとんどが，ベトナム，インド，インドネシア，中国，タイなどアジアからの輸入品であり（約90％），とくに，タイは1980年代には日本向けの冷凍エビの最大の輸出国であったことを知る。
    - エビ消費と輸入の背景には，冷凍冷蔵庫の普及，外食産業の発達，農林水産業の担い手の減少など日本社会の大きな変化があったことを理解する。
[2] くらしの変化（地域）・タイ
    - ビデオなどから，日本への輸出のために，エビの大量生産がもとめられ，従来の粗放型養殖から集約型の養殖にきりかえられ，所得の向上をもたらす一方で，養殖地を確保するために沿岸のマングローブ林（熱帯林）が伐採されたことを知る。
    - 集約型養殖では，エビの病気などにより，5～10年で放置され，森林として再生されないことを知る。
[3] マングローブとくらし（地域）・タイ
    - ビデオや資料から，マングローブ林は現地の人々によって，漁業，炭焼き，薬用など有用な森林であることを知る。資料などから，タイでは，スズ採鉱やエビ養殖のために多くのマングローブ林が伐採されてきたことを知る。
[4a・b] くらしを変える（地球）・タイと日本
    - タイでは，エビ養殖のあり方とマングローブ林の再生のために，持続可能な養殖として，生産量は減るが，従来の粗放型養殖や結合型養殖（部分伐採と再生林）が見直されてきたことを知る。
    - タイでは，津波や風水害の防波堤などマングローブ林の有用性の見直しや植林のための教育もなされている。
    - 消費する側の日本でも，地球環境や食の安全に配慮した資源の調達，公正な貿易のあり方を探る必要があることを検証していく。
    - NGOなどが行う植林活動についても興味をもつ。

表 11-2 開発教育の教材モデル

	学習内容・課題	見方・考え方の転換	教材モデル
A	a. 文化的多様性	固定的な認識から多様で豊かな認識へ, 文化の相対化へ	「地球家族」「地球の仲間たち」[16]「ワークショップ版―世界がもし100人の村だったら」
	b. 多文化社会における文化	文化の実体化・固定化から文化の構築・変容・創造へ	「ひょうたん島問題」「レヌカの学び」
B	開発問題, 援助・協力	物質的基準から関係性の基準へ「する側」から「される側」の視点へ	「貿易ゲーム」「貧困と開発」「『援助』する前に考えよう」
C	平和の課題, メディア	受信から発信へ, 意見の共有へ「情報の洪水」から「情報の読み解き」へ	「もっと話そう！ 平和を築くためにできること」「グローバル・エクスプレス」
D	私たちのくらしと世界の相互依存	グローバルとローカルの相互浸透へ　不公正な関係から公正な関係へ	「コーヒーカップの向こう側」「パーム油のはなし」「お弁当屋さんゲーム」
E	教室と地域, 学校と外部をつなぐ	「教室」から「外」へ・「外」から「教室」へ	「アウトリーチ」（出前授業・出張講義）型教材（「カルチャーボックス」「みんぱっく」）

(出所：筆者作成)

など，このテーマにかかわる当事者の利害関係や考え方を，資料から読み解き，ロールプレイや寸劇にしたりすると開発教育の教材として，学びの文脈づくりに，より役立つであろう。マングローブの植林と再生にかかわっている人の話を聞くのもよい。

次に，開発教育らしい学びの文脈が生まれるような教材とはどのようなものだろうか[14]。これについてもすでに述べたことがあるので表のみ掲げておく[15]（表11-2，学習内容・課題の領域については表11-1に従う）。

おわりに──開発教育の実践者たち

学校を取り巻く昨今の状況は，政治的にも社会的にも変容している。

政治的な面では，教育基本法（2006年），学校教育法（2007年）が，保守的

おわりに——開発教育の実践者たち

な傾向のもとで改訂されたほか，規制緩和と自由化のなかで，全国的な学力検査が実施され，学校は評価と選択にさらされている。教育現場では管理と統制の職階制が強くなり，教師の同僚性という自由で創造的な授業を生み出す土壌が弱くなっている。進歩的な教職員組合の組織率も低下している。団塊の世代の引退とともに若い教員への教職スキルや構えといったものの伝承も危うくなっている。教員免許更新制の導入も教員の研修のあり方に影響を与えるであろう。

　社会的な面では，いわゆる社会の格差化が進行し，社会階層と所得，家庭環境によって私立と国公立間の学校選択が行われ，学力（量的・質的学力）と職業の格差があらわになっている。この傾向は三大都市圏（関西，中部，首都圏）において著しい。公立学校と私立学校では，学校の児童生徒の状況がまったく異なることも珍しくなく，教師が授業づくりにおいて直面する課題も多様である。

　このような状況に直面しながらも，教師は，その専門的な力量を培い，自由な裁量の範囲内で開発教育を実践していくことは可能である。開発教育の内容と方法，教材開発の観点からみて，開発教育を意識するかいなかにかかわらず，すぐれた実践者は過去にもいたし，現在もいる。地域や学校の状況に直面しながら，子どもの現実から開発教育の学びの文脈をつくりだしていった教師はいるのである。

　たとえば，開発教育という言葉がほとんど学校現場に知られていなかった1980年代，公立高校の教員であった大津和子は，社会科（「現代社会」）で「一本のバナナ」という優れた授業実践をしたし，その後も開発教育や国際理解教育に関わる理論と実践を提唱してきた。これらに触発されて，関西を拠点に実践・研究活動をしてきた教員たちによる開発教育の優れた実践も1990年代には生まれてきた。また，宮城県の私立高校では，「開発教育」の年間プログラムも実践されている。「ワールド・スタディーズ」など，英国の開発教育の考え方や実践が紹介され，アクティビティに注目が集まり，教科学習や「総合」

213

の授業の活性化に貢献した。

　2000年代には，途上国への修学旅行を実践している広島県の私立高校の教員，在日コリアンの多い地域で，高校の日本語ボランティアサークル活動をすすめてきた神奈川県の公立高校の教員など，教科学習にかたよらない開発教育の実践者が生まれてきた。教科学習でも新しい地理授業の提案や「時事問題」といった学校設定科目での授業実践など広がりをみせている。開発教育協会では，表11-2に紹介したようなオリジナルな教材を多く作成し，授業やワークショップ用に提供している（紙数の都合で取り上げられなかったけれども，開発教育の具体的な授業実践と実践者については，公表された文献を参照してほしい[17]）。

[藤原　孝章]

学習を深めるための課題

1. 学校の教科学習で開発教育を実践する場合，どんな教科で，どんな単元で行うことができるか，「教科書で教える」開発教育のテーマや単元を探ってみよう。
2. 学校の「総合的な学習の時間」や「特別活動」「道徳」において開発教育を実践する場合，どんなテーマが適切か，一つ設定して，その学習計画をつくってみよう。
3. 開発教育の教材について，一つ取り上げ，その進め方，実践上の意義やねらいについて調べてみよう。

注
(1) 「藤原孝章研究室」(http://www2.dwc.doshisha.ac.jp/tfujiwar/) 海外研修・スタディツアーのページ参照。
(2) 開発教育協会『開発教育』Vol. 53，明石書店，2006年，表紙
(3) グローバルとは，地域，国家，世界へと同心円的に拡大していく空間的概念ではなく，国内であっても世界であっても成立するホリスティックな視点を有した概念である（G. パイク，D. セルビー著『地球市民を育む学習』明石書店，1997年）。
(4) 前掲(2)
(5) 藤原孝章「開発教育における教材開発」前掲(2)，8-23頁

(6) 藤原隆範・ユネスコ協同学校推進室「どうすすめる ESD 中学校の実践課題−現行学習指導要領と教科書の分析から−」『広島大学附属中・高等学校中等教育研究紀要』第53号，2006年，88-126頁
(7) 文部科学省ウェブサイト「幼稚園，小学校，中学校，高等学校および特別支援学校の学習指導要領の改善について」(2008年1月17日中教審答申)
(8) 同上「小学校学習指導要領」「中学校学習指導要領」(2008年3月)
(9) 日本ユネスコ国内委員会配付用パンフレット「持続発展教育について」2008年2月
(10) R. チェンバース『参加型開発と国際協力−変わるのは私たち』明石書店，2000年
(11) 田中治彦「アクション・リサーチのすすめ」開発教育協議会『開発教育』Vol. 46, 2002年，31-38頁。藤原孝章「アクティブ・シチズンシップを育てるグローバル教育」同志社女子大学社会システム学会『現代社会フォーラム』No. 2, 2005年，21-38頁
(12) 「開発」問題にかかわる価値については，① モノを規準にした開発：道路，空港，ダム，鉄道，工場など社会経済インフラの開発，② カネを規準にした開発：雇用の創出，生活水準や所得の向上，③ 基本的ニーズ（BHNs）を規準にした開発：識字，初等教育，飲み水，保健など，④ 持続可能性を規準にした開発：安全，平和，環境保全，文化的多様性など，を含意においている。
(13) 前掲(1)に同じ。タイでのスタディツアー（2004年富山大学，2005年同志社女子大学）。写真は，左上から順に，植林用マングローブの苗木，植林作業，マングローブ林，エビの養殖池，を示す。
(14) 田中治彦は，表11-2に掲げた開発教育の教材を，討論に発展する社会科ネタとして紹介している（『社会科教育』明治図書，2007年4月〜2008年3月）
(15) 前掲(6)に同じ。表11-2の教材の多くは開発教育協会（http://www.dear.or.jp/）にて紹介・販売されている。
(16) 開発教育を考える会編『フォトランゲージ CD-ROM 版地球の仲間たち』INT，2003年
(17) 帝塚山学院大学国際理解研究所『国際理解』，開発教育協会『開発教育』，日本国際理解教育学会『国際理解教育』などには，開発教育にかかわる授業実践が多く掲載されている。

参考文献

G. パイク，D. セルビー著『地球市民を育む学習』明石書店，1997年
S. フィッシャー，D. ヒックス著『World Studies 学びかた・教えかたハンドブック』めこん，1991年
D. ヒックス，M. スタイナー著『地球市民教育のすすめかた−ワールド・スタディーズ・ワークブック』明石書店，1997年
NHK「地球データマップ」制作班『NHK 地球データマップ』NHK 出版，2008年
R. チェンバース著『参加型開発と国際協力─変わるのは私たち』明石書店。2000年
マテリアルワールドプロジェクト『地球家族：世界30カ国のくらし』TOTO 出版，1994年

第 11 章　学校での開発教育

開発教育を考える会編『フォトランゲージ CD-ROM 版地球の仲間たち』INT，2003 年
土橋泰子著『レヌカの学び―自分の中の異文化に出会う―』あおもり開発教育研究会・開発教育を考える会，2004 年
大津和子著『社会科＝一本のバナナから』国土社，1987 年，同『国際理解教育』国土社，1993 年，同『グローバルな総合学習の教材開発』明治図書，1997 年
藤原孝章著『外国人労働者問題をどう教えるか』明石書店，1994 年
開発教育推進セミナー編『新しい開発教育のすすめ方1』古今書院，1995 年
開発教育研究会編『新しい開発教育のすすめ方2-難民』古今書院，2000 年
佐々木達也「開発教育・通年のプログラムの試み―1992 年度高三「時事問題」の授業を通して」開発教育協議会『開発教育』Vol.27，1994 年
木村一子著『イギリスのグローバル教育』勁草書房，2000 年
野中春樹著『生きる力を育てる修学旅行』コモンズ，2004 年
風巻浩著『ボランティアで国際交流』岩崎書店（分担執筆），2002 年
全国地理教育研究会（泉 貴久・梅村松秀・小林正人・近 正美）編『地球に学ぶ 新しい地理授業』（地理 8 月増刊号）古今書院，2005 年
高野剛彦「テロ事件を学校でどう扱うか―メディアリテラシーとして」開発教育協議会『開発教育』Vol. 45，2002 年など
田中治彦「討論に発展！社会科ネタ 多文化社会理解の発教育」『社会科教育』明治図書，2007 年 4 月～2008 年 3 月連載
宮城豊彦・安倉和宏・藤本潔著『マングローブ―なりたち・人びと・未来』古今書院，2003 年
中村武久著『ハンドブック　海の森・マングローブ』信山社，2002 年
向後元彦著『海の森・マングローブをまもる―もう一つの地球環境問題』大日本図書，1992 年
村井吉敬著『エビと日本人』岩波新書，1988 年など
ビデオ：アジア太平洋資料センター『エビの向こうにアジアが見える』1996 年，同『エビの履歴書―育てる人と食べる人』2004 年
慶應大学経済学部大沼あゆみ研究会（環境経済学），2005 年度三田祭論文「えび養殖とマングローブ～えびの低価格はこのまま続けてはいけない」(http://seminar.econ.keio.ac.jp/onuma/)（2008 年 2 月 24 日閲覧）
マングローブ植林大作戦連絡協議会「マングローブ植林大作戦」(http://www.alles.or.jp/~mangrove/)（2004 年最終更新）
独立行政法人「国際農林水産業研究センター」のマングローブ林の開発と環境についての研究成果報告（『平成 17 年度業務実績報告書』）

教材紹介

ひょうたん島問題

「ひょうたん島問題」は，移民や外国人労働者が増えつつある日本の現代社会の課題とその解決のあり方を，多文化共生の観点から体験的に理解するためのシミュレーション教材である。

架空の島である「ひょうたん島」に，「カチコチ島」と「パラダイス島」から人々が労働者や移民としてやってくるところから「物語」がはじまる。「ひょうたん島」の人々は，緑の森林と農園が広がる島で，豊かにそして穏やかに暮らしている。「カチコチ島」は，豊かではなく飢饉も起き，出稼ぎをする人も多い。人々は大変な働き者で，故郷に仕送りをしている。「パラダイス島」の人々はのんびり屋でゆったりとしている。しかし，人口が急増し，島を出ていく人も多い。こうして，もともとは「一民族一国家一言語」であった「ひょうたん島」に，カチコチ人とパラダイス人という異なる文化や言語をもつ人々がやって来た。

そこでは，多文化社会にあって現実に起こりうる社会問題を，あいさつ（コミュニケーション）や祝祭（文化），学校（教育），居住（コミュニティ），そして資源・環境という5つの場面に，しかも，より深刻になっていく段階として，仮想的に設定している。それらを，多文化共生をテーマに，仮想現実のなかで，参加者が「討論の空間」を構築して，ロールプレイを通して考え，解決のあり方を探っていこうとする。

付録CDに，場面や役割の説明などに必要なツールを収録しており，ワークショップに好適である。また，ファシリテーションの進め方や留意点だけではなく，多文化主義の考え方，ロールプレイによる討論の学習論上の意義などの解説や，日本の多文化社会にかかわる資料（外国人登録者数，移民史，外国人法制の変遷，外国人問題のウェビングなど）もあって，単なる活動・アクティビティに終わらないように，ふりかえりにも配慮している。

（藤原孝章『シミュレーション教材「ひょうたん島問題」―多文化共生社会ニッポンの学習課題』明石書店，2008年）

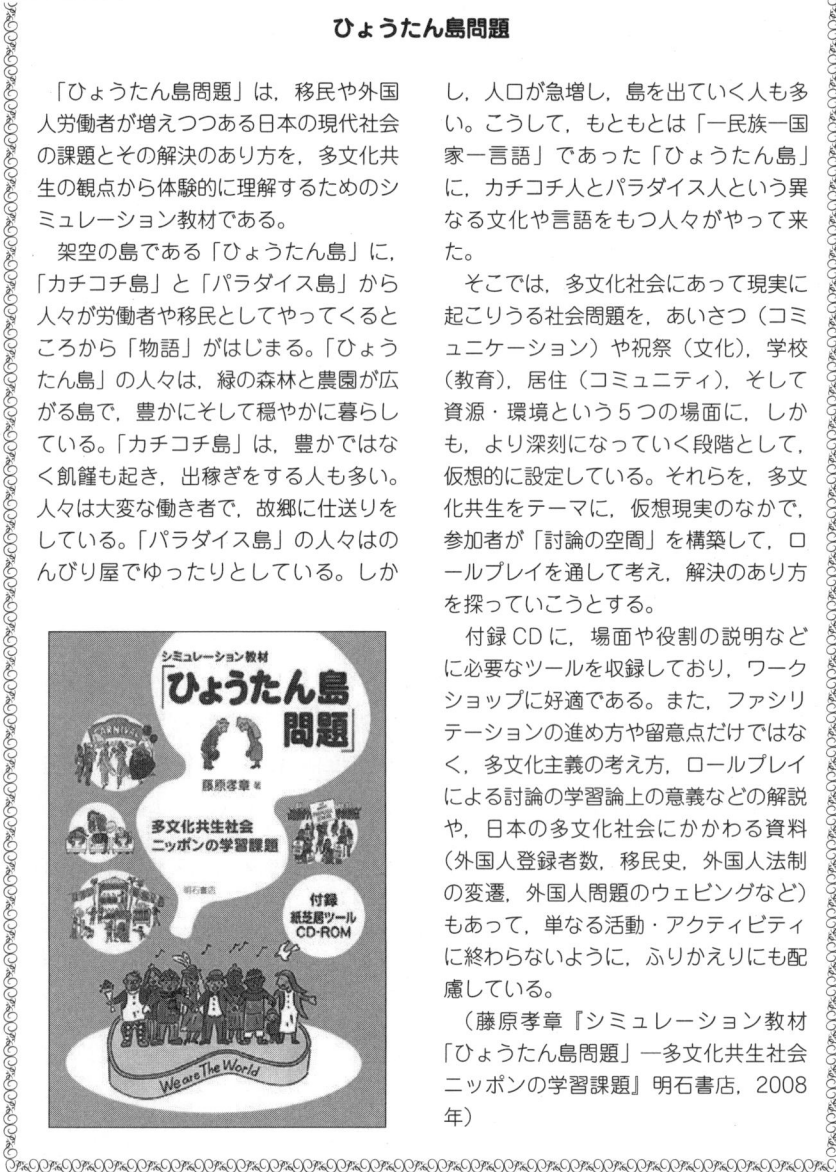

第12章
地域からの開発教育

　私自身，開発教育の活動にかかわって20数年が経つ。そのかかわりのなかでは，開発教育は開発問題の解決に向けて，どのような社会を想定しようとしているのか，またそのためにどのような教育を実践のなかからつくり出そうとしているのかということが，常に開発教育への問いであり，また私自身への問いでもあった。

　たとえば，開発教育が目標として掲げる「貧困・南北格差の解決」とは解決後のあり様として具体的にどのような社会状況を想定しているのだろうか。開発問題の解決への方策としての「援助・協力」とは各国間・各当事者間にどのような関係をつくろうとしているのだろうか。グローバル化の進展に伴う地域の多文化化のなかで語られる「多文化共生」とは，具体的に文化間のどのような関係を意味しているのだろうか。そしてそれらのための教育とは従来の教育と何がどう異なるのだろうか。学校教育はどれだけのことを担えるのだろうか。成人のためにはどのような教育の場が必要なのだろうか。以上のような問いはかかわるなかで次々と生まれ，広がってきているように感じている。

　そのようななかで，とくにここ数年は，私は「地域」にこだわりはじめている。なぜ地域なのかについては，本文で改めて述べることにしたい

が、たとえば2005年1月には、私の地元地域である神奈川に、それまで開発教育にかかわってきた10数人の仲間と一緒に「かながわ開発教育センター」を立ち上げた。その設立への思いは、「私たちは、身近な地域である神奈川で、共に出会い、語り、互いの経験に学びあう中で、平和で公正な社会の構築をめざす開発教育の活動を通して、世界や地域の問題を解決するために行動していきたいと思い、ここにかながわ開発教育センターを設立します」といった設立趣意書に示されている。つまりこの設立には、これまでの教師や研究者、NGO関係者という仕事上での立場を越えて、生活者の立場から、当事者として、地域の開発問題、開発教育に丁寧にかかわっていきたいとの思いが基底にあったということができる。かながわ開発教育センターでは、いろいろな活動を無理のない範囲で実施しているが、たとえば、2007年度末で13回を数えた「かながわ地球市民塾」では、「横浜中華街で、人々の物語を見つけよう」（第4回）、「葉山の木工職人、○○○○さんを訪ねる〜教師から木工職人へ〜」（第8回）といったように、それぞれの地域での出会い・経験・語りを目的とした活動が実施されている。そしてこのような出会いと活動を、今後どのようにして、点から線・面へとつなぎ広げていくかについては、もう少し時間をかけながら、実践のなかで考えていきたいと思っている。

　このような地域からの開発教育へのアプローチは、いま新たに注視され、その動きをいくつかの地域に見ることができる。それは、たとえば開発教育協会関連の活動において、地域実践を軸にした全国レベルでのネットワーク会議が2004年度以降定期的に開催され[1]、また私もメンバーとしてかかわった「地域・文化・学び研究会」による研究を基礎にした『地域から描くこれからの開発教育』が2008年5月に刊行され[2]、さらには開発教育協会の2008年度からの中期計画では、「グローバル化による諸問題を『足もとの課題』から捉える視点の提示」が方針として提示されていることなどに示されている。このような動きのなかにあって、本章で

は，いまなぜ地域なのか，地域とは何かといった問いや，地域に見る実践事例への考察を通して，地域からの開発教育のあり様について問題提起を含め論じてみることにしたい。

1 なぜ地域なのか

　日本において開発教育の展開への動きがみられるようになって約25年が経つ。開発教育は，貧困や南北格差などに象徴される開発問題への理解とその解決をめざす教育活動として開始され，その20数年にわたる開発教育の展開を実践レベルで振り返ってみると，開発教育の用語と概念の普及，その教育方法・教材などの開発などに関しては，20数年前には予想できなかった程のめざましい進展をみせている。また「開発教育の地域展開」は，全国の開発教育のネットワーク組織である開発教育協会の1990年代の主要事業の一つとして位置づけられ，その成果は，1993年から2002年の10年間にかけ全国64カ所で開催された「開発教育地域セミナー」の開催[3]などに示されている。
　しかしまだわずか20数年であり，開発教育が数多くの課題を残していることも事実である。その課題を地域という視点からとらえ直してみると，私は次のような点を指摘することができるのではないかと考えている。
　第1には，これまでの開発教育は，途上国の開発問題の様相とその問題への構造的な理解を重視してきたが，いっぽう学習者にとっての足元である地域の過疎，経済格差，環境破壊などの開発問題をしっかりと掘り下げ，その問題を世界のほかの地域の問題と構造的に関連づけてとらえ，その解決に地域からかかわるという視点が十分ではなかったことである。
　第2には，地域の開発問題を考え，公正で共生が可能な地域社会を想定する場合，その地域がもつ文化（地域性・伝統など）をどのようにとらえ，さらにはその文化を，公正・共生につながる文化へとどのように発展させていくかと

いう視点が重要になるが，この点への開発教育からのアプローチは十分ではなかったことである。

　第3には，国際協力活動において，文言上は「顔の見える関係」「パートナーとしての協力」といった立場からの参加が促されてきてはいるが，自らの足元の開発問題をしっかりと掘り下げる視点が弱いためか，一方向性の「援助」型に流れ，双方が当事者として共通した課題に対応する「協力」の視点，また地域と地域をつなぐ「地域間協力」という視点を開発教育は十分に提示し得ていないことである。

　第4には，開発教育は，民間の教育運動・活動として，これまで日本の各地域で展開されてきた地域づくりと連動した動きに学び，さらにそれらと連動するなかで，相互に教育を進展させるという視点が十分ではなかったことである。

　また21世紀を展望するなかで「平和の文化」[4]や「持続可能な開発」が標榜されつつある。このようなより普遍的な価値や社会的ビジョンを提示していくことは地球レベルでの公正・共生を語るうえで必要不可欠なことではあるが，これらの価値の志向が理念や情報レベルにとどまることなく，生活様式や行動規範としての文化として創造され継承されていくには，その価値がそれぞれの地域での生活に密着した人間の共同性のなかで絡み合い，醸成されていくことが必要とされる。地球レベルでの普遍性の追求はまさに地域を基礎にして，初めて具体性をもってくる。

　つまり，こういった問題意識から，これまでの開発教育をとらえ，これからの開発教育を描いてみようとすると，これまでの20数年の蓄積に加え，「地域を軸にした実践と理論の構築」という視点が不可欠であるように思われる。

　ただこれまでの開発教育の実践において，上述の「開発教育地域セミナー」に示されるように，地域がまったく語られてこなかったわけではない。これまでの開発教育における地域展開をとらえ直してみると，南北問題や貧困などのグローバルな問題を構造的に認識し，問題解決に参加するための教育をローカ

ル（地域）で展開することが多くの場合想定され，「グローバルからローカルへ」といったアプローチが重視されてきたことが指摘できる。このこと自体は世界に見られる問題の深刻さゆえに，開発教育にとって大切なアプローチであることに疑いはない。ただ，もう一つのアプローチである「ローカルからグローバルへ」，つまり日本の当該地域の開発問題を掘り下げ，その問題とほかの地域の問題，世界の問題を構造的に関連づけてとらえ，その解決方策と新しい社会のあり様を日本の地域から発想するというアプローチは決して十分であったとはいえない。開発教育には，「グローバルからローカルへ」そして「ローカルからグローバルへ」というアプローチが双補完的に一体的な関係をつくっていくことが求められているのである。

② 地域の意味とその機能

以上のような問題意識から，開発教育が「地域を軸にした実践と理論の構築」をめざすなら，地域をどのようにとらえていくことが求められるのだろうか。ここでは，開発教育にとっての地域の意味とその機能について考えておくことにしたい。

(1) 地域とは

地域は，伝統的には，地縁的ないし血縁的なつながりを中心とした住民が共同性に基づいて形成してきた生活空間を意味するものとしてとらえることができる。しかし地域は多義的であり，行政区や学校区のように切り取られたある一定の社会空間をさすことや，中央に対する地方，中心に対する周辺をさす場合もある。また学校と地域の連携という言葉に示されるように，学校を取り巻く個人や団体，伝承文化・文化遺産・環境資源などを総称的にさす場合にも使われている。

また地域を，ある一定の固定化された空間としてとらえるのではなく，問題

や課題に即して可変的にとらえることも可能である。つまり地域を「特定の問題解決や課題達成に向けて住民の共同性に基づき形成される生活空間」としてとらえるならば，守友裕一が下記に指摘するように，課題の種類とその課題を担う住民を出発点として，地域の範囲は伸縮自在となり，また地域そのものも重層的にとらえることが可能になる。

「地域の範囲をいかに規定するかという議論は，変革すべき課題に即して決まるのであり，その意味で地域の範囲は『伸縮自在』であり，担い手の人間集団を出発点としてそれぞれが重層化しているととらえるのが妥当である。地域の範囲を画定することが問題なのではなく，地域の現実を主体的にどう変革していくか，そうした課題化的認識の方法こそが，地域をとらえる上で最も大切なのである。」[5]

このような地域のとらえ方は，開発教育などの問題解決型の教育にとってはとくに重要である。それは地域が，政治，経済，文化，自然環境などの要素を内包する生活空間であり，それらの要素は互いに従来の特定の地域を越えて動的に絡み合っているなかにあっては，そこに存在する問題とその解決方策を検討するには，地域をより伸縮自在に，柔軟に，重層的にとらえる視点が，学びの具体性と解決行動の具体性という観点から，重要であるためである。

たとえば 2002 年の 8 月に京都で開催された第 20 回開発教育全国研究集会の最終の全体会において，神田浩史（当時の世界水フォーラム市民ネットワーク事務局長）は，地域を水の循環を軸とした流域単位でとらえるという考え方を提示しているが，水事情・水環境を考えるという課題に即して地域をとらえていくという具体的な事例である。

(2) **地域のもつ機能**

ではそのような「特定の問題解決や課題達成に向けて住民の共同性に基づき形成される生活空間」としての地域とは，具体的にはどのような機能を有している，もしくはその可能性を有していると考えられるだろうか。開発教育的な

第12章　地域からの開発教育

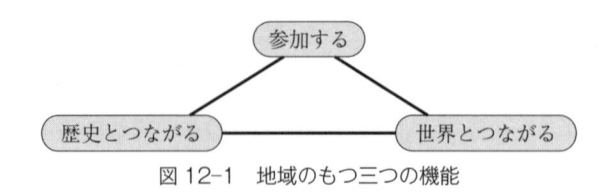

図12-1　地域のもつ三つの機能

立場から考えられる，地域のもつ機能を，図12-1に示すように相互に関連しあう三つの観点から，以下指摘してみることにしたい。
①「参加する」―参加を可能にする場としての地域―
　第1に，地域は「参加する」場である。開発教育にとって，「参加」はキーワードであり，学習過程への参加，問題解決への参加，そして社会づくりへの参加など，多面的に参加はとらえられてきている。そして学習者に，社会活動への具体性のある参加を可能にする場が地域である。
　ただここで注視すべきことは，地域を多層的にとらえるのと同様，参加を複合的，重層的にとらえるということである。たとえば地域社会というものが政治・経済・文化といった要素を内包していることを考えると，そこにおける社会参加とは，政治的参加，経済的参加，文化的参加を意味することになる。また参加の対象となる社会活動を「公」「共」「私」という三つのセクターに区分してみた場合，そこには主に行政が担う平等性・公共性を原理とする「公」の活動，多様な市民組織・団体が担う共同性を原理とする「共」の活動，そして企業や個人が担う私益を原理と「私」の活動が浮び上がる。
　つまり開発教育が標榜してきた社会参加というものは，地域に根ざして考えてみた場合，上記のように政治・経済・文化，そして「公」「共」「私」といった側面から，より複合的，重層的にとらえることが可能になる。そして地域の問題状況に即して社会参加の必要性を考えるならば，たとえば今，地域社会の崩壊，地域的関係性の希薄化といった表現で問題が指摘されているのは，「公」が硬直化し「私」が肥大化する一方，「共」が崩壊・弱体化している状況に対してである。いま，新たな動きとして注目されている民間市民組織としての

NPO・NGOによる社会活動への参加は、まさに「共」の再生への大きな原動力ととらえることができる。このように地域は開発教育が重視する社会参加を具体性に語ることを可能にするのである。
②「歴史とつながる」―先人たちの知恵に学び、未来を描く場としての地域―
　第2に、地域は「歴史とつながる」場である。歴史的存在としての人間が、先人たちの知恵に学び、それを今に活かし、生きることを保証しあってきた場が地域である。それは地域のなかに、先人たちが問題解決を通して蓄積してきた長い歴史的営みとしての多くの知恵が、文化（地域性や習俗・風習など）として折り込まれてきているからである。

　いま私たちが、問題解決・社会参加の場として地域をとらえ、さらにこれからの社会のあり様、学びのあり様を考えようとする時、そういった文化に見られる先人たちの知恵に学び、さらにそれを基礎に未来を描いていこうとすることは、歴史的存在としての私たちにとって、基本的かつ必要なことである。またこのことは、外から制度として、伝統的な「おしえ、そだて」とは断絶したかたちで地域にもち込まれ、現在においても地域性と切り離された学びを生み出しがちな学校教育・学校文化を再考するうえでも、大きな意味をもっているということができる。
③「世界とつながる」―対抗し、連携する場としての地域―
　第3に、地域は「世界とつながる」場である。開発教育は問題解決を通して共に生きることのできる公正な地球社会づくりをめざしているが、その過程では、課題を軸に、世界（国際的な動き・国の動き・ほかの地域の動きなど）とつながるなかで、多様な対抗・連携の過程を生み出すことになるが、その過程の拠点になるのが地域である。

　たとえば経済のグローバル化の進展は、効率性・競争という価値による、均質化・序列化を世界的に押し進め、また金融の自由化と多国籍企業活動の自由化は、その恩恵に預かる地域とそうでない地域の格差を一層拡大させつつある。そしてこのグローバル化に対抗し、新しい価値による社会づくりへの動き

が見られるのは地域においてである。

　ここ数年の間に，世界の各地域で生まれつつある「地域通貨」はその一事例である。この地域通貨は，特定の地域の小さな集団で使われるようつくられた通貨であり，貨幣ではないため，投機や貯蓄の対象にはならない。環境，福祉，教育といった特定のテーマで，サービスをやりとりしたり，ものを売買したりする場合に使われるが，人と人が直接に顔の見える関係のなかで使われるところに特徴がある。地域通貨は，小さなレベルかもしれないが，住民同士がなりわいを助け合い，相互に支え合うことに価値をおく活動であり，一つの地域共同体を結びつける絆になる可能性が想像できる。

　また地域通貨以外にも，フェアトレード[6]，コミュニティ・ビジネス[7]などの活動のなかに新しい価値に基づく地域づくりへの試みをみることができる。そしてそれらの試みは，地域と地域がつながり，連携しあうなかで，地域に根を張った新しい社会づくりへの動きとなることが可能になる。経済のグローバル化に対抗し，連携を通した新しい社会づくりへの動きにおいて，地域が重要な拠点となっていくことは確かである。

　以上，「参加する」「歴史とつながる」「世界とつながる」という三つの観点から地域のもつ機能について考えてみたが，これらの機能を地域は内包することを可能としている。しかしこれらの機能は，地域に固定的に存在しているわけではなく，また日本の各地に見られる地域社会の崩壊は，これらの機能を大きく低下させている。したがってそれぞれの地域にみる課題を見据えるなかで，その課題に即した学びをつくり，またその学びづくりを通して，地域の機能を活性化，再生化していくこと，つまり課題を軸に，必然性のなかで，地域づくりと学びづくりを連動させていくことが，これからの開発教育には求められている。

3 地域からの事例に学ぶ

　開発教育の地域での事例は，NGO・NPO，国際交流協会，社会教育団体，JICA地域センターなどの活動に数多く見ることができるが，またたとえ教育や開発教育という文言が前面に示されていなくとも，日本の各地に見られる地域づくり・地域再生の試みのなかに，数多く見いだすことができる。たとえば『地域から描くこれからの開発教育』では，地域課題を軸にした18に及ぶ事例がそれぞれ当事者により紹介されている[8]。そのようななかから本節では，私自身が現地を訪問する機会をもち，とくにインパクトを受けた二つの事例を紹介することにしたい。福井県今立の事例と韓国洪城郡洪東面の事例である。事例を通して，前節で指摘した地域のもつ機能や「地域づくり」と「学びづくり」の連動のあり方を学ぶことにしたい。

(1) 福井県今立での試み

　福井県今立には1500年の歴史をもつ機織祖神，紙祖神がまつられ，町のあちこちにその伝承や形跡が残っている。その伝統と精神は，日本有数の羽二重生産地，日本最大の手漉き和紙である越前和紙の産地として今日まで発展してきている。この1000年を超える長い時間のつながりを未来につなごうとする動きが，今立では1970年代以降，住民自治の運動にも，また行政による文化ホールづくりなどにも見られた（1991年に開設された芸術館の愛称「アートホール31」の「31」は31世紀を意味している）が，それが新しい町づくり構想として結実したのが「いまだて結い村基本構想」（以下「基本構想」という）であった。

　1992年に，基本構想づくりに向けて，今立町結い村基本構想研究会が，紙漉き職人・機織り業・公務員・主婦・会社員など14名の住民メンバーで生まれ，2年間の協議を経て，この「基本構想」は「自然と環境を大切にし，人と

いのちを生かす千年の町づくり」構想として，1994年3月に完成し，A4判42ページの冊子としてまとめられている。そしてその後，今立では基本構想にみる提案の具体化に向けていくつかの試みがなされていくが，その一つが1996年に完成した「八ッ杉森林学習センター」である。

当時，基本構想研究会の座長を務め，現在は森林学習センターの運営にたずさわっている田中秀幸は，今立と循環型持続社会との関連について，以下のように語っているが，まさに先人の知恵に学びつつ，そのつながりを未来に進展させていこうとする動きであることが伝わってくる。

　「私たちの町の特産品である和紙は，1500年以上も前から連綿とこの町で生産されてきましたし，また1000年以上も前に漉かれた紙が，今も奈良の正倉院に大切に保存されています。その紛れもない事実に着目する時，ここには大事な意味が二つあることに気づかれることでしょう。ひとつは，和紙の生産活動が，1000年以上も途絶えることなく持続してきたということ，もうひとつは和紙そのものが1000年以上もの耐久性をもっているということです。何のこともない，循環型持続社会は実は私たちの先輩がずっと築いてきた社会なんだ，和紙だけでなくこの町の産業である織物も漆器も，稲作も林業も。そしてその土台である森林文化が永続する文化なのだということに気づきました。」[9]

また田中は，この「基本構想」の要諦を「『1000年』とは永続させる意志・精神・決意であり，その立場で日本の民衆に伝わる協働の精神『結い』を現代的に再定義し，自然と人間が一体となるための具体的実現の場として『村』をイメージし，その姿を可能な限り明確に提示するもの」[10]と指摘している。つまり「基本構想」では「結い」のことを，「宇宙の全存在が生命の糸で結ばれている響働の関係をより高めていく精神，心である」[11]ととらえ直し，そして「結い村」の1000年未来を支える原理として，「生命の糸を時の流れのなかで結ぶ永続の理念」「生命の糸を大自然のなかで結ぶ循環の理念」「生命の糸を切るものをなくす浄化の理念」という三つの理念を提示している[12]。

3 地域からの事例に学ぶ

　さらに「基本構想」では，上記の三つの理念を，個人生活，社会生活全般にわたって具体化していくために，ソフトとしての「担い手づくり」そしてハードとしての「形づくり」（施設・組織・場など）が相互に関連づけて想定され，その具体的な提案がなされている。そしてその際に，すべての生命と人間が生命の糸で結ばれていることを認識するための科学，応用するための技術，高めていくための芸術という人間のはたらきを大いにふるい起こさせることが重要であると指摘されている[13]。この科学・技術・芸術という人間のはたらきをふるい起こさせることはまさに教育の課題であり，「基本構想」では国際芸術村構想や総合工科大学の設置が提案され，またその課題を現実化した一つの試みが「八ッ杉森林学習センター」による水・土・エネルギーなどをテーマにした各種のプログラムであった。このプログラムは，子ども向けの環境学習プログラムから，学生・研究者向けの最先端の環境研究プログラムまでと多彩であるが，それらが「八ッ杉千年の森」という環境のなかで，時には宿泊を伴いながら体験的につくり出されている[14]。

(2) 韓国洪城郡洪東面での試み
　韓国の洪城郡に人口4千数百人規模の洪東面（面は日本の村の相当する）があり，そこにプルム学校がある。この学校は1958年にプルム高等公民学校として開校し，1963年にはプルム農業高等技術学校が設立されている。その規模（私が訪問した2002年当時）は，1学年定員わずか25名，全校生徒78名の小さな学校である。いわゆる各種学校に分類される学校であるが，制度外の学校という形態を選びとることによって，40年近くものあいだ，独自の学校づくりそして地域づくりが進められてきている。また2001年には専門課程としての環境農業専攻科が設置されている。
　この学校の校訓は「共に生きる」である。元校長の洪淳明氏はこの「共に生きる」に関して，学校は教育・礼拝・生活の共同体となり，頭と心と手，知識と実際能力と価値観がバラバラでなく調和し自分自身と共に生きるというこ

と，土と共に生きるということ，地域と共に生きるということ，都市と農村が共に生きるということ，ほかの国と共に生きる（＝世界の平和）ということの重要性を指摘している。そして「地域と共に生きる」に関して，次のように述べている。

「共に生きるということで重要なことは地域と共に生きなければならないということです。地域がまさに開かれた学校であり，学校はすなわち地域の一つの部分だからです。そうした考えから，私たちが有機農業の必要性も考えるようになり，生態問題も深く考えるようになりました。『共に生きる地域』のために学校ができることであれば，何でも積極的に協力しようと考えています。地域のために何かをしてあげるのではなくて，そのように共に生きる地域社会となってこそ，学校の教育環境もよりよくなるからです。また学校はそうしたよい環境のなかにあってこそ，地域のために活動する人材を供給していけるのですから，お互い助け合うわけです。」[15]

この地域では，信用協同組合，消費者生活協同組合，出版社，保育園など20近い住民組織が生み出されてきているが，それらの企画と運営を実験的に担うのがプルム学校であり，それらの事業運営が軌道に乗ったところで運営を村の人に任せている。このことは，学校での学びの質を実践的にするとともに，卒業生に地域での働く場を提供することにもつながっている[16]。

またプルム学校は日本とも強いつながりをもち，姉妹校が日本に4校あり，交流活動が頻繁に行われている。また専攻科では，アジア全体での農民ネットワークを想定し，2006年には「アジア合鴨農民シンポジウム」を開催している。

以上の二つの事例には，まさに地域を軸に，地域づくりと学びづくりが連動しあっている姿がある。この関係は，必然性と住民の「参加」のなかで，具体的でリアルで力強さをもっている。またこの関係は，特定の時代状況，特定の地域状況に閉ざされていない。時には千年という「歴史のつながり」のなかにある地域が，そして「世界とのつながり」のなかにある地域が想定されてい

る。私は，この二つの事例は，「地域からの開発教育」の具体的な姿を提示してくれていると感じている。

おわりに

本来，地域は，世界や社会の切り取られた一部ではなく，政治・経済・文化・歴史・自然環境などの人間が生きていくうえで必要とする要素を内包する社会の基本単位である。開発教育は，世界に顕在化し，ますます深刻化する貧困や経済格差などの問題解決をめざしているが，それらの問題の様相と原因は，私たちの足元である地域に数多く見てとれるのである。その様相と原因を見つめ，望ましい社会のあり様を描き，その実現に参加することを身近な地域から行わずして，望ましい社会が世界に実現すると考えることには無理がある。まさに「地域からの開発教育」が求められる所以である。　　　〔山西 優二〕

学習を深めるための課題

1. いま日本の地域ではいろいろな町づくり・地域づくり計画が策定されている。自らの足元である地域に目を向け，それらの計画や動きを調べ「公正な社会」「持続可能な社会」という視点から，自分なりに分析・評価してみなさい。
2. 地域での国際交流協会・社会教育団体・NGOなどによる学習・教育プログラムについて調べ，それらと地域づくりとの関連について論じなさい。
3. 地域から「持続可能な世界」を築くための，10年後の望ましい教育のあり様と100年後の望ましい教育のあり様を，それぞれ自由に描き出しなさい。

注
(1) 日本の各地域レベルでの開発教育の推進に向けての戦略会議として，開発教育ネットワーク会議が，開発教育協会の事業として，2004年度以降毎年開催されている。
(2) 山西優二・上條直美・近藤牧子編『地域から描くこれからの開発教育』新評論，2008年
(3) 「開発教育地域セミナー」は開発教育協会と地元の実行委員会との共催事業として，

第12章 地域からの開発教育

外務省の資金協力を受けて実施されたものである。
(4) 「平和の文化」という言葉は，1989年にコートジボアールで開催された「人の心の中の平和に関する国際会議」ではじめて公式に使われ，その後ユネスコを中心にして，その概念やその実現への行動計画が明らかにされつつある。たとえば国連は2000年をユネスコの提唱を受けて「平和の文化国際年」と定め，またこの国際年は2001年から2010年の「世界の子どもたちのための平和と非暴力の文化の10年」へと引き継がれている。
(5) 守友裕一著『内発的発展の道—まちづくり，むらづくりの論理と展望—』農山漁村文化協会，1991年，28頁
(6) フェアトレードとは，途上国で生産された産物・商品を公正価格で輸入購入することにより，生産者の自立を支援し，不公正な貿易構造を変革しようとする活動である。
(7) コミュニティ・ビジネスとは，地域課題を解決し，住民の参加を促し，地域づくりに貢献しようとするビジネスととらえられ，その効果として，細内信孝は「人間性の回復」「社会問題の解決」「文化の継承・創造」「経済的基盤の確立」をあげている。細内信孝『コミュニティ・ビジネス』（中央大学出版部，1999年）参照。
(8) 山西優二・上條直美・近藤牧子編『地域から描くこれからの開発教育』（新評論，2008年）では，「多文化の共生」「農」「環境と開発」「経済再生」「市民参加」「子ども・女性の参加」「ネットワークづくり」をテーマにそれぞれ2〜3の地域事例が合計で18紹介されている。
(9) 田中秀幸「八ツ杉千年の森から」開発教育協会『開発教育』Vol. 46，2002年，52頁
(10) 田中秀幸「八ツ杉千年の森から」山西優二・上條直美・近藤牧子編『地域から描くこれからの開発教育』新評論，2008年，165頁
(11) 『いまだて結い村基本構想』今立町結い村基本構想研究会，1994年，13頁
(12) 同上13-14頁
(13) 同上14頁
(14) 田中秀幸「八ツ杉千年の森から」山西優二・上條直美・近藤牧子編『地域から描くこれからの開発教育』新評論，2008年，164-171頁
(15) 洪淳明「土と共にある学校」尾花清・洪淳明『共に生きる平民を育てるプルム学校—学校共同体と地域づくりへの挑戦—』キリスト教図書出版社，2001年，31頁
(16) 洪淳明「共に生きる『平民』を育てる学校」山西優二・上條直美・近藤牧子編『地域から描くこれからの開発教育』新評論，2008年，92頁

参考文献
山西優二・上條直美・近藤牧子編『地域から描くこれからの開発教育』新評論，2008年
日本ホリスティック教育協会，永田佳之，吉田敦彦編『持続可能な教育と文化—深化する環太平洋のESD—』せせらぎ出版，2008年
江原裕美編『内発的発展と教育—人間主体の社会変革とNGOの地平—』新評論，2003年

第13章
国際協力と開発教育

　2003年9月，私はタイのチェンマイ大学のキャンパスに立っていた。海外研究のために与えられた一年間で，タイのNGO（民間開発団体）の歴史と課題を明らかにするためであった。私の心情では当時のタイは依然として「援助されるべき存在」であった。実際，調べていくうちに北タイではエイズや環境破壊や山岳民族の問題があり，多くのNGOが活動していることがわかった。しかし，そのうち私は何か「思い違い」をしているのではないかと感じはじめた。確かにタイにはまださまざまな社会問題が存在はするけれど，しかし，それが外国からの「援助」によって解決されるべきものなのか，という疑問をもつようになったのである。

　北タイには150を超えるNGOがあった。日本人によるNGOも10ほどはあるものの，そのほとんどは現地のタイ人によるNGOであった。山岳民族自身が結成したNGOもあれば，HIV／エイズの当事者によるNGOもあった。タイのNGOはかなりの経験と力量をもっていて，住民自身の参加による問題解決をめざしていた。

　いっぽう，チェンマイにいた一年の間にじつに多くの人々が日本からボランティアを希望してやってきた。学生だけでなく，定年退職した人も含めて老若男女さまざまであった。彼らはタイを援助しようと思ってやっ

233

きた。しかし，助けられるはずのタイ側はすでにタイ人自身による「参加型開発」の時代に入っていて，外国人が活動に入り込み貢献できる余地は少なかった。

地元の人々に貢献しようと思えば，当然現地の言葉が必要である。にもかかわらず，ボランティア希望者の多くはタイ語を学んではこなかった。もし，アメリカやヨーロッパの福祉施設などでボランティア活動しようとすれば，当然英語や現地の言葉を多少なりともマスターしていくであろう。ところが，タイやバングラデシュでボランティアしようとする人の多くは，現地の言語を覚えてこないのである。ここに援助する側の「思い違い」があるように思えてならない。

困っている人々のために国境を越えて援助しようとする心情は尊重されるべきであろう。しかし，彼らがその気持ちを具体的なかたちにするためには，さまざまな前提条件がある。相手を理解し尊重する態度，開発問題の基礎的な知識と技法の学習，英語および現地の言語の習得，など。これらを抜きに，直接タイや途上国の現場に赴いても，得られるものは少ないばかりか，しばしば現地に迷惑をかける。私は帰国後仲間とともに2年かけて，教材集『「援助」する前に考えよう』（「教材紹介」参照）を制作した[1]。せめて日本にいる間にボランティア志望者たちが，開発問題と国際協力の基本的な事柄を学べるように，という切なる願いからであった。

---

1 国際協力の歴史

国境を越えた援助活動の原点は1863年に設立された赤十字国際委員会の前身である「五人委員会」に求めることができる。第一次世界大戦後の1919年にはセーブ・ザ・チルドレン（イギリス）が誕生し，第二次世界大戦の前後にはOXFAM（イギリス，1942年），CARE（アメリカ，1945年），カリタス・イ

ンターナショナル（イタリア，1950年）などが設立されている。これらは戦災孤児や被災者の救援のために国境を越えて，民間団体として活動を展開した。現在の国際協力NGOのルーツである[2]（巻末の年表を参照）。

　国家間の国際協力の起源は1944年のブレトン・ウッズ体制に始まる。ここにおいて国際通貨基金（IMF）と国際復興開発銀行（世界銀行）が設立された。アメリカは1948年より戦災で復興が遅れていたヨーロッパに対して復興援助計画（マーシャル・プラン）を実施する。これが国家間の経済援助の原点である。また，1950年にはイギリスが主導して主に旧イギリス植民地を対象に「コロンボ・プラン」が実施された。政府間や国際組織を通して行われる国際協力は，1960年代の「国連開発の10年（United Nations Development Decade）」によって促進された。国連開発の10年はその後も10年ごとに改訂されている。当初は各国政府と国連機関が国際開発の担い手であったが，1970年代後半には民間組織であるNGOが国際開発の重要な担い手として登場とした。NGOは住民を主体とする開発アプローチで成果をあげたことから，1990年代には参加型開発が国連機関などによっても採用されるようになった。

　日本の政府開発援助はもともとは戦争被害に対する賠償というかたちで始まり，1954年にビルマ（現ミャンマー）との間に最初の賠償協定を結んでいる。国際協力としてはコロンボ・プランの一環として1958年にインドに対して行われたものが最初である。戦災によって疲弊した日本は1954～66年にかけてアメリカと世界銀行より資金援助を受けていた。この時期は日本は「被援助国」だったのである。日本政府による本格的な国際協力が始まるのは，1977年の「政府開発援助3年倍増計画」以来である。また，日本の民間協力も1979年をピークとするインドシナ難民問題をきっかけに活発化した。

　政府開発援助（ODA）には二国間援助と多国間援助とがある。多国間援助とは国連機関を通して行われるもので，ユニセフ，国連難民高等弁務官事務所（UNHCR），世界銀行等を通して供与される。二国間援助は国と国とが直接やりとりするものである。二国間援助には贈与と政府間貸付とがあり，贈与はさ

第 13 章　国際協力と開発教育

表 13-1　政府開発援助の分類

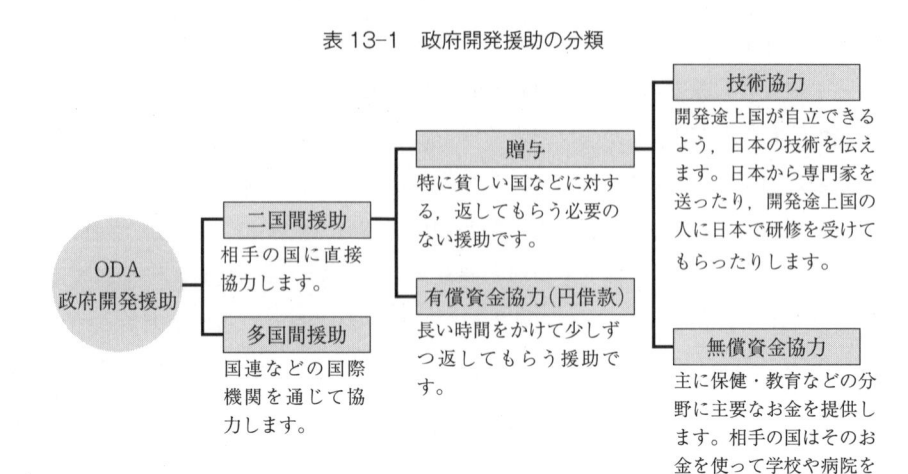

```
                              ┌─ 贈与 ─────────────┬─ 技術協力
                              │ 特に貧しい国などに対す │ 開発途上国が自立できる
             ┌─ 二国間援助 ────┤ る，返してもらう必要の │ よう，日本の技術を伝え
             │ 相手の国に直接    │ ない援助です。        │ ます。日本から専門家を
             │ 協力します。     │                      │ 送ったり，開発途上国の
ODA ─────────┤                  │                      │ 人に日本で研修を受けて
政府開発援助  │                  ├─ 有償資金協力(円借款) │ もらったりします。
             │                  │ 長い時間をかけて少しず │
             │                  │ つ返してもらう援助で  ├─ 無償資金協力
             └─ 多国間援助      │ す。                  │ 主に保健・教育などの分
                国連などの国際                           │ 野に主要なお金を提供し
                機関を通じて協                           │ ます。相手の国はそのお
                力します。                               │ 金を使って学校や病院を
                                                        │ 建てたり，食料を輸入し
                                                        │ たりします。
```

（出所：国際協力銀行ホームページより）

らに無償資金協力と技術協力とに分類される（表 13-1）。日本においては ODA の実施機関として国際協力機構（JICA）がある。これまで主に技術協力を行い，専門家派遣，ボランティア派遣，研修生の受入れなどを行ってきた。青年海外協力隊事業もこの一部である。また，無償資金協力の一部の業務も行っている。2003 年以後は，JICA は地域における NGO との連携や開発教育の分野でもさまざまな事業を行うようになった。

2　開発プロジェクトの変遷

そこで，国際協力による開発プロジェクトについて具体的にみていこう。国際的にみて，NGO による開発プロジェクトが始まったのが 1970 年代であり，この成果が国際機関や各国政府などにも評価されるようになったのが 1980 年代である。NGO はさまざまなプロジェクトを運営し，その試行錯誤のなかから，活動内容や手法を時代とともに変化させてきた。いずれの NGO も「慈善

2 開発プロジェクトの変遷

型」→「技術移転型」→「参加型」という変化を大きくはたどっている。ただ、そのように変化したきっかけや活動内容のあり様はNGOによってさまざまである。ここでは、シャプラニール＝市民による海外協力の会（以下、シャプラニール）を例にとってその変遷をみてみよう。シャプラニールを事例として取り上げる理由は、日本のNGOのなかでは1972年という比較的早い時期に設立されており、その歴史的な発展を追いやすいことである[3]。

バングラデシュの識字学級のようす（開発教育協会『貧困と開発－豊かさへのエンパワーメント』より）

シャプラニールの歴史をみると、およそ10年ごとに大きく方向を転換している。その第1期は1972年から83年であり、「慈善型開発」の時期である。シャプラニールは独立戦争直後にバングラデシュ入りした「バングラデシュ復興農業奉仕団」にその起源をもつ。奉仕団の団員数名は帰国後に、バングラデシュの将来のために子どもの教育が必要と考えて、ノートや鉛筆を贈る活動を始める。1972年の秋、ヘルプ・バングラデシュ・コミティの誕生である。日曜日ごとに新宿、銀座などの歩行者天国に繰り出し募金を行い、約20万円を集めバングラデシュに学用品を贈った。しかし、せっかくあげた鉛筆をすぐ食料と交換してしまう子どもたちを見て、彼らは改めて援助とは一体何なのか考えさせられる。そこで、援助のあるべき姿を求めて1974年8月、ダッカに現地事務所を開設する。シャプラニールのように最初は慈善的な援助から出発したNGOは数多い。

シャプラニールは、現地において農村婦人の自立のためにジュートの手工芸

第13章　国際協力と開発教育

品組合づくり等のプロジェクトを開始した。村人による手工芸品生産はその後順調に伸び，ほかにも成人や子どものための識字教室，バナナなどの苗木の配布などのプロジェクトが行われた。そして，ポイラ村に日本人スタッフが常駐して，これらの活動の指導と支援を行っていた。しかし，彼らはきわめて衝撃的な事件に遭遇する。1977年4月，ポイラ村に駐在していた2人の日本人スタッフが何者かに襲撃され重傷を負う，という事件が発生したのである。原因は未だに不明だが，協力の対象となった現地社会からの否定的な反応に，関係者のショックはしばらく続き，シャプラニールの活動はしばらく方向性を見出せないまま低迷する。

　1980年からは「シャプラニール新3か年計画」が出発する。ポイラ村事件からは，村の社会構造に対する認識の甘さと，日本人的ものさしが捨てきれず結局村人主体の開発とは言い難い状態であったとの反省がある。新3か年計画では，日本人のスタッフは直接は村には入らず，現地の民間開発団体をカウンターパートに選んで活動を展開する方針をとった。しかも，現地の団体を通して村の最貧困層にアプローチし，あくまで彼らの自発的な努力によって，生活の改善と村での地位向上を側面から協力していこうとするものである。その核となったのが「ショミティ方式」である。ショミティとは，相互扶助のための小人数グループのことである。ショミティ活動の基本は，メンバーが定期的に集まり，日常生活上のさまざまな問題について話し合い，知恵を出し合い，協力して問題解決への道を探ることにある。毎週決まった額のお金を出しあって基金を積み立てて，仕事がなくて困窮したときや，家族の病気の際にはここからメンバーはお金を低利で借りることができる。このショミティ方式は1990年代の後半まで20年間にわたってシャプラニールのプロジェクト実施のための基礎組織となる。

　1983年，10周年を期に名称を「シャプラニール＝市民による海外協力の会（Shapla Neer Citizens' Committee in Japan for Overseas Support）」に正式に改めた。市民による海を越えた協力・交流活動という意味であり，それまでの「ヘルプ」で

はなくて，今後は「サポート」であるという決意表明でもあった。ここにおいて第1期の「ヘルプ＝慈善型援助」とは決別して，「サポート＝技術移転型」を主体とした第2期の国際協力へと移行することになる。

　ショミティではみんなでお金を積み立てて基金をつくる。そしてその基金で牛を飼ったり，野菜の種を買ったり，かんがいポンプを買って収穫増をはかる。これと並行してシャプラニールでは，成人識字学級や井戸・トイレの配給といった教育・保健事業を行う。こうしてポイラ村では，乾季作を導入して収穫を向上させ，衛生的な水とトイレを利用することができるようになった。この間，村には電気も敷かれて，村人の生活はかなり向上した。シャプラニールでは，ショミティを技術移転型のプロジェクトの受け皿としてのみとらえるのではなく，村人主体の参加型開発の基本的組織として自立することが期待されている。ショミティは1990年代前半を通して拡大した。その数は1989年の296から1996年の711と倍以上になる。ショミティで行われる成人識字学級は同じ期間に44クラスから126クラスへ。簡易トイレの設置数は201基（1987年度）から1200基（1996年度）へ，ショミティへのローンの供与額は35万タカ（1990年度）から700万タカ（1996年度）まで増加している。

　ところが1996年頃の調査の過程で，ショミティ方式が大きな問題をかかえていることが判明した。それは，毎年2割前後のショミティで会合が定期的に開かれなくなり，1割程度が活動を停止していることである。しかもそれまで活発に活動していたショミティも数多く含まれるという。シャプラニールはショミティが自立することをめざして活動を続けてきた。すなわち，各ショミティが自分たちの生活上の課題を発見して，その背景や原因を分析し，具体的な解決策を提案する能力を身につけることを目的とし，合わせて経済的にも外部の支援なしで運営されることを最終目的とした。しかし実際には，将来的にシャプラニールの資金援助やアドバイスなしに自立できるショミティはおそらく1割に満たないだろうと予測された。

　シャプラニールが想定してきたショミティの機能には二つある。一つは「生

活上必要な基本的知識や情報，技術を得るための道具，あるいは彼らの能力や可能性を引き上げるためのサービスの受け皿」としてのショミティであり，もう一つは「ショミティ活動を通して社会に波及効果を生み出し，自分たちの地域をよくしていくための核」としてのショミティである。前者はいわば技術移転型開発におけるプロジェクトの受け皿としてのショミティであり，後者は参加型開発の核としてのショミティである。シャプラニールの20年以上に及ぶショミティ方式の経験によれば，住民が主体となって活動するようになるショミティは全体のわずか1割程度である，ということになる。技術移転型から参加型へと進行することは，プロジェクトを実施する側からは理想的なことではあっても，現実はなかなか困難なことであることがわかる。

　1990年代後半になると，シャプラニールは第3期の参加型開発を本格的に志向するものの，そのためにはショミティ方式の行き詰まりを打開する必要があった。『進化する国際協力NPO』には新しい試みが紹介されている。これはバングラデシュ北部のマイメンシン県イショルゴンジ郡にあるイショルゴンジⅢ地域活動センターでの実験である。ここではシャプラニールの原点である「もっとも貧しい人による開発」「ローンに依存しない開発」を大切にしている。そのためここでは，村人たちにシャプラニールは「何も出さない」姿勢をまず明らかにした。

　ショミティについては村人の希望があればつくられる。ただ従来のショミティ方式と違うのは，シャプラニールからはお金もサービスも提供しない，ということである。その結果，従来は情報が一方的に伝えられていたものが，村人たちが自分たちの必要な情報を求めてシャプラニールに接触してくるようになった。ここではシャプラニールとショミティというタテの関係だけでなく，ショミティ間の情報交換やネットワークづくりに力を入れている。村単位で年2回行われる「学び」や「取組み」の発表会では，同じような境遇にある人の経験がお互いの刺激となっている，という。今後この地域活動センターがどのような活動を展開していくのかわからないが，シャプラニールとしては一つの実

験的な試みである。

　参加型開発にいたる道筋には大きく二つある。一つは、技術移転型から参加型へと階段を上っていく方式である。ただ、その成功率は高くはなく、前述のようにシャプラニールのショミティ方式の経験では、こうした自立的な活動を展開できるショミティの事例は1割程度である。そしてもう一つの道筋がこのイショルゴンジの例に見られる。すなわち、外部者は最初から住民主体の参加をめざしてアプローチする例である。その際大切なことは最初に「お金やモノを出さない」ことである。外部から提供するのは、研修であり、情報であり、ほかの村の見学の機会など当事者同士が出会い学ぶことのできる「場づくり」である。PRA（参加型農村調査法）やPLA（参加型学習行動法）はこのような参加型開発のアプローチの有効な方法論でもある。

3 参加型開発と開発教育

　参加型開発を促進する手法としてPRA（参加型農村調査法）と呼ばれる方法論がある。これはイギリスのロバート・チェンバースらによって開発された手法で、一言でいえば住民が主体となって自らの村落の調査を行う手法である[4]。この手法は、開発教育におけるアクション・リサーチに通じるものであり、今後の日本の開発教育と国際協力を考えるうえで非常に重要な方法論でもある。

　PRAの基本的な調査法に「参加型地図作成法」がある（図13-1）。ここでは、住民が地域の資源や村の様子を地面や紙の上に表現する。川、森、山といった自然に関する情報、道路、家、寺、畑などの人工的な情報を記していく。また、病人、出稼ぎ者、子どもや老人、障害者がいる家など書き入れていくことで、調査者だけでなく村人自身が自分の村の状況を把握することができる。PRAには次のような方法がある[5]。

第13章 国際協力と開発教育

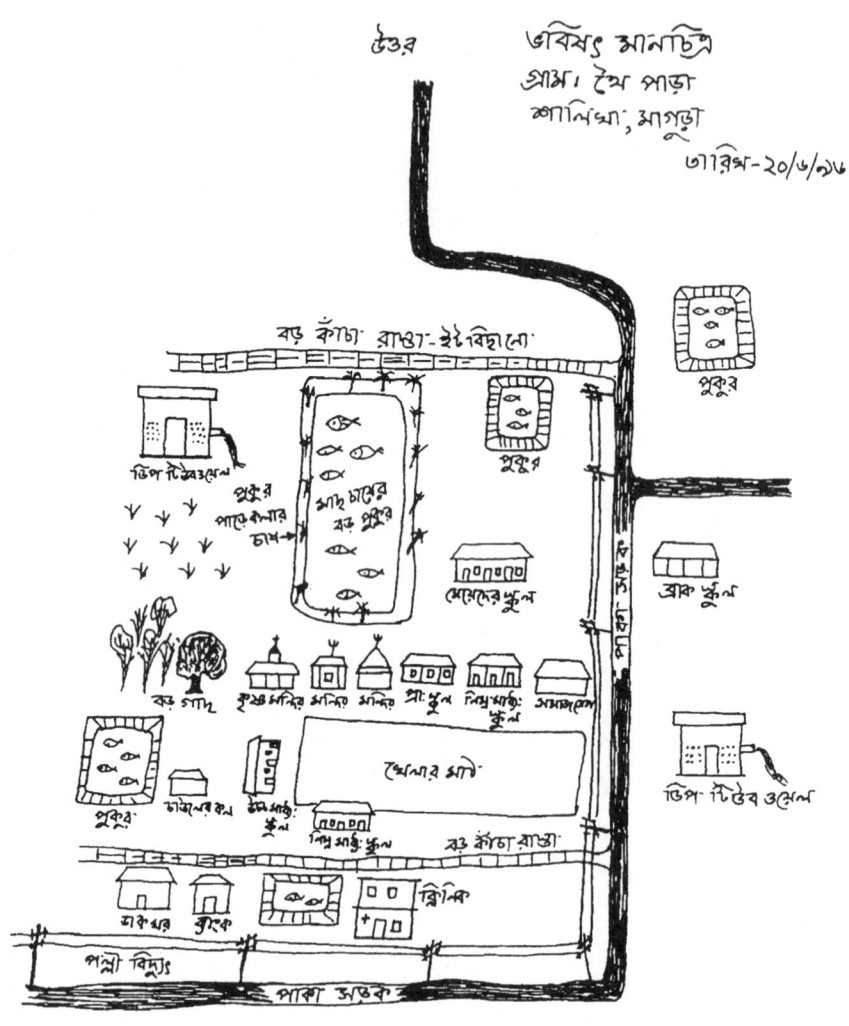

図13-1 参加型地図作成法(バングラデシュ)
(出所:開発教育協会『「援助」する前に考えよう―参加型開発とPLAがわかる本』)

① 地図作成・模型作成

　平面的な地図作成のほかにも，自然資源や土地利用に関する立体模型をつくる方法がある。

② 季節カレンダー

　年間の村の生活の周期を知る。乾季・雨季の気候の変化，繁忙期・休閑期の労働配分，作付け・農作業の手順，祭りなどのイベント，病気が蔓延する時期，出稼ぎに出る時期，などを確認することができる。短期の訪問調査の欠点を補うことができる。

③ 社会関係図

　住民の生活に影響がある村落内部の集団や組織を図示して，それらを関係づける。これにより村落の情報の流れと意思決定の構造が明らかになる。社会関係図は男女によって差が大きく，しばしば意志決定におけるジェンダー・ギャップを表わすことになる。

④ 課題探しとランキング

　住民自身により自分の村において何が課題であるかを明らかにして，それらの間に順位づけをしていく作業である。ランキングには，それぞれの課題に村人が投票していく方法や，課題同士を二つづつ総当たりで比較しながら順位を決める二項ランキングの方法などがある。

⑤ 因果関係図

　ある事象（たとえば「洪水」）の因果関係を図示する方法である。これによって原因を探るとともに，その解決策を考える資料とする。また，結果予測図という方法もある。これは，あるプロジェクトを行った際（たとえば，村に井戸ができたら）に，起こる結果を予測するものである。

　ここではPRAの代表的な手法を紹介したが，PRAはこれ以外にもさまざまな手法がある。PRAには特に固定化されたパッケージがあるわけではなく，その場の状況，対象や課題によって日々新しいPRAの手法が生れている。

　バングラデシュやタイなどのNGOはそれまでの開発方法の行き詰まりを打

第13章　国際協力と開発教育

参加型村づくりの成果発表（メーワン，タイ）
（筆者撮影）

開するために1990年頃からPRA，PLAなどの参加型開発の学習手法を精力的に学び採用してきた。その間さまざまな試行錯誤がありながら，現在も参加型開発への模索が続いている。じつは，彼らが村落レベルで住民に対して行っている参加型のワークショップは，日本の開発教育が行ってきたものとその理念においても手法においても非常に近いものがある。

　日本の開発教育でもやはり，1990年代初頭から参加型学習をイギリスの開発教育などから学びはじめた。そしてその後開発教育協会が制作したさまざまな教材やワークショップは，2002年から日本の公立学校で始まった「総合的な学習の時間」で広く採用されてきた。たとえば，世界の文化の多様性や貧富の格差を理解するためのワークショップ『世界がもし100人の村だったら』や，国際貿易の不公平さを体験する『新貿易ゲーム』などである。その意味ではタイやバングラデシュにおいても日本の開発教育においても1990年頃という同時期に参加型学習の導入を始め，同じような試行錯誤の経験をもっていることになる。

　そこで，開発教育協会では2002年以降，日本の開発教育とアジア各地の参加型開発との相互の経験交流を行っている。その一つの事例を紹介しよう。持続可能教育促進研究所（ISDEP）はチェンマイに本拠をおくNGOであり，主な活動は北タイのNGOスタッフや村のリーダーを養成することである。筆者は2004年6月にISDEPを訪ねて，日本の開発教育の活動を紹介するとともにISDEPの活動と課題について意見交換を行った。その際に，プラヤット所長は「自由貿易の進展によって，タイの農村はラオスや中国から輸入される安い

農産物に押されて困っている。今や山奥の村のレベルまでグローバル化の波にさらされている状況である。私たちは自由貿易の問題について村の人々に説明してきたが，どうも難しすぎて村人にうまくわかってもらえない」と悩みを語った。そして，DEAR の開発教育教材一覧のなかから「貿易ゲーム」に強い関心を示したのである。そこで ISDEP が主催する NGO スタッフ研修のなかで貿易ゲームを披露することになった。また，2005 年 8 月には ISDEP と開発教育協会の共催でチェンマイ大学において「グローバリゼーションと参加型学習」に関する 2 日間のセミナーを行った。その際は DEAR 側からは開発教育教材「コーヒーカップの向こう側」というワークを紹介した（132 頁参照）。

翌年私たちが ISDEP を訪問した際には，貿易ゲームとコーヒー農園を実際にいくつかの村で実施した結果が報告された。村によって，難しすぎると判断されるところもあれば，現在の自由貿易の状況がよくわかった，と概ね好評のところもあった。日本の開発教育の参加型の教材が，どの程度タイやアジア各地の実践において有効なのかはまだ検証の途中である。各地域がかかえている課題やその地域の住民のレベルによっても違うであろう。日本の開発教育とタイの参加型開発の手法が似ているのは単なる偶然ではない。最近，国際協力 NGO の間でも，「豊かな日本の NGO が貧しいアジアの NGO に援助する」ということではなく「共通の課題をかかえた日本とアジアの NGO が，共通の問題の解決に向けて協力していく」という発想の転換が行われつつある。日本の総合学習においても参加型学習が強調されているものの，そこでの参加は教室のなかにおける生徒の学習への参加というレベルにとどまっていることが多い。開発教育においてなぜ参加型学習を採用したかというと，それは単に子どもたちを既存の学校の枠のなかで学習に参加させる技法として行っているのではなく，より広く学校の運営や地域社会そして世界の問題解決への参加をめざしているものである。参加型学習を通して，社会参加のための知識や技法を身につけ，参加型社会づくりを行っていくことが最終的な目標である。

その意味で，日本の開発教育もアジアの草の根の参加型学習も，ともに参加

第13章　国際協力と開発教育

型社会を築くパートナーとして今後活動することを期待したい。それこそが「援助」ではなく文字どおり「力を協せる」という意味での「国際協力」である。このような「学び」を通した交流が，従来の「援助」に代わる新しい「協力」のあり方に一つのヒントを提供するものではないかと考えている。

[田中　治彦]

> 学習を深めるための課題
>
> 1. 第1節に述べられている国際協力の歴史と変遷についてより詳しく調べてみよう。日本の政府開発援助ないしは NGO に絞ってもよい。
> 2. 開発プロジェクトの三つのタイプ（慈善型，技術移転型，参加型）について，それぞれの特徴を明らかにしたうえで長所，短所について述べなさい。
> 3. 日本の開発教育とアジアの参加型開発との共通点と違いについて明らかにしたうえで，両者の今後の交流と協力の可能性について述べなさい。

注
(1) 『「援助」する前に考えよう―参加型開発と PLA がわかる本』開発教育協会，2006年。
(2) 国際協力の歴史については，田中治彦『南北問題と開発教育』（亜紀書房，1994年，第2～4章），外務省編『2004年版 ODA 政府開発援助白書』（2004年，国立印刷局，第Ⅰ部），重田康博『NGO の発展の軌跡』（明石書店，2005年，第1部）を参照。
(3) シャプラニールの活動と歴史については以下の文献がある。『シャプラニールの熱い風』（めこん，1989年，第1部／1992年，第2部），シャプラニール編『NGO 最前線―市民の海外協力20年』（柏書房，1993年），中田豊一『援助原論―開発ボランティアが現場で考えた』（学陽書房，1994年），『進化する国際協力 NPO』（明石書店，2006年）
(4) ロバート・チェンバース著，野田直人・白鳥清志監訳『参加型開発と国際協力―変わるのはわたしたち』明石書店，2000年
(5) 『「援助」する前に考えよう―参加型開発と PLA がわかる本』62-75頁。ソメシュ・クマール著，田中治彦監訳『参加型開発における地域づくりの方法―PRA 実践ハンドブック』明石書店，2008年

参考文献

開発教育協会『開発教育』Vol.54（特集：参加型開発と参加型学習），明石書店，2007 年
斎藤文彦編『参加型開発』日本評論社，2002 年
佐藤寛編『援助研究入門—援助現象への学際的アプローチ』アジア経済研究所，1996 年
佐藤寛編『参加型開発の再検討』アジア経済研究所，2003 年
佐藤寛編『援助とエンパワーメント』アジア経済研究所，2005 年
重冨真一編著『アジアの国家と NGO—15 カ国の比較研究』明石書店，2001 年
田中治彦「北タイにおける NGO 活動の歴史的展開—住民参加型開発への移行とその課題」佐久間孝正他編『移動するアジア』明石書店，2007 年
田中治彦「「持続可能な開発」と「参加型学習」を通した日タイ交流の可能性」『開発教育』Vol.51，2005 年，62-69 頁
立教大学平和・コミュニティ研究機構『共生社会への課題—人の移動と参加型開発（平和コミュニティ研究第 3 号）』唯学書房，2007 年
ソメシュ・クメール著，田中治彦監訳『参加型開発における地域づくりの方法— PRA 実践ハンドブック』明石書店，2008 年

教材紹介

「援助」する前に考えよう　参加型開発と PLA がわかる本

本書のねらいは「援助とは何か？」「国際協力とは何をすることか？」を考えることである。1990 年代以来，国際開発の現場は急速に変化していて，従来の「慈善型」の援助や「技術移転型」の開発に代わって，住民参加を基本とした「参加型開発」がめざされている。しかしながら，日本の教育や国際協力の現場の一部では，慈善的援助観をもとにした募金活動や啓発・教育活動がさかんに行われているのが現状である。本教材では，「援助する側」や「される側」の心理にまで立ち返りながら，援助や国際協力についての基本的な理解を促すことがめざされている。そして，最終的には「自分たちがこれから何ができるのか？」「何をしてはいけないのか？」ということを考えさせる。

ここでは最初のワーク「一枚の看板」を見てみよう。5 人一組のグループがタイのチェンマイでトレッキング（山歩き）に参加するという設定である。彼らは，タイの山奥の村で次のような看板を見つける。

おねがい

この村の学校はお金がなくて困っています。あなたの寄付があればもっと子どもたちに教材や道具を買ってあげられます。どうかあなたの 10 ドルをこの学校のために寄付してください。

アイコ・ナカムラ

第 13 章　国際協力と開発教育

　このような看板を見たときに，あなたならば 10 ドル（約 1100 円）を寄付するだろうか。まず一人ひとりが何ドル出すかを聞き，その結果をグループごとに集計する。全員が 10 ドルづつ寄付するグループもあれば，1 人も寄付しないグループも出てくるであろう。

　次に，この看板をタイの山奥の学校の横に立てたアイ子という日本人の活動について考える。「アイ子は以前この村に来て，学校の設備があまりに貧弱なことを驚いていました。当時大学生であったアイ子は日本に帰って，学園祭などで募金を募り，20 万円のお金を集めてこの村の戻ってきました。その 20 万円を村の学校に寄付して，さらにこの看板を立てていったのです」と村人は説明する。アイ子のこうした行動に対して，賛成できるか，それとも反対か，をグループでじっくり議論してもらう。

　このワークを実際にやってみると，議論が深まるに従ってじつにさまざまな問題点が出てくる。10 ドルという手軽なお金，学校の備品という有用な用途ということもあって最初は寄付しようという人が多い。しかし，議論しているうちにいろいろな疑問が出てくる。

・20 万円にしては買ったものが少なすぎるのではないか
・村の予算に比べて額が多きすぎるのでは
・教材や用具よりも正規の教員がいないことの方が問題だと思う
・村の貧困こそが問題なので，教育以外に村づくりのためにするべきことがありそう
・たまたま訪問したこの村を支援することでいいのか。計画性がないし，持続性にも乏しいのではないか
・村人は「援助」を求めていたのだろうか。そもそもアイコは村人の意見を聞いたのだろうか

　このワークだけでも「援助」に伴う本質的な課題にふれることができる。この教材は 2 部に分かれるが，「第 1 部　国際協力を考える」の 5 つのワークにおいて，アイ子の行動を中心にして，援助と国際協力についてさまざまな角度から考える。アイ子が再び村を訪れて村の人々にインタビューして調査するワークや，タイの NGO を訪問してさまざまなプロジェクトを評価するワークがある。この教材の第 2 部は「参加型開発と PLA（参加型学習行動法）」に関するワークである。ここでは PLA の手法として「地域マップづくり」「季節カレンダー」「社会関係図」「地域課題のランキング」などのワークを実際に体験する。この教材は入口は中学生でも容易に理解できるやさしい内容であるが，後半はこれから国際協力の専門家をめざす人々にも求められる高度な内容となっている。
（『「援助」する前に考えよう―参加型開発と PLA がわかる本』開発教育協会，2006 年）

国際協力・開発教育年表

西暦	南北問題・開発教育	世界一般
1863	赤十字国際委員会の前身「五人委員会」設立	
1918		第一次世界大戦終結
1919	セーブ・ザ・チルドレン（英）設立	
1937	フォスター・プラン（英）設立	
1942	OXFAM（英）設立	
1945	国際通貨基金（IMF），世界銀行設立（ブレトン・ウッズ体制） 国際連合発足 インドネシア，オランダより独立	第二次世界大戦終結
1946	マーシャル・プラン開始 国連教育科学文化機関（ユネスコ），国連児童基金（ユニセフ）設立 フィリピン，アメリカより独立	
1947	インド，パキスタンがイギリスより独立	
1948	国連総会で世界人権宣言を採択	朝鮮とドイツが分断国家として独立
1949		中華人民共和国成立
1950	イギリス連邦でコロンボ・プラン開始	朝鮮戦争勃発
1951	カリタス・インターナショナルの前身「カリタス連盟」（伊）設立	サンフランシスコ講和条約
1953	ユネスコ協同学校計画開始	
1954	日本，戦後補償を開始	
1955	アジア・アフリカ会議開催（バンドン） 日本で最初の姉妹都市交流（長崎ーセントポール）	日本，二大政党時代始まる
1956	NOVIB（オランダ）設立	日本，国際連合に加盟
1958	サルボダヤ・シュラマダーナ運動（スリランカ） プルム学校（韓国）設立	日本，最初の円借款をインドに供与
1959	オリバー・フランクス，南北問題の存在を指摘	
1960	日本キリスト教海外医療協力会（JOCS）設立 オイスカ産業開発協力団設立	池田首相の「所得倍増計画」 日米新安全保障条約調印 アフリカの17ヵ国が独立
1961	第1次国連開発の10年計画開始	

	経済協力開発機構（OECD）設立	
	海外経済協力基金（OECF）設立	
1962	フィリピンに国際稲作研究所設立（緑の革命）	キューバ危機
1963	海外技術協力事業団設立（のちの国際協力事業団（JICA））	
1964	プレビッシュ報告書発表 UNCTAD 第1回総会開催	ベトナム戦争本格化 東京オリンピック 日本，IMF8条国に
1965	青年海外協力隊設立	
1966	アジア開発銀行設立 日本，世界銀行からの借入を終了	
1967		総理府，青年の船事業開始
1969	ピアソン委員会報告書発表	
1970	第2次国連開発の10年計画開始	
1971		バングラデシュ独立
1972	国連人間環境会議開催（ストックホルム） シャプラニール＝市民による海外協力の会設立	国際交流基金設立 日中国交正常化
1973	OPEC諸国による石油戦略（石油ショック） アジア学院設立	
1974	国連経済特別会議で「新国際経済秩序」宣言 ユネスコと国連食糧農業機関（FAO），中等学校における開発教育に関する報告者発表 ユネスコ総会で「国際教育」決議採択	田中角栄首相，東南アジア歴訪で反日デモにあう
1975	国際協力事業団（JICA）設立	ベトナム戦争終結 第1回先進国首脳会議（ランブイエ） 国際女性年
1976	神奈川県長州一二知事，民際外交を提唱	
1977	青年海外協力隊事務局，開発教育に関する報告書発表 イギリスにおいて開発教育センター設立開始	
1978	日本，ODA3年倍増計画を開始	
1979	第1回開発教育シンポジウム開催（東京） シャンティ国際ボランティア会（SVA）設立	インドネシア難民問題国際会議開催
1980	第3次国連開発の10年計画開始 ブラント委員会報告書発表 ユネスコ，軍縮教育世界会議開催（パリ） 日本国際ボランティアセンター（JVC）設立	日本のNGO設立増加

1981	日本，ODA5年倍増計画を開始 中央青少年団体連絡協議会『開発教育ハンドブック』発行	
1982	開発教育協議会（現，開発教育協会）設立 日本ユネスコ国内委員会『国際理解教育の手引き』を発行	国際障害者年 日本，難民条約に加盟 中南米諸国で累積債務問題深刻に
1983	第1回開発教育全国研究集会開催（東京）	日本でアジアブーム起こる
1984	アフリカに飢餓救済キャンペーン	
1985		プラザ合意成立（円高誘導） 国際青年年
1987	ブルントラント委員会報告書発表（持続可能な開発を提唱） 関西国際協力協議会設立 国際協力NGOセンター（JANIC）設立	日本で外国人労働者問題深刻に
1988	日本のODA事業補助金制度開始 国連総会で「子どもの権利条約」採択	文部省，学習指導要領発表
1989	日本のODA額が世界一に	ベルリンの壁崩壊
1990	万人のための教育世界会議（タイ）	湾岸戦争勃発
1991	郵政省国際ボランティア貯金開始 国際労働機関（ILO）など協同レポートで参加型開発を提唱 文部省『環境教育指導資料』を発行	ソビエト連邦崩壊
1992	国連環境開発会議（地球サミット）開催（リオデジャネイロ）	日本，カンボジアでPKO活動
1993	イギリスで開発教育協会（DEA）設立 世界人権会議（ウィーン）	日本，「55年体制」崩壊 国際先住民年
1994	国際連合人口・開発会議（カイロ）	国際家族年
1995	世界社会開発会議（コペンハーゲン） 第4回世界女性会議（北京）	WTO（世界貿易機関）発足 阪神淡路大震災
1996	国連人間居住会議（イスタンブール） 中教審答申で「総合学習」を提唱	APEC大阪会議
1997	第5回国際成人教育会議（ハンブルグ） 気候変動に関する京都議定書採択 環境と社会に関する国際会議（テキロニキ）	アイヌ文化振興法成立 アジアの通貨危機
1998	特定非営利活動促進法（NPO法）成立	
1999		国際協力銀行（JBIC）設立

2000	国連「ミレニアム開発目標（MDG）」を設定	ジャパン・プラットフォーム設立
2001		アメリカで同時多発テロ発生（9.11事件）
2002	開発教育協議会，法人化されて特定非営利活動法人開発教育協会となる 持続可能な開発に関する世界首脳会議開催（ヨハネスブルグ） 欧州グローバル教育会議（マーストリヒト）	「第2次ODA改革懇談会」最終報告発表 新学習指導要領施行（総合的な学習の時間始まる） 第57回国連総会本会議にて「ESDの10年」が採択される
2003	「持続可能な開発のための教育の10年」推進会議（ESD-J）発足 JICA，国際協力機構として独立行政法人化	アメリカ，イラクに先制攻撃 新ODA大綱閣議決定 「第3回世界水フォーラム」開催（京都市） 環境教育推進法
2004		スマトラ沖地震で津波被害
2005	ESDの10年開始国際記念式典（ニューヨーク）	京都議定書が発効 「愛・地球博」（愛知万博）開催
2006	政府，ODAの一元化を決定（国際協力機構と国際協力銀行との統合）	グラミン銀行総裁ムハマド・ユヌス，ノーベル平和賞受賞
2007	開発教育協会，25周年記念式典	
2009	ESDの10年中間年会合（ボン）	
2010	生物多様性条約第10回締約国会議（COP10，名古屋）	

# 索　引

DAC（開発援助委員会）61
DEA（開発教育協会，イギリス）45
DEAR　→開発教育協会
FTA（二国間自由貿易協定）118, 124
GAD　→ジェンダーと開発
GATT　→ガット
G8サミット　69, 73
HIV/エイズ　65, 167, 193, 205, 233
IMF（国際通貨基金）　61, 68, 120, 235
ISDEP（持続可能教育促進研究所，タイ）244-245
JICA　→国際協力機構
NGO（民間国際協力団体）
　　4, 12, 15, 41, 42, 50, 51, 74, 110, 227, 233, 235, 245
ODA（政府開発援助）7, 67, 235
OECD（経済協力開発機構）61
PRA・PLA（参加型農村調査法・参加型学習行動法）16, 91, 208, 241
UNDP（国連開発計画）9, 63, 82, 187
UNHCR（国連難民高等弁務官事務所）133, 235
UNIFEM（国連女性開発基金）186
WID（女性と開発）183, 190
WTO（世界貿易機関）63, 118-120

あ

アイスブレイク　27, 34
アクション・リサーチ　96, 208
アジェンダ21　8, 13, 14
アリヤラトネ，A. T.　50
意見表明権　156, 169
遺伝子組替え　122
移民　136, 139, 217
イリイチ，イヴァン　108
インドシナ難民　5, 148, 235
エコロジー　110
エビ　123, 209, 211
エンパワーメント　9, 86, 159

か

外国人登録　142, 144
外国人労働者　7, 139, 145, 217

開発（問題）　21, 38, 51, 91, 202, 209
開発教育
　　——のカリキュラム　28-32
　　——の教材　22, 212
　　——の定義　5, 9, 21, 202
　　——の内容　21-24, 203
　　——の方法　24-28,
　　——の歴史　4, 100, 220
　　オランダの——　40-42
　　イギリスの——　42-47
　　ヨーロッパの——　47-49
開発教育センター（イギリス）　43, 45
開発教育協会（DEAR，日本）
　　6, 12, 21, 45, 46, 49, 52, 214, 244
開発教育協会（DEA，イギリス）45
学習指導要領　6, 7, 11, 15, 29, 205, 207
ガット（関税および貿易に関する一般協定）120
からゆきさん　140
カリキュラム　11, 28
環境教育　14
飢餓　63
グローバリゼーション，グローバル化
　　14, 51, 83, 92, 93, 121, 225
公害　109
国際協力　4, 22, 39, 44, 110, 221, 234-236, 246
国際協力機構（JICA）206, 236
国際交流協会　8, 12, 227
国際理解　7, 10, 11, 12, 29, 206
国連開発計画　→UNDP
国連開発の10年　4, 38, 235
国連難民高等弁務官事務所　→UNHCR
国連子どもの権利条約
　　155, 157, 163, 164, 169
国連女性開発基金（UNIFEM）　186
国連ミレニアム開発目標（MDGs）
　　48, 59-61, 73, 84, 92, 160, 190
子ども買春　167, 175
子ども兵士（少年兵）168, 205
コミュニティ・ビジネス　226
コロンボ・プラン　235

253

索　引

さ
在日コリアン　141
参加型開発　50-52, 187, 240, 241, 244
参加型学習　9, 11, 12, 16, 25, 208, 245
3K労働　141, 147
ジェンダー　65, 177-183
ジェンダー主流化　192
ジェンダーと開発　183, 185, 190, 192, 193
識字率　63, 65, 186, 191
持続可能な開発　8, 13, 23, 30, 202, 207, 221
持続可能な開発のための教育（ESD）
　　13, 23, 30, 41, 48, 205
児童婚　161, 164
児童労働　155, 164-167, 205
ジニ係数　81, 88-90
市民（シティズンシップ）教育　44, 49, 203
社会開発　9, 23,
社会参加　25, 224, 245
じゃぱゆきさん　143
シャプラニール＝市民による海外協力の会
　　237-242
ジュビリー2000　68
条約難民　148
食育　127
食農教育　127
食料自給率　118, 119
食料・農業・農村基本法　117
初等教育　63, 163, 164
森林　67, 104
ストリートチルドレン　156, 169, 170, 205
スラム　3, 5, 67
スローフード　127
性的搾取　167
青年海外協力隊　4, 5, 7, 236
政府開発援助（ODA）　7, 67, 235
世界銀行　61, 68, 120, 235
『世界がもし100人の村だったら』
　　11, 76, 80, 205, 244
世界社会開発会議　8, 9, 68
世界女性会議　8, 65, 186
セン，アマルティア　85,
総合的な学習の時間　10, 11, 29, 203, 244

た
ダカール行動の枠組み　64,
地域　14, 16, 31, 218, 220-226
地域通貨　226
地球温暖化　31, 67, 99, 104

地球サミット　8, 13, 23
地産地消　79, 119, 125
中国残留日本人　140, 143, 145
テサロニキ宣言　14

な
南北問題　4, 7, 42, 78
難民　5, 133, 136, 137, 147
難民条約　148
入国管理法　146
乳幼児死亡率　65, 161
人間開発　9, 23, 86, 202, 207
『人間開発報告書』　187
農業基本法　117

は
バーチャル・ウォーター　123
万人のための教育　64
貧困　36, 63, 84, 87, 90, 91, 96
貧困ライン　80,
貧困率　88, 89, 107
ファシリテーター　25, 27, 50, 52
フェアトレード　93, 128, 129, 226
フード・マイレージ　123
フリードマン，ジョン　85, 87
プルム学校（韓国）　229, 230
フレイレ，パウロ　50
ブレトン・ウッズ体制　120, 135
平和の文化　221
『貿易ゲーム』　4, 45, 55, 244
ほっとけないキャンペーン　70, 71, 92
ホワイトバンド　70, 71

ま
マーシャル・プラン　235
マングローブ　123, 209-211
水　101-103, 223
ミレニアム開発目標　→国連ミレニアム開発目標

や
八ツ杉千年の森　229
有機農業　103, 126, 230
ユニセフ　4, 5, 158, 205, 235
ユネスコ協同学校　205
ヨハネスブルグ・サミット　13, 23

ら
ローマクラブ　109

わ
ワークショップ　11, 27, 46, 52, 214, 244
ワールド・スタディーズ　42, 43, 45, 214

［編　者］
田中　治彦　　上智大学総合人間科学部教授
　　　　　　　1953年，東京都生まれ。1980年より（財）日本国際交流センターで民間国際協力の仕事にたずさわる。岡山大学教育学部，立教大学文学部を経て，現在，上智大学総合人間科学部教授。サンダーランド大学（イギリス）とチェンマイ大学（タイ）で客員教授を勤めた。（特活）開発教育協会代表理事（2002～08年）。立教大学ESD研究センター運営委員（2007～10年）。専門は社会教育と開発教育。博士（教育学）。著書は，『ボーイスカウト』（中公新書，1995），『地域をひらく国際協力』（大学教育出版，1997），『子ども・若者の居場所の構想』（学陽書房，2001），『国際協力と開発教育―「援助」の近未来を探る』（明石書店，2008），『参加型開発による地域づくりの方法― PRA実践ハンドブック』（監訳，明石書店，2008）など。

［執筆者］
石川　一喜　　拓殖大学国際開発研究所助教
湯本　浩之　　立教大学文学部特任准教授
重田　康博　　宇都宮大学国際学部教授
小貫　仁　　　拓殖大学国際開発研究所講師
岩崎　裕保　　帝塚山学院大学文学部教授
上條　直美　　立教大学ESD研究センター
山中　信幸　　柳学園中学・高等学校教諭
甲斐田万智子　（特活）国際子ども権利センター代表理事，立教大学・桜美林大学非常勤講師
三輪　敦子　　（財）世界人権問題研究センター専任研究員
藤原　孝章　　同志社女子大学現代社会学部教授
山西　優二　　早稲田大学文学学術院教授

［企画協力］
（特活）開発教育協会

開発教育
―持続可能な世界のために

2008年8月20日　第1版第1刷発行
2011年1月31日　第1版第2刷発行

　　　　　　　　　　　　　　　編著者　田中　治彦

発行者　田中千津子　　〒153-0064　東京都目黒区下目黒3-6-1
　　　　　　　　　　　電話　03（3715）1501（代）
発行所　株式会社　学文社
　　　　　　　　　　　FAX　03（3715）2012
　　　　　　　　　　　http://www.gakubunsha.com

© TANAKA Haruhiko 2008　　　　　　　　　　印刷　㈱シナノ
乱丁・落丁の場合は本社でお取り替えします。　製　本　島崎製本
定価は売上カード，カバーに表示。

ISBN978-4-7620-1751-3